關鍵十年

美國對抗中國的致勝戰略

喬納森・沃德 Jonathan D. T. Ward

陳珮榆——譯

THE DECISIVE DECAD

American Grand Strategy for Triumph Over Chi

好評推薦

「《關鍵十年》是一部告誡意味濃厚又保持樂觀的著作。沃德闡明了美國和自由世界在與中共競爭中獲得勝利的途徑。他呼籲重建美國的經濟、工業和科技實力，並指出最具影響力的科技、產業、國家和地區。本書呼籲所有人，特別是呼籲企業高層採取行動。如同美國軍官計劃和執行作戰任務以贏得戰爭一樣，企業高層也必須計劃和執行商業戰略，以強化我們的安全、促進繁榮，並協助自由世界在本世紀最重要的競爭中獲勝。」

——H・R・**麥馬斯特**（H.R. McMaster），

美國退役陸軍中將、前白宮國安顧問

「以其開創性著作《中國的勝利願景》為基礎，喬納森・沃德在《關鍵十年》一書中進一步闡述了美國對抗中國的全面大戰略。沃德博士指出，無論是在我們過去的勝利中，還是在我們與中國的當前競爭中，經濟實力在美國戰略中的關鍵作用。關於美國商業和金融在戰略競爭的關鍵作用、將經濟實力轉化為軍事力量，以及復興美國主導的秩序，他的探討都讓人感到迫切且真實。國會兩黨、美國董事會、盟友政府和全美國民都應該閱讀《關鍵十年》。這是第一本告訴我們如何在與中華人民共和國的競爭中大獲全勝的巨作。」

——**瓊・凱爾**（Jon Kyl），**美國參議院議員**

「《關鍵十年》是敲響所有美國人的一記警鐘。只要我們現在採取行動，喬納森・沃德不僅對亟需解決的問題作出分析，並對未來的成功提出建議。調度美國的關鍵優勢，特別是經濟活力和全球聯盟體系，能讓我們創造出一個希望留給子孫後代的世界。」

——**麥克・布朗**（Mike Brown），**前美國國防部國防創新部門主任**
前賽門鐵克公司執行長

「《關鍵十年》以最清晰、最有條理且最全面的方式，闡述了我們與中國之間存亡挑戰的規模與嚴峻，並提出解決之道。本書罕見地彙整各種威脅（經濟、外交和軍事）的概要說明，並強調在未來數十年內政府和商界需要致力於這場戰役。這不單是冷戰的重現，它比冷戰更深刻，且呈現多種面向。喬納森·沃德清楚指出，國家和國防安全戰略的極端措詞和宣言都不足以解決我們現在與未來所面臨的問題。呼籲華府、矽谷和華爾街採取行動。」

——喬納森·格林納特（Jonathan Greenert），**美國海軍退役上將、前美國海軍作戰部長**

「喬納森·沃德在書中對未來幾年美中關係的闡述引人入勝，富有啟發性，其中數據和統計資料有助於讀者了解情況，特別是美中商業關係。無論你對這些問題的結論是什麼，都會在這本生動有趣的書中找到很多值得思考的東西。」

——芮納·米德（Rana Mitter），**牛津大學現代中國歷史與政治教授、《被遺忘的盟友》**（*Forgotten Ally: China's World War II, 1937-1945*）**作者**

「在《關鍵十年》中，沃德提醒我們，對抗北京虛偽的專制，美國及其盟友已擁有捍衛自由所有必要的工具，現在迫切需要的，也是作者極力強調的，就是行動的意志。」

——博明（Matt Pottinger），**前美國國家副國家安全顧問**

「《關鍵十年》精闢分析了二十一世紀最重要的地緣政治關係之一。沃德以其對中國共產黨帶領中國崛起的策略為闡述基礎，為美國提出了具有說服力的行動方針。」

——**高龍江**（John W. Garver），**《中國的探索：中華人民共和國外交史》**（*China's Quest*）**作者**

「在《關鍵十年》一書，喬納森·沃德提出分析和建議。自珍珠港事件以來，讓美國如此強大的工業基礎必須重新設計和振興，以保證我們繼續成功應對像中國共產黨這類不斷上升的挑戰。要實現這項目標會需要公私部門之間的網絡合作，優先考慮競爭、平衡、創新、人才和資本市場的力量。這本書是一幅極佳的藍圖。」

——**約瑟夫·佛特爾**（Joseph L. Votel），**美國陸軍退役上將、國家安全企業主管協會總裁兼執行長、前美國特種作戰司令部司令**

獻給廣大的美國同胞：
「願你們開始意識到自己對世界的重要性。」

推薦序

美中全球競爭時代的正確選擇

H・R・麥馬斯特，美國退役陸軍中將、前白宮國安顧問

自由世界的公民和企業領袖：

隨著俄羅斯於二〇二二年二月無端入侵烏克蘭，我們正式告別了冷戰後的歷史假期。在中華人民共和國的道義、外交、財政和宣傳支持下，復仇心切的克里姆林宮及其軍隊對烏克蘭的殘暴行徑，向所有人表明，我們正處於一個與無情的威權國家進行地緣戰略競爭的時代。在北京冬季奧運會之前，當獨裁者普丁（Vladimir Putin）和習近平宣稱世界權力平衡正向他們的威權政權轉移，遠離美國和自由世界時，他們表明彼此的「友誼」沒有「止境」。喬納森・沃德博士的新書《關鍵十年》將美中全球競爭定義為一場以經濟實力決定勝負的戰略競賽。

在俄羅斯對烏克蘭發動新一輪攻擊之前，全球疫情的大流行加劇了與中國共產黨（或稱中

共）的競爭。中共在疫情期間的行動，本來應該消除外界對於其領導人意圖擴大並加強國內統治，以犧牲他國利益為代價實現「民族復興」的任何疑慮。

但正如喬納森・沃德在前一本著作《中國的勝利願景》（*China's Vision of Victory*）所指出，中共正在追求旨在維持控制並獲得經濟和戰略優勢的戰略。這些戰略名稱如「軍民融合」（Civil-Military Fusion）、「中國製造二〇二五」（Made in China 2025）和「一帶一路倡議」（the Belt and Road Initiative），其目標是建立中國霸權，在印太地區建立排他性的首要地位，在先進製造業和新興的全球數據經濟中取得優勢，主導全球物流和通訊基礎設施，並改寫國際貿易和政治論述的規則。《關鍵十年》接下來的篇幅，沃德堅決主張我們應該停止那些「助長主要對手經濟崛起」的行動。沃德指出，政府和企業都低估了與中共有關的地緣戰略風險。

在所有戰略中，中共都採用了我們可稱之為「三C」的組合——收買（cooption）、脅迫（coercion）和隱瞞（concealment）。中國透過即將實現自由化、致力於解決全球議題的虛假諾言，尤其是短期利潤和進入中國市場、投資和貸款的誘惑，來收買其他國家、國際企業和精英。其中，收買包括針對貪汙腐敗或軟弱無能的政府所設下的債務陷阱，使得這些國家和企業產生依賴和易受脅迫。中共脅迫其他國家對惡劣至極的人權侵害問題視而不見，並支持其外交政策。同時，中共運用收買和脅迫手段來破壞國際組織。

中共靠掩飾真正的意圖得逞，將最惡劣的行徑包裝成正常的做法。「推崇自由貿易」的習近平在與歐洲簽署全面投資協定（Comprehensive Agreement on Investment）草案的同時，卻削減反對奴役勞工的零售商的市占率。「主張環保」的習近平承諾在二〇六〇年實現碳中和（carbon neutrality），而中國卻在國際上資助並建造大量燃煤發電廠。「捍衛人權」的習近平在發表法治演講的同時，卻將數百萬人關押集中營，將中共的武裝鎮壓勢力伸向香港，囚禁記者和自由活動分子，並扣留人質。「悲天憫人」的習近平大談「命運共同體」與「和平、和睦、和諧」，宣稱「中華民族的血液中沒有侵略他人、稱王稱霸的基因」，而他的政府卻破壞國際組織，他的軍隊在喜馬拉雅邊境殺害印度士兵，他的網軍持續展開大規模間諜活動，他的空軍威脅臺灣、南韓和日本，他的海軍、海岸巡防隊和海上民兵則在南海行使所有權。

俄羅斯對烏克蘭的殘暴攻擊和中共的侵略，暴露出將地緣政治風險納入商業和金融決策考量的重要性。德國在石油和天然氣方面依賴俄羅斯的案例表明，關鍵供應鏈仰賴敵對的威權政體很愚昧，忽略警告信號的代價也很高昂。德國顯然沒有從俄羅斯利用能源脅迫烏克蘭、白俄羅斯、亞美尼亞、塔吉克和吉爾吉斯的情況中吸取教訓。習近平主席對南韓、瑞典、澳洲、立陶宛和許多其他國家採取經濟脅迫，同時追求對海外市場、金融和技術依賴程度較低的「雙循環經濟」，加深其他國家對中國製造業和上游零組件、材料的依賴。企業亦必須認清在警察國家從事投資或業務往來所涉及的聲譽風險，亦即他們正在傷害自己的人民，並迫使企業充當政府的武器。例如，中國對維吾爾人實施種族滅絕運動，應該成為企業董事會關注的人權和環境、社會、治理（ESG）議題。

《關鍵十年》對商界和金融領袖格外重要，因為他們將更了解自己在接下來最重大的競爭中所扮演的角色。美國企業在上個世紀改變全球的衝突中發揮了極為重要的作用。從美國的製造能力和工業實力在二戰中擊敗納粹德國和日本帝國，到冷戰期間戰勝蘇聯共產主義，經濟安全已經證明對國家安全相當重要。沃德講述了企業和業界高層在這些競爭中所扮演的關鍵角色，也提到那些企業在中國承擔無法管理的風險、或因使敵對政府獲得優勢而妥協價值觀的悲慘故事。

隨著中國在二〇二一年超越美國，成為全球最大的外國直接投資首選地，人們或許可以想像中共領導人引用那句經常被誤認為出自列寧的名言：「資本家會賣給我們用來吊死他們的繩索。」但情況更糟，自由世界正在資助中共購買這條繩子。各個國家和企業在與中國做生意或進行投資時，應該宣讀類似希波克拉底誓詞（Hippocratic Oath）的承諾。特別是，自由世界的政治、企業和金融領袖應該宣誓在三個方面不造成傷害或損害：

一、不要轉移會提供中共軍事優勢或不公平經濟優勢的敏感技術。
二、不要協助中共扼殺人類自由，並完善其警察國家體制。
三、不要為了短期利潤，而犧牲企業的長期生存能力。

誠如沃德博士所證明的，與中國的競爭不僅將改變世界經濟格局，而且已經在改變美國企業在美國國家安全和全球戰略中的角色。那些能夠理解並率先應對這種變革的企業將取得成功，而那些繼續冒險、寄望中共徹底轉變的企業將一敗塗地。美國董事會應該聽到的問題是：對我的股東、我的國家和人類來說，什麼才是正確的選擇？

《關鍵十年》是一部告誡意味濃厚又保持樂觀的著作。沃德闡明美國和自由世界在與中共競爭中獲得勝利的途徑。他呼籲重建美國的經濟、工業和科技實力，並指出最具影響力的科技、產業、國家和地區。本書呼籲所有人，特別是呼籲企業高層採取行動。如同美國軍官計劃和執行作戰任務以贏得戰爭一樣，企業高層也必須計劃和執行商業戰略，以強化我們的安全、促進繁榮，並協助自由世界在本世紀最重要的競爭中獲勝。

目次

導言

總有那麼一天，美國人民將完全意識到我們面臨的挑戰來自中華人民共和國及其執政的中國共產黨。總有那麼一刻，我們會清楚看到幾十年來我們所面對的這個強勁對手的衝突深度和本質，這是自蘇聯或第二次世界大戰軸心國以來最強大的挑戰者。當那個時刻來臨時，無論是透過中國在太平洋地區崛起的軍事野心所涉及的致命威脅，還是透過全球各國政府之間開始形成的共識，我們都需要了解如何取勝。

那一天可能很快就會來臨。在珍珠港之前，在九一一事件之前，很多管道本來可以提早警告我們關於來自海外的威脅。但是，只有當美國準備好的時候——不只有政府，還有人民，整個國家——我們才能應對並克服我們最重要的挑戰。

我們來想像一下，我們已經到了那個時刻，到了我們國家和全世界都面臨重大危機的時刻。也許當普丁和習近平在二〇二二年北京冬季奧運會上異口同聲宣布他們的友好關係「沒有止境」時，那個時刻就已經到了，同時在國際舞臺上，中國發生種族滅絕情事，幾週後普丁入侵烏克蘭。那個時刻也許是隨著中共對亞洲鄰國（從印度到日本，再到臺灣）展開的陸海空軍事行動而來，或者是對美國盟友澳洲放出「未來可能進行核攻擊」威脅的時候。[1]也許是在新冠肺炎大流行之初，中共官媒揚言要限制醫療設備出口美國的時候，從而讓美國「陷入新冠病毒的汪洋大海之中」。[2]也許是這些事件加總起來才讓我們醒悟。或者，也許只有尚未發生的事件才會讓我們覺醒。但是，今天的美國與我們在世界各地的友邦和盟友，正在逐漸覺醒，開始意識到中國所帶來的挑戰範圍之廣、規模之大和惡意之深。等到我們覺醒、準備就緒的時候，我們需要了解該怎麼做和怎麼取勝。

本書內容致力於幫助我們做到這一點，其目的是解釋我們與中國的競爭性質及其基本特性，並為許多人提供一個有用的思考架構，他們最終將努力使我們國家擺脫危險時刻、邁向新的道路：通往勝利的道路。我們以前曾這麼做過。

這本書和我的第一本書《中國的勝利願景》一樣，專門寫給所有美國人，以及我們在世界各地的友邦和盟友。《中國的勝利願景》首度將許多主要戰略文件呈現在成千上萬的讀者面前，這些文件解釋了中國共產黨的全球野心和他們自中華人民共和國成立以來對至高權力的追求。該本書帶領讀者走進一段鮮少人涉足的旅程。這趟旅程瀏覽中共的諸多文件和戰略，任何讀者都能夠透過中共的視角看到中國的野心。這趟旅程也探索了涵蓋全球宏觀戰略的眾多主題，從水下作戰到國有企業，從核戰略到亞洲和非洲的經濟脅迫，從中國與印度、美國的歷史衝突到太平洋島鏈的當代軍事概念，讀者得以深入了解軍事、外交、意識型態和經濟等方面的主題。透過這趟閱讀旅程，讀者不僅可以了解中國領導層的戰略思維，還能夠理解這些戰略在我們有生之年如何決定世界的發展走向。本書同上一本書，必須處理眾多問題和領域。我們須了解從海洋到太空的利害關係，須知道在實現美國和盟友勝利的過程，不同的產業、科技、民族國家和軍事體系如何發揮重要作用。最重要的是，我們須理解勝利，就像一個跨越時空的巨大全球拼圖，如何開始拼湊在一起。我們須看清哪些基本概念可以指引我們，哪些核心領域可以讓我們施展拳腳，以及如何使這場競爭有利於我們、戰勝中國的各項計畫和行動，最終取得勝利。

為了實現前文提到的目標，請容我解釋三件從一開始就應該了解的事情。

首先，當前的十年，也就是二〇二〇年代，是美中競爭的關鍵十年。如果我們現在能夠策劃且實施一項成功的美國大戰略，那麼我們就能夠開始應對來自中國的長期挑戰，並以一種使得中國及其支持者永遠無法實現其野心的方式來重新塑造世界。然而，若是不能控制好這個十年，那就不太可能有第二次機會來維護美國的領導地位，並完全阻止北京當局實現其許多目標。這場競爭將塑造二十一世紀的走向，我們必須利用這個十年所剩的時間，以確保美國在未來的時間內保持領先地位。從長遠來看，我們必須與友邦和盟友合作，創造史上的第二次大分流（Great Divergence）。第一次大分流起源於十九世紀，是工業和非工業社會之間的分歧，影響了歷史的走向和世界的權力結構。第二次大分流必定是世界民主國家和獨裁國家之間的分歧，其中自由世界國家會應對北京當局及其支持者所帶來的挑戰。為了塑造未來的世紀，美國必須在二〇二〇年代進行重大的戰略變革，並在這個十年後繼續維持這些變革。[3]當美國人不再以短期的時間框架來思考和制定戰略時，而是著眼於二〇三〇年及以後，我們將獲得強大的優勢。這種情況不僅在商業領域如此，在國家安全和國家政治方面也是如此，這些都是我們與中國競爭中極為重要的元素。

第二，我們最終將透過經濟實力來決定這場競爭的勝負。因此，民間私人企業非常重要。美國政府在共和黨和民主黨的領導下，持續審視中國在世界經濟中的角色及其身為負責任貿易夥伴的地位。然而，美國必須更進一步，使經濟力量的平衡永久傾向我們的有利位置，確保二十一世紀的世界經濟不會依賴我們的主要戰略對手或受到其支配。如果沒有商業領袖、金融領袖和各大企業的支持和參與，我們與北京當局的長期競爭將毫無勝算。必須讓美國企業像過去一樣站在歷史的正確一邊，我們的企業不能再進一步支持對手的經濟崛起。如今，我們的企業處於與美國國家利益相衝突的狀態，向主要對手轉移技術並投資，這種方式最終將傷害企業本身和國家。美國企業為迎合中國、侵害人權和極權政治體制，不得不做出的種種醜聞和尷尬行為，現在已經成為每日新聞話題。這種情況必須改變。我們的商業領袖必須明白，他們對於美國與北京當局的經濟競爭能不能勝出，無比重要。

美國的經濟實力可說是過去一百年來重大競爭的決定性因素。在日本襲擊珍珠港美國海軍基地的前十年，美國的工業實力高達日本帝國的十倍。[4] 羅柏．卡普蘭（Robert D. Kaplan）描述了他的父親，一位二戰老兵，回憶起他認為美國即將獲勝的「那一刻」：

在伊利諾州開羅附近的一處鐵路樞紐，緩緩西沉的太陽為大草原染上絢麗的色彩。其他列車從幾條鐵軌匯集到同一路線，將軍隊送往東岸各地，準備搭乘開往歐洲的船隻。放眼望去，目光所及盡是無數的列車，在夕陽染紅的無垠平原上蜿蜒駛向彼此，士兵們從車窗向外張望。他對我說：「望著眼前的景象，那一刻我就知道，美國將贏得這場戰爭。」[5]

在一場世紀性的戰爭中，運用原始的工業與後勤實力的表現，顯示出日本和德國喚醒了「沉睡的巨人」。[6] 但今天，也許更容易想像這樣的場景出現在中國，中國現在是「世界上按噸位計算的最大造船國」，且海軍規模世界最大。[7] 中國在鐵路、海運、鋼鐵和重工業領域居於主導地位，現在握有將近百分之三十的全球製造業實力。[8] 現在決定一場全球衝突的勝負很可能是中國的軍隊、港口和工業潛力，而不是美國。中國的領導人明白怎麼利用經濟實力達成戰略目標。而我們呢？

缺乏清晰、具有戰略性的經濟思維，一直是過去美國制定政策的困擾，但面對當前的競爭，這種思維比以往任何時候都更重要。[9] 如前美國國防部長羅伯特．蓋茨（Robert Gates）所解釋的那樣：「國家安全顧問季辛吉（Henry Kissinger）、史考克羅（Brent Scowcroft）和布里辛斯基（Zbigniew Brzezinski）都是世界一流的地緣戰略家，但即便是他們，也沒有撰寫或思考過不同形式的力量，他們都不太關注經濟和金融工具。」[10] 在冷戰時期，處於資本主義國家與社會主義體制競爭的優勢之下，使我們的主要戰略思想家就像巨大財富的繼承者，將經濟實力和經濟霸權視為理所當然，以美國的龐大資源用於解決最迫切的戰略問題。如今世界最重要的變化是，我們不再擁有毫無爭議的經濟霸權地位，而且再不採取行動，**對手事實上很可能取代我們的地位**。

要贏得這場競爭，我們必須徹底改變世界，確保美國和美國盟友在全球經濟實力中占據且掌握不可撼動的比例。要做到這一點，必須採取雙管齊下的戰略，在振興和發展美國工業與技術實力的同時，對中國進行經濟圍堵。我們必須努力確保北美成為相對於中國的優勢經濟重心，並將我們的盟友整合成一個自由世界的經濟共同體。

第三，我們還必須了解基本原則：對手的野心和這場競爭的性質。勝利的關鍵在於大戰略。在冷戰時期，我們有圍堵策略（containment），這是美國頂尖蘇聯專家喬治．肯楠（George F. Kennan）的心血結晶。他在〈長電報〉（Long Telegram）中憑直覺預測並解釋蘇聯的威脅而聞名，然後制定了一套戰略，贏得與蘇聯的競爭。圍堵策略給美國帶來了挑戰和考驗，在不同時期與各個總統任期中呈現出不同的形態和方式，有些成功，也遇到了一些失敗，儘管如此，從杜魯門、艾森豪、甘迺迪，最後到雷根，歷任總統都運用圍堵策略，打贏了漫長的冷戰。圍堵策略具有某種美感，簡潔、連貫且持久，經過加工、調整、演變，仍能保持其基本特性。在傑出政治家和眾多專業人士的推動下，圍堵策略經過半個世紀的努力，終於戰勝美國當時最強勁的對手。上述這些應該讓我們想起，美國制定大戰略經常展現出高度的智慧、直覺和實用主義，並且這項傳統能夠帶來實際的成果。可以說，圍堵策略是我們最出色、最成功的宏觀戰略，雖然負擔可能很沉重，但它既沒有摧毀或是扭曲美國。用季辛吉的話說：

> 圍堵是一種理念，引領美國經歷了四十多年的建設、奮鬥，最終取得勝利。然而，這種政策的模糊性所造成的受害者，並非原本決心保衛的人民（整體來說這方面做得還算成功），而是美國的良知。在尋求道德完美的傳統追求中，美國備受煎熬，經過幾代人的奮鬥，雖然因為努力和爭議遍體鱗傷，但幾乎達成了所有既定的目標。[11]

處理與蘇聯的關係和擊敗蘇聯，其實就是在應對一個世界格局，其中兩個壁壘分明的陣營，各自爭取相對的影響力和全球勢力。這兩個陣營之間的摩擦非常激烈又危險。然而，我們能夠清楚了解自己的對手，憑直覺知道自己的優勢所在，並且數十年間不斷調整我們的戰略，雖然最終出乎眾人意料之外，冷戰以和平的方式落幕了。

換成中國，我們現今生活在一個不再由相互競爭的陣營所主導，而是經濟整合所塑造的世界。這種整合不僅存在於全球各國之間（這是冷戰後數十年全球化的結果），而且目前或許最重要的是，這種整合在美中兩國之間尤其明顯。美中兩國擁有世界上最大的雙邊貿易關係，儘管這種關係明顯更有利於中國。

美國選擇經濟上與中國打交道，將其納入全球貿易體系，讓它成為從世界銀行（World Bank）到世界貿易組織（World Trade Organization）等國際重要經濟和政治機構的一員，並且盡可能整合我們的經濟，而不是對中國採取圍堵措施或在後冷戰時代對經濟往來設置門檻，這是我們今天困擾的根源。然而，一場重要的戰役已經展開並改變了美國幾十年來失敗的對中戰略。美國領導人和政策制定者已經改變自一九七一年季辛吉秘密訪問北京以來與中國的往來方式，不再堅持適得其反、目光短淺的戰略，轉而採取與北京進行全球競爭的戰略。這種從往來轉向競爭的改變，前國家安全顧問麥馬斯特稱之為「自冷戰結束以來美國外交政策最重大的轉變」。[12]可是，儘管外交政策發生變化，我們仍然缺乏長期的勝利願景。我們仍然缺乏一個二十一世紀的全球大戰略，這個戰略是因應我們最重要的競爭對手帶來的挑戰而形成。美國外交政策目前的轉變為必要的進化打下了基礎，如果我們能夠理解這場競爭的性質，重新塑造一個使中國崛起停滯的世界，同時重建盟友的秩序，好讓北京的野心難以實現，我們將像當年對付蘇聯一樣，能夠扭轉局勢，把對手甩在身後。在這種情況下，這表示不僅要處理兩個壁壘分明的陣營之間的摩擦，而且要在兩個對立體系之間製造適當的分離和分歧，並為美國和世界民主國家開創新的崛起機遇。

開始這段征途的時候，首先得知道我們與中國的競爭將在一系列基本領域進行，本書會詳細探討這些領域。

要贏得這場競爭，美國必須了解四個致勝領域。[13]每個領域各有不同的影響力。如果沒有贏得其中一個領域，整體勝利可能永遠無法實現。即使在兩、三個領域中獲勝，仍然可能失敗，但如果我們贏得了重要的領域，就有機會贏得整場競賽。如果每個領域都取得勝利，並且得以延續和保持紀錄，那麼世界就可以重建，本世紀決定性的地緣政治挑戰也將在全球自由國家迎來第二個繁榮與強盛的時代中結束。美國必須認識這四個領域，了解它們的來龍去脈和影響，務必在每個領域都取得勝利：

- 經濟競技場（The Economic Arena）
- 外交競技場（The Diplomatic Arena）
- 軍事競技場（The Military Arena）
- 思想競技場（The Arena of Ideas）

經濟實力是美國戰略勝利的首要競技場。在與中國的戰略競爭中，這是最關鍵的致勝領域，使我們在其他領域也能取得勝利。在這個關鍵的十年裡——這十年將決定我們與中華人民共和國全球競爭的走向——我們必須先在經濟競技場取得勝利，並守住成果。如果失去經濟優勢，其他領域的勝利就無法延續。那麼，讓我們先從經濟競技場談起。

「榮耀不屬於批評的人，也不屬於指責跌倒的勇者或挑剔實踐者該怎樣做的人。榮耀屬於真正站在競技場上的人，臉上沾滿了塵土、汗水和鮮血；他英勇奮鬥，一次又一次地經歷失敗，因為努力總會有失誤和缺憾；但他確實盡心盡力投入，擁有無比熱情和奉獻精神，致力於崇高志業；他知道最好的結果是功成名就，在最壞的情況下，若是他不幸落敗，至少已放膽去做過，以至於他的地位絕不會與那些冷漠膽怯、既不懂得勝利也不知道失敗的靈魂同列。」

——狄奧多．羅斯福，一九一〇年

第一篇

經濟競技場

PART ONE

THE ECONOMIC ARENA

二〇二二年二月二十四日，俄羅斯導彈開始在烏克蘭上空如雨般降下。接著，裝甲部隊緊隨其後。俄羅斯總統普丁的侵略展開，粉碎了歐洲數十年的大國和平，將世界帶回到一個威權國家意欲公然動用軍隊來推進其目標的時代。就在幾週前，俄中兩國政府才在北京冬季奧運會上發表聯合聲明，普丁和中共黨主席習近平宣布建立「沒有止盡」的夥伴關係，其中「合作沒有『禁區』」，扼要敘述了共同願望，即對抗並打擊美國主導的國際秩序。基於普丁多年來的演講和歷時二十年的俄中「全面戰略協作夥伴關係」，這兩個世界上最大的獨裁政權發表的聲明包括，共同反對「北約進一步擴張」，俄羅斯承諾承認「臺灣是中國不可分割的一部分」。這份聲明幾乎不加掩飾地抨擊美國和其歐亞地區的盟友，公然表示「俄中堅決反對外部勢力破壞兩國共同周邊地區安全和穩定，試圖對抗外部勢力以任何藉口干涉主權國家內政……，並將加強在上述領域的協作」。[1]中國和俄羅斯共同對美國、世界民主國家和現有國際秩序發起了挑戰，他們的聲明清楚表明這種挑戰的全面性和深遠影響。

對於俄羅斯在烏克蘭的侵略行動，美國祭出迅速且有力的經濟反擊。隨著普丁的軍隊向基輔（Kiev）和哈爾科夫（Kharkiv）推進，美國開啟了西方經濟戰的新紀元，這種情況在後冷戰的全球化世界是前所未見的。從各種跡象來看，俄羅斯領導人認為他們已經做好萬全準備，以因應美國及其盟友可能採取的經濟措施。俄羅斯政府試圖採用皇家國際事務研究所（Chatham

House）學者大衛・盧賓（David Lubin）提出的「堡壘經濟」（Fortress Economics）理論，累積幾千億美元的外匯儲備，打算抵禦美國在入侵開始後可能實施的制裁。[2]不過作用不大，盧布在開戰初期貶值和俄羅斯經濟萎縮都顯示，俄羅斯的預先準備行動並不充分。[3]對北韓和伊朗等國實施幾十年的制裁之後，美國和歐洲的政策制定者們在處理經濟問題時有了更大膽的想法。

即使自二〇一八年以來，美中貿易戰開打讓全球經濟受到動盪，美國開始思考與中國的經濟往來應該走到什麼程度，我們也沒有看到任何類似俄羅斯入侵烏克蘭前幾週那樣大規模的行動。在戰爭之前，由於俄羅斯入侵的可能性越來越大，美國及其盟友開始設計對國家殺傷力極大的制裁措施，可能對價值上兆美元的G20經濟體產生巨大影響。俄羅斯是能源和農產品的主要生產國，是全球土地面積最大的國家，也是除美國以外最大的核武國家，與北韓或伊朗是完全不同的目標。我們必須採取更廣泛的經濟措施來應對局勢。如英國政府在二〇二二年一月所說的，新的盟友制裁措施將針對「任何對克里姆林宮在經濟或戰略上具有重要意義的個人和企業」。時任英國外交大臣特拉斯（Liz Truss）在戰前解釋：「目前經濟制裁範圍相當狹窄，因此我們只能制裁直接參與破壞烏克蘭穩定的企業……我們希望擴大制裁範圍，使任何對克里姆林宮和俄羅斯政權有利的公司都將成為制裁對象，這樣普丁的寡頭集團、支持俄羅斯政權的俄羅斯企業將無所遁形。」她又說：「沒有排除任何可能性……這次立法使我們能夠打擊更廣泛的目標。」[4]美國及其盟友準備對另一強權實施強有力的經濟制裁，而不只是針對一個「流氓國家」。在俄羅斯入侵烏克蘭後的日子裡，世界民主國家開啟了全球化世界的經濟戰爭時代。

對俄羅斯採取的經濟行動中，有兩個因素最為重要。首先是盟友政府在美國主導下共同發起的政策行動。其次是美國和歐洲的大型跨國企業針對烏克蘭危機所採取的行動。對俄羅斯施加的總體和個體經濟壓力，終結了民主與獨裁政權之間經濟往來暢行無阻的時代。這也讓我們看清未來與中華人民共和國的路可能且必須怎麼走。

首先，美國政府採取的是戰略性制裁而非針對性的制裁措施——切斷俄羅斯銀行與國際金融體系的聯繫、終止俄羅斯使用SWIFT（環球銀行金融電信協會）支付系統的權限，以及國會兩黨投票決定取消俄羅斯作為美國貿易夥伴的「最惠國待遇」地位——這些都表明，在金融市場准入和雙邊貿易方面，美國有能力果斷打擊對手。其次，企業撤離俄羅斯顯示它們對全球化和地緣政治風險的認知發生變化：意識到國際安全、道德品格和地緣政治現實有時必須擺在商業利益前面。那些對中國種族滅絕和其他人權暴行保持沉默的企業，在烏克蘭遭入侵後的幾天或幾週之內選擇離開了俄羅斯。商界領袖現在看到了真實地緣政治風險的後果，以及在具有軍事野心的獨裁國家創業所面臨到的問題。這些對俄羅斯的影響深遠：繼二〇一四年吞併烏克蘭的克里米亞之後，俄羅斯多年來一直受到規模較小的制裁，現在更失去了獲得美國和全球資本、外國技術以及世界頂尖品牌的機會。如今俄羅斯受到如此嚴重的商業和金融孤立，以至於在世界經濟舞臺的地位短短幾週內發生了變化。數百家世界知名品牌停止或暫停在俄羅斯的業務，形成了一種自冷戰時期兩大經濟勢力對峙以來我們從未見過的情況，俄羅斯陷入商業孤立。俄羅斯過去三十年來因全球化和商業活動所獲得的好處，在全世界開始清算普丁軍事野心的三十天內，基本上都被迫停止了。

普丁入侵烏克蘭後，西方企業紛紛退出俄羅斯，而中國企業則留了下來，鞏固對這個全球核武大國的影響力，可能還會掌握長期的經濟控制權。隨著埃克森美孚（Exxon）、殼牌（Shell）、英國石油（British Petroleum）終止合作夥伴關係、撤資離開俄羅斯市場，放棄了在石油和天然氣田價值幾十億美元的股份，中國國有石油巨頭——中國海洋石油公司（China National Offshore Oil Corporation）、中國石油天然氣集團（China National Petroleum Company）和中國石化（Sinopec）開始聯手收購這個地大物博的北方鄰國的股份。[5]隨著海運巨頭地中海航運（MSC）和馬士基集團（Maersk）停止向俄羅斯運送貨物，波音暫停為俄羅斯航空公司提供維護支持，通用汽車、福特汽車和可口可樂等品牌都暫停或中止在俄羅斯的業務時，許多中國頂尖企業卻繼續維持常態營運。[6]據報導，中國駐俄羅斯大使張漢暉於二〇二二年三月召集了一場在莫斯科舉行的中國商界領袖會議，呼籲他們「填補」俄羅斯市場空白。[7]蘋果、三星、諾基亞（Nokia）和愛立信（Ericsson）等公司暫停出貨和營運，為中國智慧型手機和電信供應商（如OPPO、小米和華為子公司榮耀）製造了大量機會，根據《財富》（*Fortune*）雜誌報導，這些公司搶占西方跨國企業留下的大部分市場占有率。[8]由耶魯大學的宋能菲爾德（Jeffrey Sonnenfeld）率領的研究團隊表示，截至二〇二二年，即使是中國最知名的全球企業（其中一些還在美國股票交易所上市或與美國主要企業合資）在烏克蘭遭入侵幾個月後，仍在俄羅斯「照常營業」。阿里巴巴「仍在俄羅斯營運」，螞蟻集團（Ant Group）仍與俄羅斯主權基金合資，滴滴（Uber的全球競爭對手）「明確撤銷退出俄羅斯市場的決定」，海爾（前身為奇異的消費性家電部門）「計劃擴大在俄羅斯的業務」，京東的「俄羅斯商店仍保持全面營運」，中芯國際（SMIC）「不畏美國制裁，繼續向俄羅斯出口」，而騰訊正「大力投資」俄羅斯一家重要的科技公司。[9]由於世界民主國家的跨國企業紛紛離開俄羅斯，俄中經濟關係勢必加深，加速世界回歸到兩個經濟對立集團相互較量的局勢。

美國與盟友已經看到了在經濟領域所能做到的事情。對手已經目睹我們經濟工具的非凡潛力。俄羅斯所受到的經濟困境清楚顯示出盟友的實力，對俄羅斯的回應就是對於軍事侵略行為的嚴厲懲戒。現在我們需要有能力應對一個比俄羅斯聯邦更強大的挑戰者，因此，應對措施必須更全面且具戰略性。我們需要的不單是採取懲罰行動的能力，而是透過新的經濟戰略，徹底改變全球經濟。

嶄新的經濟戰略

進入二〇二〇年代初期，普遍看法認為美國注定會在經濟競爭中輸給中國，公私部門的領袖和思想家已認定贏不了。更糟的是，許多世界頂尖企業、投資銀行和顧問公司都誤以為中國經濟崛起是絕佳的契機。商界領袖們沒有看出世界秩序潛在轉變和歷史轉捩點危及美國、美國盟友和世界民主國家的安全與繁榮，往往只看到中國無可比擬的市場機遇。正如星巴克創辦人霍華·舒茲（Howard Schultz）於二〇二二年所說的：「我們將在中國以每九小時開設一家店。我們在中國現在有六千家門市。到二〇二五年，中國市場規模將比美國更大，所以星巴克已經準備好迎接這個時刻。」[10] 又如二〇二一年耐吉執行長約翰·唐納荷（John Donahoe）所說：「耐吉是中國品牌，為中國服務。」[11] 從投資銀行到全球顧問公司，關於中國的預測都認為，到二〇三〇年中國將超越美國，成為全球最大的經濟強國。美國最大銀行的一個部門，摩根大通（J. P. Morgan）資產管理部門在「投資中國的五個理由」中指出：「我們預估到二〇二七年，中國將超過美國成為全球最大經濟體。這比我們在疫情爆發前的預測提前了兩年。」[12]摩根大通的董事長兼執行長傑米・戴蒙（Jamie Dimon）表示：「儘管美國仍然會是全球最繁榮的國家，但經濟規模將比中國小。」[13]其他人也同意這個觀點。如前美國財政部長亨利・鮑爾森（Henry Paulson）所說：「除非發生戲劇性變化，否則中國將保有全球成長最快的主要經濟體地位，在可預見的未來，其規模將超越美國。」[14]從《財富》雜誌到世界經濟論壇，重要國際機構也預測或附和，中國最終將成為世界最大經濟體，與其超過十億的人口規模和全球貿易的重要地位相當。[15]

美國這個有三億三千萬人口的國家，要如何在經濟上保持領先於擁有十四億人口的國家，實在難以想像。就像英國投資銀行渣打銀行（Standard Chartered）的經濟學家在二〇一九年的預測中指出，中國將於二〇三〇年成為世界第一大經濟體，「我們的長期成長預測根據一項關鍵原則：各國國內生產總額（GDP）在全球的占比，最終應該與各國人口在全球的比例趨於一致。」[16]即使是堪稱世界上最偉大的實業家伊隆・馬斯克（Elon Musk）也同意這點：「這是相當奇怪的事，中國經濟可能會至少是美國經濟的兩倍或三倍。」他比許多商界人士更理解這個問題，進一步表示：「戰爭的基礎是經濟。如果你的資源只有對手的一半，那麼你最好擁有真正的創新。如果你不創新，就會出局。」[17]

這一觀點已經在華府傳開，影響美國重要戰略家的評估，並營造出一種討論氛圍，在有限的美國資源與不斷擴大的中國經濟和軍事實力之間找到平衡點似乎是唯一的出路。用前美國國務院官員密契爾（A. Wess Mitchell）的話來說：「新興國際格局的最大特徵是帶來了各種限制，影響美國權力的行使。中國崛起使美國作為全球大國以來面臨到最強大的對手。大多數預測顯示，到二〇三〇年，中國經濟規模將是美國的一・五倍至兩倍，人口將是美國的四倍多。」[18]

沒有人可以忽視這個結果。如果中國成功超越美國，成為世界主要經濟體，這將是美國自一八一二年戰爭以來，首次必須與一個經濟實力更強大的軍事對手較量，也是相隔一個多世紀，第一次在整體經濟實力上遭遇對手。雖然我們的銀行家和商界領袖可能誤以為這個結果是機遇，但美國人絕不能這樣想。美國總體戰略最重要的任務必須確保我們維持世界領先，也是最大的經濟體。[19]在銀行和企業向全世界宣布這些預測結果、國家安全戰略家處理美國面臨的結果時，沒有人比中共更相信這個結果——中國一定會成為世界最大經濟體。中共的全球總體戰略以經濟霸權為目標。

無論是中共外交官和宣傳人員的聲明，還是中華人民共和國建國者的直覺，塑造中國道路和願景的人一直專注於建設經濟實力。中國外交部發言人趙立堅於二〇一九年十二月在 Twitter 上說：「中國將在十年內超越美國。中國的勝利勢不可阻擋。」[20]即使是中華人民共和國主席和創始人毛澤東也認為，經濟霸權是「新中國」的重要目標。雖然毛澤東受到共產主義教條的束縛，無法實現這一願景（後來留給鄧小平），但他始終認為中國擁有巨大經濟潛力，並相信這將是中國與美國長期競爭的關鍵優勢。正如毛澤東在一九五五年所說：「我們的目標是要趕上美國，並且要超越美國。美國只有一億多人口，我國有六億多。」[21]

不過，從中國長期人口下滑（最嚴重的後果可能會在二〇三〇年代發生，不是目前這個十年）到成長率放緩、中共對於中國主要企業和戰略行業的控制不斷擴大，也有一些反駁觀點。[22]然而，西方企業和投資機構對中國經濟成長的渴望，與中共的戰略目標基本上是一致的，中國共產黨認為經濟崛起是獲得全球力量和對美國取得戰略性勝利的關鍵。美國總體戰略必須打破這種一致性，使美國企業和投資機構與我們長短期的國家安全政策站在同一陣線，並在全球經濟競技場上打敗中國共產黨。怎樣才能做到這一點？答案在於雙管齊下的戰略：經濟圍堵中華人民共和國，同時實現美國和盟友的經濟成長。我們的長期戰略必須是維護並增加我們在全球財富和國內生產總額中的占比，同時減緩中國的經濟成長。

歷史上，第二次世界大戰和嬰兒潮後的一九六〇年，美國在全球國內生產總額中的占比曾高達百分之四十，而且冷戰期間，經濟上保持對蘇聯的經濟優勢長達四十五年。[23]雖然如今占比有所下降，但並不是持續下降，而是受到戰略、政策和國際條件的影響。例如，從一九八〇年到一九八五年，國內生產總額占比從百分之二十五增至百分之三十四，一九九五年到二〇〇〇年間又從百分之二十五增至百分之三十。即使二十一世紀初中國崛起，美國仍然保有全球國內生產總額最大占比，二〇二一年國內生產總額約為二十三兆美元，占全球總量的百分之二十三・九。[24]中國位列第二，二〇二一年國內生產總額約為十七兆七千億美元，占全球總量的百分之十八・四。[25]國民財富方面的統計顯示，美國和中國之間的差距更大：二〇二〇年，美國占全球總額的百分之三十・二（一百二十六兆三千億美元），而中國占百分之十七・九（七十四兆九千億美元）。[26]美國的國內生產總額優勢明顯但正在減弱，在國民財富總額則具有更大的優勢。

我們的經濟戰略必須著重於**增強這種相對優勢**。如果能夠做到這一點，不僅能在未來的競爭中保持我們最重要的優勢，還將打破中國勝利願景的基礎，即中共的重要戰略，從全球經濟卓越地位搖身成為全球主導強權。經濟競技場上的成功為我們在更大的競爭中奠定了勝利基礎，而這樣的經濟成功可以用國內生產總額和國民財富在全球總量中的占比來衡量，也可以與我們在北京的對手相比較。即使中國成長率放緩，但自二〇一六年以來，中國每年新增的經濟規模（平均而言），幾乎相當於整個澳洲的經濟規模。二〇二一年，隨著新冠疫情趨緩，中國國內生產總額**增加了三兆美元，相當於兩個澳洲一年的總產值**。[27]中國現在的成長速度可能會更慢，但它的經濟基礎越來越大。我們雖然仍處於領先地位，但正在失去優勢。

二〇二〇年代可能是我們永遠失去優勢的時候。

為了實現我們的目標，我們必須專注經濟競爭的兩個方面：圍堵和成長。我們必須提醒自己注意中國長期戰略的根本弱點：中國的崛起取決於它能不能進入全球經濟，尤其是進入美國和盟友市場。我們可以同意或拒絕這種往來。中國的崛起掌握在我們手中，鑒於中國共產黨的暴行和野心，這種崛起大可不必繼續。二十一世紀美中競爭很可能在這個十年內一決勝負。二〇二〇年代，美國可能面臨致命的結果，但也可能得到絕佳的戰略機遇。致命的結果是如果中國成為世界主要經濟體，獲得前所未有的資源，得以與美國和美國盟友展開長期競爭並取得勝利。過去一百年來，我們在每一場生存競爭中都握有的這個優勢，將轉移到我們的主要對手身上。

我們的絕佳機會來了：在二〇二〇年代和二〇三〇年代，全球經濟將經歷一場技術和工業力量的全面轉型，這種轉型在過去二百年中只發生過三次。如果我們能抓住這個時機——許多人稱之為「第四次工業革命」或「工業4.0」——將能改變我們的生產力，創造經濟優勢，讓一個擁有三億多人口的國家擊敗超過十億人口的威權國家。[28]保持這個優勢可以讓我們實現鮮少人預想到的戰略最終狀態：史上第二次「大分流」。「大分流」是指第一次工業革命後，有一段時間歐洲帝國獲得了領先於世界其他帝國的工業優勢，後來成為該時期的主要強國。一大部分原因是技術和工業的進步，創造了卓越的經濟和軍事實力。隨著第二次「大分流」（這一次不是歐洲與世界的分流，而是在民主和威權國家之間的分流）的到來，美國和我們形形色色的盟友，尤其是來自歐洲和亞洲的世界民主國家，有望在二十一世紀的競爭中贏得關鍵性的勝利，將北京遠遠拋在後面。經濟分流得以打擊中共期望的結果——獲得經濟優勢地位，進而透過卓越的經濟和軍事實力稱霸世界。經濟分流還可以創造美國的新優勢，扭轉許多人認為我們正在經歷的衰退趨勢，建立美國和盟友的新紀元。

前方的競爭將決定二十一世紀歷史的結局。這是一場美國不能承受失敗結果的競爭。如果我們能在經濟競技場上獲勝，實現中國與民主國家之間的新經濟分流，就能扭轉北京預想的歷史轉捩點，確保進入一個享有權利與自由的國家所主宰的新紀元。為了做到這一點，經濟圍堵中國，同時美國和盟友的經濟成長，是必不可少的基石。

全球經濟是戰場。跨國企業爭奪市場占比和擴張。商業不能有效阻止國家間的戰爭，往來密切的歐洲發生過兩次世界大戰就是最好例證。冷戰時期世界的經濟分隔，兩個超級大國都避免了全面軍事衝突，是重要的對比例子。無論地緣政治風險或國家安全挑戰如何上升，私人企業基本上都可以自由與其他國家建立聯繫。對中共來說，國有企業和國家支持的企業是中國經濟戰略的重要作戰單位。對美國與盟友來說，重要的是私人企業、美國或盟友的跨國公司。考量到目前的狀況——美國主要企業和投資機構與中國的往來——我們重要的企業已偏離了它們在美國安全和繁榮中所扮演的必要角色，朝著依賴和受北京操控的方向發展。美國企業在中國市場的活動與參與，正在給美國甚至全球的穩定帶來風險和危機。我們必須讓美國的商業利益與國家安全利益保持一致，就像在過去面對最具挑戰性和重要性的競爭時那樣。

致勝策略：美國跨國公司vs.中國國有企業

重新看看這段關於一九四二年美國的描述。那一刻，勝利尚未確定，但國家已經意識到一場將決定我們和世界命運的挑戰。也許是美國最重要的外交事務作家羅柏·卡普蘭，他的父親在那一刻就知道我們會贏：

在伊利諾州開羅附近的一處鐵路樞紐，緩緩西沉的太陽為大草原染上絢麗的色彩。其他列車從幾條鐵軌匯集到同一路線，將軍隊送往東岸各地，準備搭乘開往歐洲的船隻。放眼望去，目光所及盡是無數的列車，在夕陽染紅的無垠平原上蜿蜒駛向彼此，士兵們從車窗向外張望。他對我說：「望著眼前的景象，那一刻我就知道，美國將贏得這場戰爭。」[29]

美國的後勤和工業能力——羅斯福的民主兵工廠——摧毀了歐洲和亞洲的法西斯勢力，在世界主要大國之間建立了幾代美國主導的和平。沒有我們的公司行號、企業家、工業勞動力和商界領袖，這一切不可能實現：「他們穿著商務正裝、工作褲和法蘭絨格紋襯衫，戴眼鏡和頂著Stetson紳士帽或頭盔、套上實驗服、焊接皮衣、綁著花色頭巾。他們是美國商人、工程師、生產經理和男男女女的工人，打造了史上最令人驚嘆的軍事機器：支援盟軍擊敗軸心國的民主兵工廠。」[30]正如《自由的熔爐：美國企業如何贏得第二次世界大戰的勝利》（*Freedom's Forge: How American Business Produced Victory in World War II*）的作者，亞瑟·赫曼（Arthur Herman）所描述的：「他們共同生產了二戰期間所有盟軍使用的三分之二軍備。包括八萬六千輛坦克、二百五十萬輛貨車和五十萬輛吉普車、二十八萬六千架戰機、八千八百艘軍艦、五千六百艘商船、四億三千四百萬噸鋼材、二百六十萬挺機關槍和四百一十億發子彈——更不用說戰爭中威力最強大的B—29超級轟炸機和原子彈了。」[31]

諸如美國鋁業（Alcoa）、波音、克萊斯勒（Chrysler）、道格拉斯飛行器（Douglas Aircraft）、陶氏化學（Dow Chemical）、杜邦（Dupont）、福特、奇異電子、通用汽車、固特異和格魯曼航空（Grumman Aviation）等公司，以及像安德魯·希金斯（Andrew Higgins）這樣的企業家（艾森豪將軍說他是「為我們贏得戰爭的人」），把美國的經濟潛力轉化為壓倒性的軍事實力。[32]我們擁有世界一流的產業、人才和土地資源，以及先天優越的地理位置，所以能夠在第二次世界大戰中大獲全勝。以美國汽車業為例：「這裡是一個能夠動員人才、消息流通和匯集資源的網絡，從鋼鐵到平板玻璃、銅、鉛、皮革和機油，為國防事業做出貢獻。」[33]個別公司的關鍵重要性極其重要。其中許多公司至今仍與我們同在，在美國歷史的重要時刻發揮了作用。例如，「美國在二戰期間生產的所有產品，光是通用汽車就占了百分之十，其他還有上千個航空引擎，波音、馬丁和北美公司生產的數百種不同零件，以及格魯曼航空生產的整架飛機。」[34]美國的經濟實力可以說是近百年來重大競爭的決定性因素。在第二次世界大戰前的十年間，美國的經濟優勢相當明顯。一九三七年，美國的國民收入是日本的**十七倍**，是日本和德國國民收入總和的**三倍**，此外在工業實力方面也遠遠超越兩國。[35]基於資源和調度方面的壓倒性優勢，我們有責任動員、善加利用並執行一項全球計畫。

假如我們沒有強大的網絡，無法像赫曼所說的那樣，動員人才、消息流通和調度資源呢？假如我們沒有美國優勢的基礎產業呢？那二十世紀會是什麼樣子？

如今，我們正在迅速失去，而且在某些情況下已經失去了這些關鍵優勢。而中國則有系統地獲得同樣的優勢，逐漸超越我們。中國竊取智慧財產權、脅迫我們的企業、資助自己的產業和公司，有時甚至破壞整個美國企業和摧毀美國產業，已對我們造成損失，使我們無法應對競爭或衝突。經過幾十年與中國的「往來」，美國已將製造業和工業能力、技術和資本轉移給我們的主要對手，這個過程，我們可能最後會覺得，這是我們歷史上最大的錯誤。卡普蘭的領悟是察覺到美國部隊、運輸工具和後勤實力的巨大規模。

如今，我們更容易想像到這樣龐大規模的工業場景，**發生在中國，而不是美國**。

在美國，是二戰激發了將經濟實力轉化為軍事力量的過程。但在中國，儘管全球處於和平狀態已久，中共仍一直忙於大規模的軍備建設：「自二〇一四年以來，中國下水的軍艦、潛艇、支援艦和大型兩棲艦艇數量已超過英國現役艦隊的總數量……。二〇一五年至二〇一七年間，中國海軍艦艇下水的噸位數將近四十萬噸，約是同期美國造船廠產量的兩倍（根據國際戰略研究所的統計）。」[36] 中國在世界鐵路、海運和鋼鐵行業中是毫無爭議的領先者，據預估，中國占全球製造業總產量近百分之三十，幾乎是美國的兩倍。[37] 國有企業和國家支持的超級公司和巨型銀行不但主導中國龐大的國內市場，還將業務範圍延伸到世界大部分地區。這些實體不同於美國的私營部門企業，他們都必須按照中共的指示行事，並參與其全球戰略布局。今天，了解工業實力轉化為軍事力量的意義，以及基礎戰略行業的重要性，中國比美國更懂。

以美國貿易代表戴琪（Katherine Tai）對中國在全球鋼鐵業崛起的評估為例：

即使簽署了第一階段協議，中國政府仍然不斷向特定行業注入數十億美元，並持續按照國家意志塑造經濟，損害了美國和全球勞工的利益。我們來看看鋼鐵業。二〇〇〇年，美國有一百多家鋼鐵公司，年產鋼量達一億噸，鋼鐵業在全國各地區雇用了十三萬六千人。不久之後，中國開始設立自己的鋼鐵廠。中國的產能激增，剝奪了美國鋼鐵公司寶貴的市場機會。中國低價的鋼鐵湧入全球市場，驅離了美國和世界各地的企業……。如今，中國年產量超過十億噸，占全球鋼鐵產量近百分之六十。中國單月的鋼鐵產量超過了美國和世界上大多數其他國家一整年的產量。在美國，鋼鐵業就業人數自二〇〇〇年以來已經下降了百分之四十。[38]

就在北京資助本國產業、在全球盜竊智慧財產權、實施全球經濟戰略之際，我們美國的許多企業，過去是民主兵工廠的骨幹，現在卻成為政治和經濟的俘虜、中國市場的人質。這是我們自己造成的問題。

根據美國商務部的資料，二〇一八年，中國是美國跨國企業在美國以外的第三大市場，銷售總額達五千八百零一億美元，僅次於英國和加拿大。[39]美國商務部經濟分析局的報告指出，二〇一九年，該數字為五千七百三十四億美元。[40]雖然幾千億美元聽起來很龐大，而且近年來美中貿易關係和貿易逆差一直是熱烈討論的焦點，但想想這個問題：美國跨國企業在中國的收益總計僅三百八十二億美元。大約相當於美國三艘航空母艦或一到兩座核電廠的造價成本。**僅占全球跨國企業利潤的百分之二．六**。對於擁有二十三兆美元國內生產總額和一百二十六兆美元國民財富總額的美國來說，三百八十二億美元甚至還不到我們總經濟實力的百分之一。就算是五千七百三十四億美元，也僅占我們國內生產總額的百分之二．五，不到我們國民財富總額百分之一的一半。

來深入探討這些統計數字。二〇一九年，美國跨國企業在世界各國的銷售總額裡，中國僅占百分之七．四。如果加上香港，這個比例達到百分之九．六，雖然稍微大一些，但仍然只占全球銷售總額的一小部分。如果是看在中國的海外控股子公司，也就是美國企業實際持有控制權的實體，而不是少數股權或股權各半的合資企業，那麼這些數字就會大幅下降：銷售總額為三千七百八十八億美元，收益為二百八十七億美元。美國跨國企業在全世界擁有的總資產為三十兆七千億美元，中國僅占百分之二．五，即七千七百八十五億美元（加上香港的話則占百分之四．四）。如果是看控股企業，中國占總資產的比例更低：全球銷售總額的百分之一．六。

與歐洲、日本以及其他大多數跨國企業密集的國家相比，中國所占的比例相對較小。這甚至還不包括美國本身的跨國企業統計數字。就淨固定資產（不動產、廠房及設備）而言，也就是實際有形資產，美國跨國企業（控股）在中國擁有六百七十八億美元，在全球則為一兆四千二百億美元，這表示中國僅占百分之四．八。

許多公司在中國市場承擔了巨大的商業風險——蘋果、波音、開拓重工（Caterpillar）、通用汽車、星巴克和耐吉都是眾所周知的例子——而像半導體這樣的單一產業，仰賴全球供應鏈和市場生態系統，十分危險，必須改革。[41] 然而，美中經濟關係的整體情況可能沒有看起來那樣重要。美中貿易關係也應放進美國整體經濟實力的脈絡來考量。我們來看看對中國的出口。根據美國貿易代表署的統計資料，二〇一九年，美國對中國出口的商品總額為一千零六十四億美元——僅占美國對全球出口的百分之六．七。當年美國出口占國內生產總額的比例僅百分之七．四，所以對中國的出口不到美國國內生產總額的半個百分點。[42] 從中國進口的貨物通常是出口的三到四倍，雖然貿易總額不斷增加，但這在我們整個經濟產出中仍然是很小一部分。無數專家和機構都在為美中的「脫鉤」問題大傷腦筋。許多企業和遊說團體反對加徵關稅，譴責美中地緣政治緊張局勢上升。然而，美國對中國的經濟風險不一定限制我們的戰略選擇。為了更大的需要——贏得經濟競技場的需要，我們可以減少與中國的往來。

今天的美國企業為了爭取中國這個擁有數十億人口市場，冒著巨大的風險。我們以前也歷過這樣的情況。不是在世界分裂成兩個經濟集團的冷戰時期，而是在第二次世界大戰爆發之前的十年。那時，主要的美國企業深入納粹德國（Nazi Germany），參與德國經濟的成長和工業化，希特勒則展開他的戰爭之路。隨後，德國企業在納粹黨工業國家性質的指導下，忙於拉攏美國的工業和金融產業，以加強他們在第一次世界大戰後遭受重創的工業能力。儘管有越來越多的證據顯示德國納粹政權的性質，但從通用汽車到標準石油等美國企業仍忙著在德國經商，並建立戰略行業，他們的資產最終有助於德國在戰爭中的優勢。[43]從IBM的湯馬斯．華生（Thomas Watson）到亨利．福特（Henry Ford），美國商業領袖們都捲入了第三帝國的儀式、表演和政治之中，預示著今天我們許多商界領袖在中國也陷入同樣的陷阱。只有等到戰爭爆發，工廠被查封，資產被竊取以後，大多數美國企業才終於採取正確的行動。只有當他們在德國經營的事業灰飛煙滅之後，美國企業才成為了民主兵工廠的英雄。

在二十世紀初，同樣是一個商業、企業和貿易全球化的世界，許多人誤以為經濟「互賴」是避免或防止軍事衝突的途徑。例如，諾貝爾獎得主諾曼．安吉爾（Norman Angell）的著作《大幻覺》（*The Great Illusion*）認為，考慮到所有相關方的成本，歐洲的經濟互賴將消除民族國家之間發生衝突的機會。安吉爾這本書於一九〇九年首次出版，距離第一次世界大戰爆發僅五年時間。他於一九三三年獲頒諾貝爾和平獎，而同年希特勒宣布成立第三帝國，並建立了德國第一個集中營。通常在戰間期，全球商業成功會出現國家之間穩定的錯覺。當時的商業領袖和現在一樣，一廂情願認為商業是平定危險民族國家的手段。一九三七年，IBM的湯馬斯·華生在柏林國際商會的主題演講是「透過世界貿易實現世界和平」。在該次訪問中，華生得到納粹政權授予的勛章，「以表揚『友好外國人』對德國人民的服務」，並「公開對希特勒表示感謝」。[44]不久，IBM設備被用於大屠殺。[45]

今天在中國的企業已經發現自己陷入了北京最暗黑的政策之中：中國共產黨踐踏人權和暴行。美國跨國公司與中國合作夥伴之間的合夥關係意味著，我們企業也與中國種族滅絕情事和軍事擴張連結在一起。例如，在澳洲戰略政策研究所（Australian Strategic Policy Institute）的報告〈出售維吾爾人：新疆以外的「再教育」、強迫勞動和監視〉（Uyghurs for Sale: 'Re-education,' Forced Labor, and Surveillance Beyond Xinjiang）中，發現有八十多個「全球知名品牌，涵蓋科技、服裝和汽車等行業」，這些品牌設在中國的工廠裡，雇用維吾爾族工人，其工作條件「強烈顯示存在強迫勞動的情況」。根據這份研究，這些公司「可能直接或間接地透過濫用勞工轉移計畫，受益於在新疆以外使用維吾爾族工人，至少持續到二〇一九年」。以下是部分名單：A&F（Abercrombie & Fitch）、宏碁（Acer）、愛迪達（Adidas）、阿爾斯通（Alstom）、亞馬遜（Amazon）、蘋果（Apple）、寶馬（BMW）、博世（Bosch）、凱文克萊（Calvin Klein）、思科（Cisco）、戴爾（Dell）、蓋璞（Gap）、通用汽車（General Motors）、谷歌（Google）、H&M、日立（Hitachi）、惠普（HP）、捷豹（Jaguar）、L.L. Bean、Lacoste、荒野路華（Land Rover）、樂金（LG）、賓士（Mercedes-Benz）、微軟（Microsoft）、三菱（Mitsubishi）、耐吉（Nike）、任天堂（Nintendo）、諾基亞、Oculus、松下（Panasonic）、Polo Ralph Lauren、彪馬（Puma）、三星（Samsung）、夏普（Sharp）、西門子（Siemens）、Sketchers、索尼（Sony）、TDK、Tommy Hilfiger、東芝（Toshiba）、Uniqlo、維多利亞的秘密（Victoria's Secret）、福斯（Volkswagen）、Zara 和 Zegna。[46] 二〇二〇年三月的一份國會報告進一步證實了這些調查，將愛迪達、凱文克萊、康寶（Campbell Soup Company）、好市多（Costco）、思捷環球（ESPRIT）、溢達集團（Esquel Group）、H&M、卡夫亨氏（Kraft Heinz）、耐吉、Patagonia 和 Tommy Hilfiger 等企業列為涉嫌從新疆強迫勞動中受益的公司。[47]

簡言之，中國的種族滅絕行動已經成為美國和全球供應鏈的一部分。

美國政府已經警告業界經營者和企業領袖注意這些做法，但企業和遊說團體卻反對，企業繼續優先考慮中國市場。二〇二〇年七月，美國國務院、財政部、商務部和國土安全部（DHS）

發布「新疆供應鏈商業警示」（Xinjiang Supply Chain Business Advisory），其中指出：「企業、個人和其他人士，包括但不限於學術機構、研究服務提供商和投資者……如選擇在新疆經營、或與在中國其他地方使用新疆勞動力的實體合作，應該意識到與從事侵犯人權行為的實體進行某些類型的接觸，可能帶來的聲譽、經濟，以及某些情況下的法律風險，這可能包括暫扣令（Withhold Release Orders, WROs）、民事或刑事調查和出口管制。」[48]當時的國務卿龐培歐（Mike Pompeo）宣布：「經營者應該仔細閱讀此通知……，了解支持此類侵犯人格尊嚴行為可能帶來的聲譽、經濟和法律風險。」[49]二〇二一年七月，拜登政府更新了「新疆供應鏈商業警示」，其中包含以下有關新疆種族滅絕和違反人道罪的措詞：

> 中華人民共和政府持續在新疆維吾爾自治區對維吾爾人和其他少數民族及宗教團體進行種族滅絕和違反人道罪。中國的違反人道罪行包括監禁、酷刑、強姦、強制絕育和迫害，包括強迫勞動和嚴格限制宗教或信仰自由、言論自由和行動自由。
>
> 企業、個人和其他人士，包括但不限於投資者、顧問、勞力仲介、學術機構和研究服務提供商（以下簡稱「企業和個人」），如果與新疆地區的業務營運、供應鏈或勞工有潛在的接觸或聯繫，應該注意與在新疆從事侵犯人權行為（包含但不限於強迫勞動和侵入式監

視）的實體或個人有所牽連，可能帶來重大的聲譽、經濟和法律風險。[50]

雖然該通知只是「解釋性質，並不具有法律效力」，但它說明了：

鑑於新疆人權侵害之嚴重性，包括大規模、國家支持之強迫勞動及侵入式監視，尚未退出新疆相關供應鏈、創業和／或投資項目之美國企業及個人將有很高風險違反美國法律。潛在的法律風險包括：違反禁止強迫勞動的法律，包括在知情的情況下從事投資活動並從中獲益，明知或蓄意無視該企業已從事強迫勞動的事實；如果與被指定人士進行交易，可能觸犯制裁法；違反出口管制規定；以及違反禁止進口全部或部分由強迫勞動或囚犯勞動生產的商品。[51]

然而，儘管已經意識到中國的企業和實踐與軍事擴張、全球地緣政治野心有關，甚至與川普和拜登政府都堅決認定的違反人道罪息息相關，美國商界仍未與人權和美國國家安全的事業站在同一陣線。《紐約時報》於二〇二〇年十一月報導，耐吉、可口可樂和蘋果遊說要「降低」《防止維吾爾人強迫勞動法》（Uyghur Forced Labor Prevention Act）的嚴格程度，這項國會法案旨在禁止使用新疆地區強迫勞動製造的進口商品，而新疆正是中國進行種族滅絕的地方。[52]美國商會也提出反對《防止維吾爾人強迫勞動法》的聲明，表示：「商會認為，二〇二〇年眾議院六二七〇號法案《強迫維吾爾人勞動披露法》（Uyghur Forced Labor Disclosure Act）和六二一〇號法案《防止維吾爾人強迫勞動法》可能無效，並可能阻礙預防人權侵犯的努力。」商會辯稱「過去利用美國國內證券法來打擊人權侵犯的嘗試提供了一個值得警惕的例子」，並指出在剛果民主共和國阻止衝突礦產開採的嘗試，「在許多情況下使該國的局勢惡化」，而且「缺乏合格的檢查和審計系統，使得公司幾乎無法確保提供的資訊準確無誤。這反過來導致許多公司實施了對該地區原物料的實質性禁運，進而損害了合法的礦工。」[53]

現今的美國企業和商業組織不再是世界的自由熔爐或民主兵工廠，反而經常反對美國政府確保供應鏈安全或改變全球貿易結構的努力。除了可能涉及人權侵犯的問題，美國企業也已深入參與中國經濟實力的發展和進化，以及北京當局一些重要的全球策略之中。例如，美國《財富》五百強的建設工程公司開拓重工，一直積極參與中國政府的全球貿易和基礎設施計畫「一帶一路」。美國國會的一次聽證會提到了開拓重工業務的這一方面。[54]美中經濟與安全審查委員會（US China Economic and Security Review Commission）在提交給國會的年度報告中，對開拓重工在「一帶一路」中的角色做了以下的解釋：

工程機械供應：二〇一六年，開拓重工發布了一份關於「共享（一帶一路）成功的願景與承諾」的白皮書，概述了該公司與一帶一路沿線國家的中國企業展開合作的可能領域，包括基礎設施項目合作和提供項目融資。二〇一七年九月，開拓重工的執行長吉姆．昂普爾比（Jim Umpleby）表示，該公司「正在二十個（一帶一路）沿線國家與中國國企合作，展開道路、港口、礦山和油田等項目」。這包括向中國交通建設公司提供機械、培訓和維護服務，用於白俄羅斯Zhrobin-Bobruisk高速公路的翻新，該項目於二〇一六年七月完成。二〇一七年十一月，開拓重工和中國國企中國能源投資集團簽署了一份為期五年的戰略合作框架協議，概述了未來由開拓重工提供採礦設備銷售和租賃、技術應用以及產品支援方面的協定。

融資：根據公司高層表示，開拓重工正在為中國企業提供項目融資，以促進一帶一路的銷售。該公司並未公開此類貸款的資料。[55]

換句話說，美國一家領先的工業公司為北京影響全球地緣政治的旗艦計畫提供了資金和技術支援，同時與中國國企合作，包括中國交通建設公司，該公司在南海建造了中國的軍事島嶼。在截至二〇二二年網路仍可查閱到的行銷資料中，開拓重工這樣評論「一帶一路」倡議：

抓住一帶一路倡議的機遇

你知道嗎？中國計劃在二〇二〇年前建造六十個新機場，印度國家鐵路每天鋪設九．五公里的鐵軌，非洲正在進行大約三百個建設項目。

為了抓住這個機遇，中國政府於二〇一三年提出了一帶一路倡議。這是一個雄心勃勃、具有前瞻性的跨世代項目，將促進沿線多個國家的經濟發展、工業化發展以及改善生活水準。

無論是現在還是未來幾年，這個倡議都非常適合開拓重工，我們的經銷商和客戶，包含在非洲、中國和中東建造道路、高速公路、高架橋、橋樑、水壩和其他重要基礎設施。

看看開拓重工、我們的經銷商和客戶如何努力支持這項倡議。[56]

奇異電子，曾經是美國工業實力的支柱企業之一，也參與了「一帶一路倡議」。根據同一份提交給國會的報告所指出的：

電力設備供應：二〇一六年，奇異電子收到了來自中國工程總承包商（工程、採購和建設）的二十三億美元訂單，用於安裝海外的天然氣渦輪機和其他電力設備，包括巴基斯坦、孟加拉、肯亞和寮國。二〇一四年，奇異電子從中國公司收到了四億美元的海外設備訂單。根據奇異電子大中華區執行長段小纓的說法，「非洲是奇異電子和中國工程總承包商潛力最大的市場，其次是中東、南亞、東南亞和拉丁美洲。」

融資：二〇一七年十一月，奇異電子能源金融服務公司和中國絲路基金簽署合作協議，共同推出能源基礎設施投資平臺，投資於一帶一路國家的電網、可再生能源和石油天然氣基礎設施。另外，奇異電子非洲區執行長傑・艾爾蘭（Jay Ireland）在二〇一六年表示，該公司已設立了一個十億美元的基礎設施基金，以幫助在非洲的項目融資。據艾爾蘭先生稱，二〇一六年中國工程總承包商向奇異電子訂購的設備中，有三分之一用於非洲項目。[57]

該份提交給國會的報告還列舉了福陸（Fluor）、艾奕康（AECOM）、Black & Veatch、漢威（Honeywell）、花旗集團和摩根大通在推動中國一帶一路倡議的貢獻。換句話說，主要的美國企業已經將自己捲入至少一個中國標誌性的地緣政治倡議，有些公司甚至將其作為自身發展戰略的核心平臺。在中國市場內，開拓重工的投入規模更大。像許多跨國企業一樣，開拓重工在中國擁有設計、工程、製造和研發設施，以及測試場地。以下是他們無錫研發中心的一個例子：「開拓重工中國研發中心旨在技術、工程服務和供應鏈管理服務方面，提供具有成本競爭力的世界級研發服務。它支持開拓重工在中國各地的製造設施和供應基地，使開拓重工能夠更接近客户，利用區域工程人才開發重要產品。」[58]服務中國市場已有幾十年，該公司在中國設有以下法人實體：（以開拓重工在中國設立的名稱為主）

卡特彼勒（中國）投資有限公司
卡特彼勒（中國）融資租賃有限公司
卡特彼勒（青州）有限公司
卡特彼勒再製造服務（上海）有限公司
卡特彼勒船舶貿易（上海）有限公司
卡特彼勒船舶貿易（上海）有限公司浦東分公司
卡特彼勒物流（上海）有限公司
卡特彼勒（上海）貿易有限公司
卡特彼勒推進系統（上海）有限公司
卡特彼勒融資租賃（上海）有限公司

卡特彼勒（中國）投資有限公司上海分公司
卡特彼勒再製造服務（上海）有限公司
卡特彼勒船舶貿易（上海）有限公司
卡特彼勒船舶貿易（上海）有限公司浦東分公司
卡特彼勒物流（上海）有限公司
卡特彼勒推進系統（上海）有限公司
卡特彼勒融資租賃（上海）有限公司
亞實履帶（天津）有限公司
亞洲動力系統（天津）有限公司
卡特彼勒天津有限公司
卡特彼勒（吳江）有限公司
卡特彼勒（中國）機械零件有限公司
卡特彼勒研發中心（中國）有限公司
珀金斯小型發動機（無錫）有限公司
帕金斯動力系統科技（無錫）有限公司

卡特彼勒（徐州）有限公司

卡特彼勒路面機械（徐州）有限公司[59]

如今，「全球一體化」（globally integrated）或「跨國企業」（multinational corporation）在中國的本質是在國內建設中國的工業實力，並支持其海外的戰略倡議。在危機時刻，我們怎麼指望這些與我們主要對手有著這種關聯的企業站在美利堅合眾國的一邊呢？這種立場已成為許多在中國擁有大量業務的美國大企業的常態。

可以說，美國企業是將資金、技術和專業知識輸入中國最重要的渠道。這些美國實體在支持中國共產黨的工業能力和全球戰略計畫的同時，也讓自己涉及人權侵害的行為之中。企業在中國的參與過程中還存在第三個或許更危險的方面：對中國共產黨的軍民融合倡議做出貢獻，該倡議旨在將民用部門的創新和技術融入中國的軍事能力。軍民融合消除了民用和軍用技術和產業之間的障礙，將兩用系統的定義範圍擴大到**基本上整個經濟**。中國共產黨已將其整個經濟和許多企業——從在人工智慧方面領先的科技公司，到空運、陸運、鐵路運輸的物流公司——都納入到建設中國軍事實力的計畫中。美國還沒採取行動建立新的民主兵工廠時，中國卻有條不紊地利用其企業建立獨裁兵工廠。

以下有兩個例子，可以說明共產黨在高科技和低科技產業整合企業和軍事實力的戰略與行動：

在討論中國第十四個五年規劃和軍民融合戰略時，軍購專家譚雲剛呼籲組織戰略性新興領域的「國家隊」，由國有國防集團和有影響力的民營企業組成。譚雲剛問：「如華為、騰訊、阿里巴巴、百度與大唐電信、紫光集團、清華同方、統信軟件深度融合，英特爾、谷歌、微軟和蘋果還會那麼牛嗎？」[60]

二〇一九年十月二十三日，中國人民解放軍空軍後勤部與五家主要的物流和快遞服務公司簽署了軍民融合（MCF）戰略合作協議：順豐速遞集團、中鐵路快運股份有限公司、中國郵政速遞物流股份有限公司、德邦物流和京東物流。據稱，這些協議將實現軍民一體化的系統性、全組織、全覆蓋的物流運輸系統，並包括一項重要條款，保證在戰時履行合約。[61]

可見中國的鐵路、運輸公司和科技公司等眾多實體，正在與中國軍方整合。

現在來看看，我們領先的科技公司在中國設立研發中心，與中國科技公司和機構合作，會給美國帶來什麼風險。二〇一八年，北京清華大學宣布將成立「清華大學人工智能產業研究院」，該研究院「是面向第四次工業革命的國際化、智能化和產業化的應用研究機構」，並聲明「（按原文）使命是利用人工智能技術賦能產業升級，推動社會進步。透過大學和企業創新雙引擎，突破人工智能核心技術，培養智能產業領軍人才，推動智能產業跨越式發展。」[62]該研究院於二〇一八年在北京舉辦的清華大學—谷歌研討會上宣布，且谷歌人工智能負責人傑夫・狄恩（Jeff Dean）加入了清華大學計算機學科顧問委員會。[63]就在宣布這項消息的幾週前，清華大學副校長尤政在談到人工智慧對中國軍隊的重要性，以及清華大學與中國中央軍事委員會的直接關係時，他這樣說：

按照中央要求，清華大學將軍民融合國家戰略和人工智能強國戰略緊密融合在一起。清華大學受中央軍事委員會科技委員會委託，負責建設軍事智能高端實驗室。從基礎理論和核心技術上看，軍事智能和通用人工智能具有共通性。因此，清華大學將軍事智能高端實驗室的建設作為服務人工智能強國戰略的核心抓手。

在軍事智能實驗室的建設中，清華大學堅持基礎研究和應用研究兩手都要抓的理念。李克強總理多次強調要重視基礎研究。沒有基礎研究作為支撐的高科技是很難持續發展的，也很難有真正的競爭力。因此，夯實基礎研究是高校在國家的人工智能戰略中應該承擔的責任。同時，人工智能發展在中國有很大的應用場景紅利，應用技術研究也很重要。因此，清華大學在人工智能的人才培養和科研創新方面堅持以基礎研究支撐應用技術研究，以軍事需求為導向，推動人工智能基礎研究的發展。[64]

尤政副校長解釋，清華大學「擁有包括一九九〇年成立的『智能技術與系統』國家重點實驗室和『智能微系統』教育部重點實驗室在內的多個人工智能研究基地」。這些團隊直接與中國中央軍委合作，例如，在「『在面向未來人機協同作戰的人工智慧理論與關鍵技術』項目上，中央軍委科技委員會國防前沿創新特區的資助總額超過一億人民幣（約一千五百萬美元）。……（他們）提出的人工智能安全的深度學習對抗性攻防理論和算法取得創新成果，在谷歌舉辦的國際比賽中包攬了全部三項冠軍」。[65] 對於中國中央政府，「可以說，清華大學在人工智能領域具有很好的基礎和積累，在服務人工智能強國戰略上責無旁貸」。[66]

儘管美國的科技公司與中國市場的聯繫通常不及我們的製造商和消費品公司，但為了開發和管理全球人才庫所做的努力，已導致美國在中國設立研發中心，同時促成中國在美國建立研發中心。以微軟為例，該公司的前執行長史蒂夫·巴爾默（Steve Ballmer）曾公開批評中國的知識產權盜竊行為——商界領袖會公開發表這樣的言論很罕見——他表示，百分之九十的中國公司使用微軟系統，卻只有百分之一付費購買。他說：「我天生是支持自由貿易的人，接受了經濟學的教育，自由貿易對世界來說是最好的事情。這個問題很棘手，因為很明顯，這個規則在中國並不適用，美國政府需要採取一些行動。」[67]然而，就在本書撰寫之際，微軟亞太研發集團的六個中心中有四個位於中國，正在研究對大國競爭相當重要的技術，包括人工智能和大數據。以下是微軟本身對其在亞洲研發工作的描述，包括在中國的大量研發工作：

微軟亞太研發集團（Microsoft ARD）是微軟全球基礎研究、技術培育、產品開發和生態系統發展的核心基地之一。這是微軟在美國以外最全面的研發中心，在北京、上海、深圳、蘇州、臺北和東京擁有超過五千名科學家和工程師。微軟亞太研發集團致力於與當地學術組織和產業界合作，在該地區建立世界一流的計算機科學實力。其吸引和培養了許多人才，成為人工智能、雲計算和大數據等技術創新和創造的重要引領力量……。

我們的工程師和研究人員分布在該地區的各個校園，涵蓋了微軟的主要研究和工程部門，包括微軟亞洲研究院（MSR Asia）、微軟亞洲軟體技術中心（STC Asia）、微軟中國雲與人工智能事業部（C+AI）、微軟亞洲硬體中心（MACH）以及策略合作與服務外包。

這些團隊開發技術和解決方案，以滿足該地區新興市場的獨特需求，同時將當地開發的創新技術推向世界其他地區。[68]

該公司解釋，「根據長期投資和發展策略，在中國擴大了業務。如今，我們在美國以外最完整的子公司和最大的研發中心就在中國。微軟一直與客户和行業夥伴密切合作，實現創新，並在中國實現微軟技術和解決方案本土化。微軟擁有一個強大的合作夥伴生態系統，其中包含一萬七千個合作夥伴。」[69]

在美國企業與中國公司形成合作夥伴關係時（進入中國市場通常需要這樣做），中國企業在做什麼呢？中國企業正在加深與國家的合夥關係，成為中國政府最危險行徑的推動者和載體。關於中國更廣泛的技術生態系統及其在軍民融合發展中所扮演的角色，以下是美國國務院的說法：

> 在中國技術專制的惡性生態系統中，華為、中興、阿里巴巴、騰訊和百度這類公司與國家安全機構之間有著深厚的合作紀錄……。

根據工業和信息化部管理的國家軍民融合公共平臺於二〇一八年十二月發表的文章，

華為、騰訊、阿里巴巴、小米、聯想及其他公司的產品和技術已經用於人民解放軍武器裝備的研究、生產和維修。這些公司還在與電子、航太、造船和武器等相關領域為中國軍工業提供支援服務——順帶一提，這些領域在外國技術獲取方面都是軍民融合的重點目標領域——以提升中國國防科技領域的核心競爭力。[70]

人權組織和專業諮詢公司指出，美國公司與中國人權侵害及鮮為人知的軍民融合問題之間存在許多交集。

與此同時，中國共產黨對國企的控制和影響力正在變得更加緊密和強大。國家隊、工業園區、創新集群和政府引導基金都是中國戰略性產業成長和壯大的方法，因為共產黨致力於實現其長期目標，打造軍力、國家監控以及全球影響力。[71] 國有企業和國家支持的企業是中國經濟和軍事大戰略的基本單位。中國的「國有資產監督管理委員會」，又稱國資委（SASAC），由中國共產黨直接控制的公司組成，涵蓋航太和國防、汽車、化工、建築和工程、能源、工業、礦業和資源、航運和造船、鋼鐵和鋁業、科技和電信等戰略性行業。根據中共國務院的資料，這九十七家國資委的「中央國有企業」在二〇二一年帶來了四兆七千五百億美元的收入。[72]《中國日報》預估，中國國有企業的總資產在二〇二〇年達到了三十三兆七千八百億美元。[73]

國有企業和國家支持的超級企業，世界資產規模最大的銀行，以及一系列關鍵戰略行業的大型合併，構成了北京經濟實力的運作核心。這些與「一帶一路」倡議、「中國製造二〇二五」、軍事現代化和軍民融合等宏觀戰略，則組成了中國勝利願景的經濟和軍事基礎。中國船舶重工集團和中國國家船舶集團於二〇一九年合併，創造了世界最大的造船公司，《華爾街日報》（*Wall Street Journal*）稱之為「國有巨頭」的誕生，這是「北京因應全球競爭而使國有企業超大化的最新嘗試」。[74] 北京當局將三家國企所屬稀土資產重組整合，成立了中國稀土集團，這是國家支持的資本主義運作能力的另一個絕佳例子。稀土行業擁有二十一世紀重要產品的關鍵成分，包括戰鬥機、智慧型手機和電動汽車，這次合併是北京當局試圖「在與美國的緊張局勢加劇之際，維持其在全球戰略金屬供應鏈中的主導地位」。[75] 中國政府對這些企業的定位和方向，以及它們在中共經濟大戰略中的角色，任何人都不應該忽視。除了共產黨幹部擔任公司職員和公司董事會成員外，北京當局還正式公開意圖，即政府進一步滲透到曾經的民營企業。在《關於加強新時代民營經濟統戰工作的意見》中，中共中央委員會辦公廳概述了意識型態和中國民營企業對國家表示忠誠度的重要性。以下是中共的指導建議：

教育引導民營經濟人士用習近平新時代中國特色社會主義思想武裝頭腦、指導實踐，在政治立場、政治方向、政治原則、政治道路上同黨中央保持高度一致，始終做政治上的明白人。進一步加強民營企業黨建工作，切實發揮黨組織的戰鬥堡壘作用和黨員的先鋒模範作用。大力宣傳黨中央關於民營經濟發展的大政方針，進一步推動思想理論創新，及時回應廣大民營經濟人士思想關切。各級黨委統戰部門要落實民營經濟領域意識型態工作責任制，做到守土有責、守土負責、守土盡責。[*76]

黨必須關注「民營企業主要出資人、實際控制人，民營企業中持有股份的主要經營者，民營投資機構自然人大股東，以民營企業和民營經濟人士為主體的工商領域社會團體主要負責人，相關社會服務機構主要負責人，民營仲介機構主要合夥人，在內地投資的港澳工商界人士，有代表性的個體工商户」。[77]

黨必須關注「戰略性新興產業、高技術產業、先進製造業、現代服務業、現代農業等其他領域」，同時「培養壯大堅定不移跟黨走、一心一意謀發展的民營經濟人士隊伍」。最後，黨必須「鼓勵參與國家重大戰略。依託統一戰線組織動員民營經濟人士投身創新驅動發展戰略等

---

* 此段引自：https://www.gov.cn/zhengce/2020-09/15/content_5543685.htm——譯註

國家重大戰略」，並「引導民營企業積極參與『一帶一路』建設，自覺維護國家利益」。[78]

在這場全球史上最大的經濟競爭中，企業是主要的戰鬥單位，究竟是中國還是美國準備得更充足？即使美國和盟友企業在中國的利潤僅占全球總額的一小部分，但這些企業的參與仍對中國的經濟和科技崛起具有重要貢獻。美國跨國企業必須擺脫在中國市場的人質狀態。美國跨國企業必須準備好在全球範圍內與中國的國企和國家支持的企業作戰，往往必須在全球市場上對抗自己被竊取的知識產權，這些中國政府支持的公司所使用的知識產權。在經濟競技場的兩個勝利支柱——圍堵中國經濟和促進美國和盟友世界的經濟增長，我們的企業將是無比重要的參與者。我們需要商業界和金融界領袖的全力以赴。美國與盟友的跨國企業對抗中國國有企業和國家支持的企業，這是未來的經濟戰場。

勝利支柱一：圍堵中國經濟

未來十年內最重要的目標是，將與中國的競爭轉化為我們能夠取勝的競爭。雖然這場競爭不太可能在二〇二〇年代結束，但今後十年會是關鍵的十年，我們必須做出最重要的調整。我們必須將這場競爭從對抗**崛起強國**轉變成對抗**停滯不前的國家**。基本上，美中競爭將在世界經濟的經濟競技場上一決勝負。中國共產黨已成功將中國的經濟優勢轉化為軍事實力，並且計劃持續下去，於二〇四九年這個具有象徵意義的年分完成「中華民族偉大復興」的大業。[79]我們必須確保中國這種透過與美國和盟友的經濟往來實現的經濟崛起走向終結。在美國的幫助下，中國已經取得足夠的成就，為其人民提供良好和體面的生活。中國的實力不需要再對其所在地區、世界或歷史的進程產生更多影響。鑒於中國共產黨的目標和行徑已是眾所皆知，所以美國和盟友的大戰略應專注於終結這個新極權勢力的經濟崛起，並阻止他們改變世界的野心，這樣的做法不僅合理，甚至可能符合人道考量。

經濟圍堵策略提供我們扭轉局勢的機會。歷史學家麥克．馬唐諾（Michael Mastanduno）稱經濟圍堵為一種「藉由經濟手段，而非（或除了）政治和軍事手段來控制對手擴張軍事力量」的努力。[80] 經濟實力——以及其對軍事實力和整體國家實力的促進作用——是歷史上決定大國之間競爭結果的主要因素。二戰和冷戰都是明顯的例子。經濟實力將定義二十一世紀的美中之爭。正如馬唐諾解釋的那樣：「現代工業國家的經濟和軍事能力密切相關，這一點早已確定。古典自由主義和重商主義思想家都明白，無論從軍力性能還是從軍力規模方面來說，軍事力量建立在經濟實力的基礎上。」[81] 那麼既然我們的主要對手已經宣布打算成為世界主導強權時，我們為什麼還要繼續支持它的經濟崛起？我們有個極好的替代方案。讓我們看看經濟圍堵可以做什麼，以及我們如何開始讓中華人民共和國的經濟崛起失效。

首先，中國的全球大戰略在很大程度上以經濟戰略為基礎——在世界經濟中實現其他大國無法比擬的經濟優勢和地位。透過採取經濟圍堵策略，美國與我們的盟友將直擊中國大戰略的核心。孫子本人也會稱讚這種方法。用他的話來說：「戰爭中最高明的手段是用謀略挫敗敵方的戰略意圖或行為，其次就是用外交戰勝敵人，再次是用武力擊敗敵軍，最下之策是攻打敵人的城池。」[82]（「上兵伐謀，其次伐交，其次伐兵，其下攻城。」《孫子兵法．謀攻》）我們必須瞄準中國整體大戰略的核心——我們必須打擊樹幹，而不是其枝葉。

其次，中國經濟的持續崛起和進步取決於它與美國和盟友世界的往來交流。我們握有決定中國經濟成長的緊急斷電開關。經濟圍堵指的是，拒絕讓中國獲得其繼續實現全球經濟主導地位所需的門路和資源。這部分涉及限制中國戰略性產業和核心技術的成長和完善，並逐漸減少其與世界主要市場和地區的整合。經濟圍堵包括限制或撤銷中國崛起所依賴的技術、資本和市場的使用機會。現在，是我們讓他們獲得這些資源。我們也可以收回這些使用機會。只要**不再幫助中國**，我們就能改變其經濟崛起的軌跡。屆時，中國的債務和人口減少等問題就會開始發酵。我們可以限制這種崛起，看著世界上最大、最重要的威權國家陷入經濟學家所謂的「中等收入陷阱」（the middle income trap），[83]而不是讓中國在美國和盟友的資本、技術以及市場的推波助瀾下實現經濟突破。

在二十一世紀，美國和停滯不前的中國爭奪全球力量，以及美國在自身資源日益減少的情況下應對崛起中的帝國，兩者相較根本是天差地別的局面。要實現這種戰略轉變，我們必須接受一些對許多人來說很難接受的事實：美國的成長和繁榮其實並不依賴中國，全球安全也不取決於美中之間或中國與盟友世界之間的深層經濟關係。我們很快就會談到美國與盟友的成長，亦即經濟戰略的第二支柱。

麥可・佩提斯（Michael Pettis）是中國經濟的著名專家，任職於北京大學光華管理學院，主要研究中國金融市場，對該國有深入了解。佩提斯一直警告投資者和觀察家，注意中國經濟的債務負擔和成長前景放緩的問題。他指出，中國領導人為推動國家經濟崛起而大量舉債。雖然佩提斯的關注焦點是總體經濟學和金融市場，而不是國家安全或經濟戰略，但是他揭示了一個經濟圍堵的機會之窗，可能改變美中競爭走向。他指出：

一旦意識到中國不斷增加的債務負擔是非生產性投資的結果，並且這種投資最終必須減少，就會發現中國經濟繼續成長的方式有限。任何經濟大致上只有三個推動成長的需求來源：消費、投資和貿易順差。因此，中國經濟未來基本上有五條路可選：

中國可以繼續走目前的道路，讓大量非生產性投資無限期推高國家的債務負擔。

中國可以減少依賴以推動成長的大量非生產性投資，並替換成以新技術為形式的生產性投資。

中國可以減少依賴以推動成長的大量非生產性投資，並替換成不斷增加的消費。

中國可以減少依賴以推動成長的大量非生產性投資，並替換成不斷增加的貿易順差。

中國可以減少依賴以推動成長的大量非生產性投資，**取而代之是不增加任何投資**，而這種情況下經濟成長必然大幅放緩。84

這五條路徑的辨識為我們提供了一個目標窗口，可以使整個中國經濟成長——一個貿易巨頭、工業強國和巨大消費潛力——相對陷入停滯。如果美國和盟友能夠採取行動，侵蝕中共對中國經濟增長的信貸支出——然後取而代之是不增加任何投資——那麼，這種優勢基本上宣告結束。讓我們稱之為佩提斯之窗（Pettis Window）。瞄準這個窗口並不是一件簡單的任務，單一的行動方針不會達到中國經濟放緩的結果。這將需要一個全方位的戰略，包夾和圍堵有益於中國經濟成長的眾多全球經濟。幸運的是，許多資源都與中國和美國、美國盟友的經濟往來有關。中共已在努力保護佩提斯之窗。中共關注全球知識產權竊取和工業間諜活動，目的是透過技術驅動型增長來開拓前進的道路。中國與美國、歐洲、日本以及其他經濟合作暨發展組織（Organization for Economic Cooperation and Development, OECD）國家的貿易關係，創造了一條透過貿易實現成長的途徑，其「一帶一路」倡議亦為中國企業和影響力開闢了新興市場。中共試圖讓經濟「重新取得平衡」，轉向由國內消費者帶動的成長，這是另一種嘗試，藉由擴張龐大的國內市場來延續其經濟主導地位。然而，如果這些途徑被強而有力的經濟圍堵策略所抵銷——而不是得到美國和盟友的資本、技術和市場支持——那麼對中國和美國來說，遊戲規則將徹底改變。當債務是唯一可行的選擇，真正的經濟成長就玩完了。

讓我們仔細端詳中國的經濟策略，檢視透過美國和盟友對中國的經濟往來，我們究竟資助了什麼、促成了什麼和發展了什麼。

就像一九三〇年代的德國一樣，中國共產黨專注於與世界先進民主國家的互動，藉此獲取技術，並促進大規模的工業進步。[85] 中共對歷史「屈辱」和「復興」的描述比法西斯德國更久遠——從一八四〇年代的鴉片戰爭開始的「百年國恥」——而且它在全球各地獲取工業和技術優勢的努力，遠遠超過了二戰前德國所做的努力。但共產中國的理念相似，試圖從過去「侮辱」過中國的世界主要工業化民主國家那裡獲得一切工業和技術優勢。美國官員稱這些工業間諜活動「竊取的規模之大，已經達到人類史上最大財富轉移的程度」。[86] 中共的目標並非西方企業在中國取得長期成功，而是帶動中國工業進步和提供技術，以促使中國能夠崛起。這是中國「開放」和與世界接觸的真正原因之一。正如習近平解釋中國龐大而複雜的技術轉移計畫時所說：「只有把核心技術掌握在自己手中，才能真正掌握競爭和發展的主動權……。當然，我們不能把自己封閉於世界之外，要積極開展對外技術交流，致力於妥善運用國際國內兩種科技資源。」[87]

美國情報界擁有豐富經驗的分析師將中國的努力分為三類：「合法轉移」（legal

transfers）、「非法轉移」（illegal transfers）和「法外轉移」（extralegal transfers）。合法轉移——通常是經過商業、商務或學術交流進行的技術轉讓——包括設在中國的外國子公司、會議和學術研討會、直接購買技術、在美國大學就讀、設在外國的實驗室和代表辦事處、公司的投資和收購、聯合研究協議、專利開發和利用、政府支持的風險投資基金、新創企業競賽、國家支持的對外研究投資、技術交流和技術貿易協議。非法轉移包括違反合約、侵犯版權、利用電腦網路、內部人員操作、逆向工程、傳統間諜行為、違反保密協議和故意侵犯專利。法外轉移包括文件取得機構、設在外國的校友會、中國官方辦事處的掩護機構、中國國家和地方政府部門、海外留學人士回國服務的機構、招募和仲介網站、中外合作的專業協會、技術轉移中心、技術轉移獎勵計畫，以及與大學相關的「創新」園區等。[88]

這種技術轉移、竊取、間諜行為和收購制度影響了許多美國的大公司（也許是大多數公司），從大規模、有新聞價值的侵害事件，到較少人知曉、徹底摧毀中小型公司的例子都有。用一位聯邦調查局前局長的話來說，「只有兩種公司：一種是被駭客攻擊過，一種是即將被駭客攻擊」。[89]業界一流的美國企業和創新體系在過去地緣政治競爭中為我們創造了許多重要優勢，但隨著企業在中國市場拓展業務，這些企業和制度一方面受到非法圍攻，另一方面基本上成了可賣品。現今企業參與的後果比第二次世界大戰前十年更加嚴重，而且這樣的規模在主要由兩大陣營組成的冷戰世界中是不可能的。這就是中華人民共和國的巨大優勢來源。

與中國系統性技術轉移計畫一樣有害的是，這種工業間諜系統所餵養的一系列工業策略，讓中國能夠主導基礎產業，並在許多將定義未來的新興技術領域占據主導地位。舉例來說，「中國製造二〇二五」展望中國在以下戰略性產業中取得經濟主導地位：新能源汽車、新一代資訊和通訊技術、生物技術、新材料、航太、海洋工程和高科技船舶、鐵路、機器人、電力設備和農業機械。按照他們的說法，該戰略制定了三步計畫，旨在成為全球領先的製造業和工業強國：

到二〇二〇年，鞏固製造業實力，提升工業數字化水準，掌握核心技術，推動中國跨國企業走向國際，同時提升價值鏈的地位，提高效率和品質。

到二〇三五年，中國將在世界製造強國陣營中達到「中等水平」，在重點領域取得突破，引領中國競爭力最強的創新。

到二〇四九年，中國將成為全球製造強國的領導者，引領著創新和技術發展。[90]

這些工業戰略若非美國和盟友企業參與中國市場，根本不可能實現。正如一位主要分析師針對該議題所解釋的：

> 隨著中國企業向海外推進，中國政府運用國家指導和資金在海外收購外國技術，獲取在「中國製造二〇二五」中目標領域的先進能力，這些領域包括航太、先進製造業、人工智慧（AI）、生物技術、數據分析、新材料和半導體。嚴格的市場准入管制使得中國能夠以提供優惠的市場准入條件來換取技術轉讓，從而與全球經濟競爭對手分庭抗禮。對於中國收購的企業，外國公司越來越願意接受中國的收購提議，因為他們評估認為，只有透過中國的所有權，才能進入一個受限但不可否認相當重要的市場。[91]

中共對於支配經濟的願景並不僅止於此。習近平打算透過他的「雙循環」戰略增加世界對中國的依賴，同時降低中國對世界的依賴。用習近平的話來說：

> 我們要牢牢把握擴大內需這一戰略基點，使生產、分配、流通、消費各環節更多依託國內市場實現良性循環，明確供給側結構性改革的戰略方向，促進總供給和總需求在更高水平上實現動態平衡。

> 為保障我國產業安全和國家安全，要著力打造自主可控、安全可靠的產業鏈、供應鏈，力爭重要產品和供應渠道都至少有一個替代來源，形成必要的產業備份系統。一是要拉長長板，鞏固提升優勢產業的國際領先地位，鍛造一些「殺手鐧」技術，持續增強高鐵、電力裝備、新能源、通訊設備這類領域的全產業鏈優勢，提升產業質量，拉緊國際產業鏈對我國的依存關係，形成對外方人為斷供的強有力反制和威懾能力*。[92]

建立經濟中心和霸主地位的願景是中國共產黨偉大戰略的基礎。這種想法並非一廂情願。《華爾街日報》在二〇二二年八月的一篇題為〈疫情強化中國的世界製造商角色〉（Pandemic Bolsters China's Role as World's Manufacturer）的文章中，報導了中國的全球出口比例正在增加，並指出：「儘管西方各國都在討論關於減少依賴中國工廠的議題，但過去兩年間，中國已經鞏固其世界製造大國的地位。」[93] 中國的「一帶一路」倡議、軍事現代化計畫以及工業霸主願景，奠定了中共終極目標的基礎。這個目標是「人類命運共同體」，在這個世界上，中國是毫無疑問的中心，是人類事務的主導力量。然而，只有透過我們**主動參與**（willful participation），中

* 此段引自：http://www.qstheory.cn/dukan/qs/2020-10/31/c_1126680390.htm。——譯註

共才能實現這個目標。

分岔點：經濟圍堵與全球經濟

終止對中國經濟崛起的助長，這個問題需要從美國和盟友限制技術、資本和市場准入。如果我們能夠減少或中斷關鍵戰略行業中合法、非法和法外技術轉移，限制或消除北京認為對其崛起無比重要的戰略行業和新興技術的投資和參與活動，以及封鎖戰略性商品進入美國、歐洲和亞洲盟國市場，這樣我們將徹底改變遊戲規則。此舉將需要國家意志和專注，也需要重新全面評估美國和盟友企業在中國的合法行為。這樣做的效果也許會是打擊佩提斯之窗的目標，並封閉中國實現經濟強勁成長的前途。世界經濟已經開始出現了一種以技術為基礎的自然分歧，中國內部的廉價勞動力優勢也逐漸消失。這兩種趨勢將降低中國與世界民主國家的往來（世界大部分財富和生產力集中在這些國家），無論是價值鏈的頂端還是底端產業。如果我們在價值鏈頂端的高科技產業和底端的低技術產業中減少與中國的交流，甚至必要時取消，那麼中國的成長基礎就會開始動搖。屆時，中國將無法繼續從世界先進民主國家提取財富和技術，而是被限制與「一帶一路」地區（世界新興市場）經濟往來，新興市場是我們在全球競爭中必須獲勝的另一個重要方面。如果中國與民主國家的高端和低端貿易減少，技術轉移受到限制，並且戰略行業的投資受到限制，那麼美國的經濟圍堵工具可以完成其餘的工作。

世界正在形成一個分岔的局面，因為世界民主國家和中國製造的技術不相容。隨著軟體在實體商品中變得越來越重要，「物聯網」（Internet of Things）現在從智慧家庭涵蓋到自動駕駛車輛的各種技術。隨著「物聯網」成為經濟生活的一部分，民主國家很少會使用中國的技術，而中國也不會使用民主國家的技術。相互不信任意味著我們產業正在產生分岔的過程中，整合的世界經濟將因此改變形態。北京當局已經要求關鍵產業和技術本土化（indigenization），並且開始從其認為敏感的技術和行業中移除西方企業。這個過程在中國稱為「去IOE化」，即去掉IBM、甲骨文（Oracle）和EMC，是一種從中國的資訊科技基礎設施中移除西方技術，改用中國自家品牌的方法。[94]在美國和民主盟友移除華為的運動中，美國大致上獲得了勝利，華為不僅是電信和5G硬體製造商，還是智慧型汽車、智慧型手機和結合數位與實體商品的製造商。

這種在電信和資訊科技基礎設施中的分岔狀況，很可能會擴展到汽車和消費品等眾多行業，因為數位和實體商品相互交織。如果民主國家聯合起來阻止中國的企業競爭對手——在民主世界形成一道對抗中國技術和行業的長城戰略——那麼中國的科技巨頭將主要在中國市場和新興世界擴張。中國已開始出口由其國內「國家冠軍」打造的智慧城市和監控技術，將其硬體和軟體銷售到非洲和拉丁美洲。隨著兩大技術集團形成，為了與新興世界的商業和技術整合而奮戰，民主國家必須團結起來。

產生分岔的過程不僅局限在技術領域，這是最明顯的趨勢。製造商品和大宗商品已經成為美中貿易戰的主題，該貿易戰於二〇一七年和二〇一八年的三〇一條款調查後拉開序幕，後來二〇二〇年透過美中經貿協議解決。即使有這個貿易協議，中國也沒有兌現承諾，並將無法滿足美國的採購要求歸咎於新冠肺炎疫情。[95] 美中經貿協議「第一階段」的目標是購買美國商品和服務，以減少美中之間的巨額貿易逆差。然而，美中經貿協議並沒有解決兩國經濟關係問題，也沒有解決中國的掠奪性政策。正如美國貿易代表戴琪在二〇二一年解釋的那樣：

> 即使第一階段協議已經生效，中國政府仍繼續向特定行業投入數十億美元，並繼續按照國家意志塑造其經濟，損害了美國和全球勞工的利益。[96]

我們應該從競爭實力和能力的角度重新審視美中貿易關係，終止那些有助於對手的戰略目標或經濟效率的貿易，並轉向全球經濟的其他地區。即使在全球疫情盛行期間，中國也展現出對美國盟友施加經濟壓力的意願。在澳洲政府呼籲調查新冠肺炎起源之後，中國對澳洲發動經濟戰，禁止或限制煤炭、葡萄酒、大麥和海鮮進口。[97]中共甚至發布十四點聲明，指責澳洲政治上的不當行為，許多人覺得這像是在要求澳洲乖乖聽話，否則就會成為傳統的「附庸國」。[98]此外，中國軍事學者和官媒稱澳洲為「核打擊目標」，因為澳洲與英美的防衛關係隨著《澳英美三方安全夥伴關係》（AUKUS）協議擴大。[99]目前很難指望中華人民共和國成為國際經濟共同體負責任的成員，因為它很多行動都表現出相反情況：中國在東海爭議期間限制對日本的稀土出口、因部署終端高空區域防禦系統而中止對南韓的貿易和旅遊、因南海爭端而中止對菲律賓的農產品進口，甚至在新冠肺炎大流行期間要求美國跨國企業的工廠國有化。別忘了中共黨媒曾威脅，不讓美國使用中國製造的醫療設備，使我們陷入「新冠病毒的汪洋大海」。[100]

中國自從成為全球經濟的基本組成以來，就一直採用經濟脅迫策略——利用經濟實力施加政治影響力。考量到中國存在眾多領土爭端、與鄰國發生軍事衝突的歷史，以及與美國、世界的對抗路線——我們沒有理由相信，一個以中國為中心或主要參與者，且許多國家都依賴它的全球經濟，會是世界的穩定結構。美國的政策應該旨在確保這種情況永遠不會出現。經濟圍堵可以實現這個目標。

貿易關係遭到濫用，已經引發減少中國影響力的呼聲。例如，中國扣押了兩名加拿大公民，康明凱（Michael Kovrig）和史佩弗（Michael Spavor），進行人質外交，以回應美國和加拿大針對華為財務長孟晚舟違反對伊朗國際制裁所採取的行動，一位前加拿大駐中國大使提出以下關於盟國協調對抗中國貿易惡行的想法：

> 加拿大應該與盟友合作，提升（澳洲、美國、英國安全聯盟）到更高層次，並制定會觸發簽署國共同作出回應的標準，包括對貿易武器化實施制裁。如果澳洲、加拿大和美國同意，如果其中一國受到中國制裁，則其他兩個國家將同意不增加對中國的出口到超過他們過去在中國市場的比例。這樣將防止中國對在各國間挑撥離間。[101]

換句話說，在中國以政治懲罰或經濟脅迫方式禁止某一方進口時，盟國可以相互貿易以填補空缺，盟國也可以拒絕與中國貿易，以填補中國停止進出口所造成的空缺。有些人像我這樣，呼籲建立一個「聯盟為主的貿易體系」或一個「貿易版的北約」。[102]世界已經開始對中國的行動做出反應。多元化貿易和貿易替代的安全和戰略原因很明顯，包括抵禦中國幾世紀以來對小國或國家聯盟使用的分而治之策略，這種典型策略在中國古典權力的技藝中存在已久。為了扭轉與非市場經濟的競爭趨勢，取消貿易往來，將會得罪許多「自由貿易」經濟理論的支持者。這一理論在西方的大學、投資銀行和董事會中往往占主導地位。與其說是對這些理論家的控訴，不如承認在當今世界政治經濟中，新極權重商主義超級強國已成為全球製造業和供應鏈的中心，談到大國競爭時，古典經濟理論對我們幫助不大。這個對手可能主導國際權力結構的問題，已超出經濟理論家在他們理論世界內所處理的範疇。說來不幸，因為過去許多自由貿易的支持者也是自由世界的支持者。在全球化後冷戰世界中，雖然有些例外，但這種關聯性似乎已經失去。以下是支持自由貿易的《金融時報》（*Financial Times*）對英國政治經濟學家大衛・李嘉圖（David Ricardo）的經典理論比較優勢（comparative advantage）的評論，該報似乎意識到問題的本質：

> 用葡萄牙的葡萄酒換英國的羊毛是一回事。但拱手把整個工業基地讓給亞洲，導致你們無法為自己的國民提供口罩，因為供應你們百分之七十口罩的國家儼然用了一套完全不同的經濟和政治模式，決定將其個人防護裝備行業國有化，這又是另外一回事。[103]

由於中國不僅**在經濟上**，**在政治上**與現代世界也無法有效整合起來，世界經濟正在發生變化。經濟理論和商業實踐的期望必須適應這些現實。隨著政策制定者在應對敵對的經濟超級大國方面找到立足點，商業和金融界也必須改變其做法。為了實現有利的長期結果，美國和盟友、夥伴之間的經濟整合勢在必行。美國，連帶更廣泛的北美地區，必須妥善結合美國、加拿大和墨西哥的力量，成為二十一世紀經濟實力的基礎。歐洲、亞洲盟國，以及我們的夥伴印度，可以在一個結盟的、自由世界的貿易共同體內發展和相互貿易，其供應鏈安全，創新和技術先進性優於中國，其產業比孤立的中國更為強大。透過建立這樣一個共同體，經濟競爭將主要轉移到中國仍保有相當大影響力的新興世界。這樣會比我們現今的情況更好，也更有利，現今情況是中國在已開發世界中擁有相當大的經濟影響力，「相互依賴」實際上導致中國透過技術轉移、資本供應和進入我們龐大市場等手段而取得相當大的進步。

經濟圍堵與技術

只要力所能及，對手就可能抄襲和竊取我們的技術，所以在事關戰略競爭的領域內，我們應該指派多個機構防止合法、非法和法外技術轉移。即使在冷戰時期，蘇聯的技術竊取和工業間諜活動也是難以管理的問題。另一種方法是將工業間諜活動與進入美國和盟友市場、獲取資金機會相連結，以應對中國的違規行為，並且以我們目前尚未考慮過的規模來進行。例如，任何中國公司機構從聯盟體系竊取或非法轉移知識產權中獲益，美國與盟友應對該機構實施全面的經濟制裁，就像美國對華為採取的措施，華為有竊取知識產權的紀錄，包含加拿大已破產的北電網路（Nortel）和美國思科公司。[104]

可以採取三種拒絕方式：拒絕它們進入北美、歐洲和亞洲盟友市場，拒絕它們使用關鍵技術零件如半導體，拒絕它們進入全球金融系統。這些方法將降低或摧毀受惠於網路和工業間諜活動的敵對公司，使它們無法進入世界經濟的大部分領域。即使無法阻止所有或大多數知識產權盜竊的情況，我們也可以防止這些技術在除了中國本土或其經濟衛星國以外的市場上被商業利用。美國可以運用現有的諸多工具，如美國外資投資委員會（Committee on Foreign Investment in the United States, CFIUS），《國際緊急經濟權力法》（International Emergency Economic Powers Act, IEEPA）以及商務部各種出口管制，創造一種經濟飛彈防禦系統，目的是防止盟國內的敵對公司利用我們自己的技術。[105] 美國在涉及新疆人權侵害的問題上已採取這樣的措施。在涉及技術竊取和轉移的問題上，也可以採取同樣的方法。

以下是《防止維吾爾人強迫勞動法》（Uyghur Forced Labor Prevention Act）進口禁令的運作方式，政策制定者將人權與貿易戰略連結起來，不僅適用於美國，而且根據美國、墨西哥、加拿大協議，也適用於整個北美：

（《防止維吾爾人強迫勞動法》）指示美國海關和邊境保護局在一百八十天內假定所有來自中國新疆維吾爾自治區的商品均為強迫勞動產品，因此根據一九三〇年關稅法第三〇七條，禁止這些產品進口到美國……

該法還指示強迫勞動執行工作小組（Forced Labor Task Force，由美墨加協議實施法案創立的跨部門機構）制定一項戰略，支持執行一九三〇年關稅法第三〇七條，防止「中華人民共和國全部或部分由強迫勞動生產」的商品（而不只是新疆自治區）進口到美國……。

三個貿易代表（美國、墨西哥、加拿大）在聯合聲明中……表示，它們討論「全面實施」美墨加協議「禁止強迫勞動生產的商品貿易」的重要性。他們還同意「回報這項關鍵義務履行的具體且可衡量成果」。[106]

該項以人權為觸發機制、範圍廣泛的法律（強迫勞動暴行為觸發機制，**整個中國**為範圍），可以成為通往各種法律的途徑，可能具備各種觸發機制，並涉及行業範疇或技術範疇。例如，在電信、鋼鐵或太陽能板這類行業，中國的知識產權竊取事件或大規模補貼廣為人知，就可以對特定公司或整個行業實施進口禁令。這樣做將取消中國進入世界上**實際**最大市場（美國）的權利，同時也保護北美遠離問題性商品和服務。占世界國內生產總額一半以上，占全球財富三分之二的整個聯盟體系實施這些措施，技術盜竊行動在中國和全球新興經濟體以外的任何市場就會失效。

如果沒有先進市場提供銷售管道，知識產權盜竊的情況自然會瓦解，中國國有企業和國家支持的企業在全球市場上的機會也隨之減少。當然，中國很可能用虛假指控報復我們企業，但這方面的應對也已在籌備中。我們企業應充分了解在中國所將面臨的風險，並改變策略。例如，北京當局在二〇二一年六月通過的《反外國制裁法》允許扣押外國企業在中國境內的財產。這項法律旨在**阻止美國企業遵守美國本身對中國的制裁**。美博律師事務所（Mayer Brown）解釋，該法適用於「『直接或間接參與制定、決定和實施』針對中國公民和組織的『酌情裁量限制措施』之個人或組織」，以及他們「高層管理人員或實際控制人」。其效果是：「目標人物可能受到以下一項或多項反制措施的制裁：一、拒發簽證，禁止入境中國，取消簽證或驅逐出境；二、扣押或凍結中國境內的財產；三、禁止或限制與位於中國境內的任何組織或個人進行任何交易或合作；四、其他任何必要措施。」[107]

這些措施現正進行中，雙方都在為分岔點作準備，每一方都利用市場准入作為籌碼實施限制和對策。進入中國經濟市場，是中國統治者長期以來一直在打的一張牌。但是，只有美國和盟友才能打出進入**世界經濟市場**的牌。在這個優勢永遠失去之前，我們必須這樣做。無論是中國企業還是在中國運作的跨國公司，如果我們堅決拒絕向指定的公司和行業開放市場，那麼聯盟經濟共同體的力量將全面發揮出來。阻止中國及其經濟優勢——龐大的勞動力和效率高的本地供應鏈——全面進入這個經濟共同體，反過來可以促進盟友工業基地和供應鏈系統的創新，借助二〇二〇年代和二〇三〇年代即將實現的優勢。

除了進口禁令外，盟國協調出口管制，也可以進一步改變中國獲取和利用我們創新系統的趨勢。冷戰時期的其中一個挑戰是，以整個聯盟體系的出口管制限制共產主義獲得具有軍事用途的西方技術。以下是麥克·馬唐諾描述美國和歐洲盟友在冷戰初期如何共同努力，實現對共產主義陣營的經濟圍堵：

> 西方盟國於一九五〇年九月正式決定採取經濟戰。在九月分外交部長會議上，美國的艾奇遜（Acheson）、英國的貝文（Bevin）和法國的舒曼（Schuman）同意，「在當前的世

界局勢」，西方盟國應該採取有效的出口管制，「限制蘇聯陣營的短期打擊力量，並在長期內延緩其戰爭潛力的發展」。這將需要對「主要工業部門所需且對戰爭潛力有實質貢獻的特定物品」實施新的出口限制。[108]

除了直接具有軍事用途的物品外，「戰爭潛力」概念還涵蓋了「支持一國的基本經濟，因此也會支持和平時期或戰爭時期經濟的工業部門。」[109]

美國擁有一套可以在聯盟體系內協調運作的經濟工具箱。從一九五一年協調盟國間出口管制的《巴特爾法案》（Battle Act），到允許美國總統基於國家安全考量採取任何經濟行動的《國際緊急經濟權力法》，這些歷史例子來看，美國在經濟戰和經濟圍堵方面都比北京當局準備得更充足。對於我們那些在中國市場冒險的公司來說，它們所承受的成本是真實存在的，然而，即使公司在中國有很大的利益和規模，也不足以阻止美國和盟友為了國家安全而採取的行動。中國戰略家已經考慮過美國公司在中國市場的弱點。以下是一位中共軍事理論家在二〇一八年軍工榜頒獎典禮與創新峰會上的發言。除了主張中國擊沉兩艘美國航空母艦外，他還強調美國公司在中國市場的脆弱性，將農業、汽車和飛機列為美國對中國出口的三大產業：

美國如果沒有在中國市場的發展，它的通用、福特、克萊斯勒三大汽車公司將淪為二流公司……。美國每三架波音製造的737就有一架交付給了中國。因此，美國有軟肋掌握在我們手裡*。[110]

企業領袖必須評估自己在中國的風險，並了解它們在世界最大威權國家裡**實際上**面對的是什麼。美國戰略和政策不必等待企業領袖。如果整個聯盟體系共同努力對中國實施經濟圍堵政策，那麼將會有巨大的潛力。反之，盟國之間缺乏協調性則會讓中國處於理想位置：聯盟夥伴相互對抗。要是限制美國波音出售飛機或零件給中國，中共就轉而向歐洲空中巴士購買，以此類推。當聯盟夥伴之間的協調變成爭吵時，聯盟會受到損害，而對手獲益。現代歷史上的合作實例比比皆是，包括出口管制、盟國機構協調，以及一般性和針對性的經濟和金融戰爭形式，這些都大大降低了敵對國家和組織的力量。例如，在整個冷戰期間，美國與歐洲、亞洲盟友攜手，共同維持一個名為「輸出管制統籌委員會」（Coordinating Committee on Multilateral Export Control, CoCom）的出口管制制度，該委員會於一九九四年解散。馬唐諾對此描述

* 此段引自：http://scholarsupdate.hi2net.com/news.asp?NewsID=26020。——譯註

如下：

在「輸出管制統籌委員會」中協調出口管制協調所形成的制度，正處於經濟和國家安全的交叉點；這代表著其互為軍事盟友的成員國的集體努力，以規範彼此的經濟競爭，目的是更有效應對他們所認為的共同軍事威脅。[111]

如今，美國政府已透過商務部的「實體清單」（Entity List）對幾十家中國公司實行限制，從知名的華為案，到較不為人知的中國交通建設股份有限公司，正如《中國的勝利願景》所指出的，該公司負責建造中國在南海的軍事島嶼。我們需要的是一個制裁中國國有企業和國家支持企業的架構。美國和盟友應該運用更嚴格版本的「華為範本」，即全面禁止這類企業進入我們的市場、資本、服務和技術。這些舉動將使得中國企業寸步難行，只能局限在中國市場及其附庸國家，而不允許它們按照黨的指示「走向全球」。防止中國國有企業和國家支持企業征服全球市場，將有利於我們企業。如果不加控制，中國企業的擴張將是我們企業面臨的重大挑戰，特別是在世界新興市場。如果競爭對手中國企業受到損害和限制，我們自己的企業就可以在全球市場上自由發展，但目前它們正在與中國政府進行不公平的競爭。有人認為對某些行業實施限制只會加速中國推動本土化發展的野心，但他們可能沒有意識到，中國幾十年來一直計劃實現其視為戰略產業與核心技術的本土化。重要的是，如果沒有融入整個全球經濟市場，特別是沒有盟友更大、更富裕的市場，中國不太可能生產或維持卓越的公司和技術。

經濟圍堵是雙方面的行動或決定。北京當局也在努力從政府和國有利益集團中剝離外國技術。在「去ＩＯＥ化」倡議的基礎上，二〇二二年春季，北京當局下令中央政府機構和國有企業在兩年內停止使用外國個人電腦，彭博社稱之為「北京迄今最激進的做法，旨在消除敏感機構中的關鍵海外技術」。[112] 彭博社報導指出，這可能導致單在中央政府就至少更換五千萬臺個人電腦，影響到惠普和戴爾等美國硬體龍頭的銷售。[113]《華爾街日報》早在幾年前就報導，中國透過共產黨的「安可計畫」進行更廣泛的技術替換努力。該報解釋：「中國也開始在其他領域剔除美國企業。北京當局的『安可計畫』旨在清除中國政府機構、電信公司和電力網路的外國硬體和軟體。安可的中文全名為『安全可控』。根據該計畫，政府和基礎設施營運商必須立即將一定比例的採購分配給國內技術供應商，從二〇一九年的百分之三十開始，到二〇二〇年增加百分之五十，二〇二一年再增加剩餘的百分之二十。」[114]

根據中共的願景，西方公司在中國市場的角色，除了提供技術和提高那些尚未實現本土化行業的經濟效率之外，幾乎沒有什麼未來發展或其他目的。如果北京當局的戰略成功，那麼國有企業和國家支持的企業將擁有中國市場，並主導世界市場，以竊取來的技術和極具優勢的國家融資摧毀西方企業。即使美國和盟友的跨國企業爭相進入且拓展中國市場，北京當局也計劃達到技術優勢。在中共的眼中，**技術安全**意指，從長期來看，美國企業在中國市場的野心可能微乎其微。中國公司涉及侵犯人權、軍民融合計畫和戰略性行業，美國企業應該結束合作，並且重新集中精力加強美國和盟國力量，成為新的民主兵工廠。

經濟圍堵與資本市場

經濟圍堵的第三個要素是限制中國進入美國和盟友的資本市場，這一點可能最重要。考量到中國在世界經濟的角色，與中共欲成為世界主要經濟強國的目標之間存在基本矛盾：中國希望產業和技術本土化，將國企和國家支持的企業送到海外，在全球市場上與美國跨國公司競爭，同時打造一種高科技、創新驅動的工業自給自足，遠勝於俄羅斯在入侵烏克蘭之前建立「堡壘經濟」（Fortress Economics）的企圖。然而，習近平在二〇一七年達沃斯（Davos）世界經濟論壇卻表示，中國必須能夠「到世界市場的汪洋大海中去游泳」。[115]雖然試圖靠「雙循環」協調——在國內實現本土化，在國外供應鏈和市場握有主導地位，但中國需要**我們的資本**——

來自紐約、倫敦和其他盟國金融中心的資金——來資助這些目標。現在習近平和其他中共官員在世界經濟論壇和其他重要場合受到熱烈歡迎，他們繼續為中國崛起辯護，而我們的投資與商界專業人士也樂於配合。如果這種情況停止，中國的遊戲將發生劇烈變化。以下是習近平在二〇一七年達沃斯論壇上關於中國利用世界經濟的說法：

當年，中國對經濟全球化也有過疑慮，對加入世界貿易組織也有過忐忑。但是，我們認為，融入世界經濟是歷史大方向，中國經濟要發展，就要敢於到世界市場的汪洋大海中去游泳，如果永遠不敢到大海中去經風雨、見世面，總有一天會在大海中溺水而亡。所以，中國勇敢邁向了世界市場。在這個過程中，我們嗆過水，遇到過漩渦，遇到過風浪，但我們在游泳中學會了游泳。**這是正確的戰略抉擇**。*116

對於那些在中國市場追求財富的達沃斯人（Davos Man）來說，這些話可能聽起來很悅耳，但習近平所說的是，進入世界經濟能夠使共產黨走向主導地位。想一想麥可．佩提斯的話，他

* 此段引自：http://cpc.people.com.cn/BIG5/n1/2017/0118/c64094-29031339.html。——譯註

解釋中國經濟成長和權力依賴的是資本而非勞動力：「把中國定義為出口驅動型經濟並不正確，中國是投資驅動型經濟。」他指出：「如果中國的相對優勢是廉價勞動力，我們會預期其成長主要依賴勞力密集，因為企業會採取最有效的資源。但事實上，中國的成長主要依賴資本……。換句話說，中國企業的行為顯示，他們認為勞動力並不是最廉價的資源，資本才是。他們是對的。勞動力可能便宜，但資本是免費的。」[117]想想看前投資銀行家卡爾．沃特（Carl E. Walter）博士的國會證詞，提到關於中國從世界各地獲得融資的情況：「國有企業可以利用各種現有的融資管道獲取資金。他們可以在國內和國際上發行股票、借貸、與外國銀行和市場往來等等。他們可能擁有信託公司和小型銀行的控股權。他們在籌措資金方面將得到中央或地方政府的積極支持。融資並不是營運的障礙。」[118]

中國不僅憑藉著領先全球的出口生產能力，鞏固了其製造業大國的地位，並與世界大部分國家保持著龐大的順差。更重要的是，中國**能夠資助這些業務營運**，創造出其戰略實力。然而，如果沒有進入美國和盟友的資本市場，中國將無法提供這些業務營運的資金。中國的策略是利用西方技術、資金和出口市場來實現成長、自給自足，最終達到經濟和軍事上的主導地位。所以只要我們有決心，就能夠阻止這個過程。

美國必須動用終極的經濟武器。多年前在牛津，某位世界知名的經濟學家告訴我：「美國人認為他們最大的優勢是核武器。其實不是。你們最大的武器是美元，國際的儲備貨幣。」能夠決定世界上最危險政權的經濟生死，正是美國人在納稅季節填寫支票最熟悉的地方。美國可能掌握我們地緣政治未來的關鍵。在經濟競賽中，獲勝的不是國防部，而是財政部。[119]

傳言列寧曾經說過：「資本家會賣給我們要用來吊死他們的繩子。」聽聽看某些金融領袖對中國崛起的「機會」感嘆不已。我們不僅看到大規模的偷竊，還看到刻意轉移美國技術。回顧幾十年來我們將工業基地遷移到主要對手國家境內的過程。誰會反對這句話呢？但也許，這是我們自己的一種正義，美國資本主義仍然握有一張別人無法動用的牌：「萬能美元」（almighty dollar）的全球力量。

美元是目前世界經濟的命脈，能否獲得美元決定了許多政權的經濟是繁榮還是衰敗。政策制定者或許對於在與中國的競爭中動用美元的影響力而憂心忡忡，但我們應該思考經濟脆弱性的本質，以及它對中國的意義為何。中國是個投資驅動型的經濟體，利用龐大的國家融資，將華為和中國海洋石油公司等企業派到全球各地，為中國共產黨服務：

> 最容易受到影響的目標是高度依賴與制裁國家的貿易，同時又無法提供軍事部門所需資源水準的國家（或者只有進行貿易時才能提供這些資源）。最不容易受到影響的目標是基

本上自給自足的國家。[120]

我們可以理解為什麼北京當局急於實現自給自足，或者他們所謂的「雙循環」。然而，現階段的十年內，北京不會實現財政上的自給自足。如果二〇二〇年代沒有達成，可能永遠也不會實現。

美國財政部是我們在經濟戰或經濟圍堵中的緊急應對手段。在對俄羅斯的行動中，財政部癱瘓了其主要銀行，使俄羅斯貨幣動盪不安，並凍結了俄羅斯為準備烏克蘭戰爭而儲存的數千億美元儲備。[121] 美國財政部的制裁行動，再加上企業撤離俄羅斯，可以說基本上使莫斯科和北京都採用的「堡壘經濟」概念受到挫敗。對俄羅斯的制裁行動屬於懲罰性質，目的是要俄羅斯因其不可接受的行為付出巨大代價。美國的經濟工具箱也可以用來影響能力。我們的工具不僅可以對行為進行懲罰，也可以影響或阻止對手的經濟崛起。

以下是在《財政戰爭：新金融戰爭時代的釋放》（*Treasury's War: The Unleashing of a New Era of Financial Warfare*）一書中，美國制裁策略大師胡安・薩拉特（Juan Zarate）對美國金融制裁威力的描述：

> 在過去十年間（二〇〇〇年代和二〇一〇年代初期），美國發動了一種新型的金融戰爭，其影響力和效果空前。這種「隱形之戰」往往被低估或誤解，但現在不再是秘密，並已成為美國國家安全學說的核心。在一系列的金融施壓行動中，美國對這一時期的主要敵人——蓋達組織、北韓、伊朗、伊拉克和敘利亞——進行經濟排擠和孤立。與過去的傳統制裁或貿易禁運不同，這些行動採取一套新穎的財政策略，利用國際金融和商業系統排擠不法行為者，限制其資金流動，造成他們真正的痛苦。
>
> 這場戰爭特點在於利用金融工具、壓力和市場力量，來影響銀行業、私人企業利益和外國合作夥伴，以便從國際金融和商業系統中孤立不法行為者，並剝奪他們的資金來源。[122]

如果將財政部的工具應用在中華人民共和國，應用在其國有企業和國家支持的企業，中國的經濟成長路徑將會減緩。中國在全球最重要市場的影響力將迅速衰退。雖然中國已經忙著透過人民幣的全球化、推出新的數位貨幣、替代的全球支付系統等措施，以抵銷對美元的依賴程度，但中國的企業和銀行仍然依賴美元處理國際商業和貿易事宜。關於美國財政部外資產控制辦公室（Office of Foreign Assets Control）的權力，薩拉特的看法如下，這是財政部在第二次世界大戰中行使的一項能力：

在第二次世界大戰中，美國政府試圖控制德國、義大利、日本公司和代理人的資產。當時，財政部有一個名為「控制部」（The Control）的小辦公室負責管理這些事務。這個辦公室成為美國政府追討敵對政權資產的主要工具。在一九五〇年代，隨著韓戰的爆發，「控制部」更名為外國資產控制辦公室（Office of Foreign Assets Control, OFAC），並開始針對中國的資產。[123]

外資控制辦公室的權力在於控制進入美國銀行體系和資本市場的渠道，而這兩個領域在過去一百年來一直是全球經濟的命脈：「外資控制辦公室之所以如此強大，不是因為具備凍結資產或交易的能力，而是能夠禁止指定方與相關方進入美國金融系統……。因為美國銀行體系和資本市場的重要性，所以外資控制辦公室的權力本質上是一種國際權力。而且美國擁有全球主要資本和銀行市場的地位，這種權力延伸到美國海外。如果你想成為一家有能力在全球各地拓展業務的國際機構，就必須進入紐約和美國銀行體系。」[124]

與經濟圍堵的其他方面一樣，影響中國進入資本市場的管道不只是中國可以進入什麼市場的問題而已，也關係到美國允許本國商業和金融領袖可以自行從事什麼活動。美國政府已經對中國在航太、能源、鐵路、電信、半導體、太空、海事和科技這類產業的個別股票和證券實施全面的投資禁令。[125]美國證券交易委員會意識到不透明的財務會計和共產黨控制企業所帶來的風險，已經開始將中國股票從美國交易所除名。正如二〇二〇年國務院對證券交易委員會的評論所解釋的：

> 許多在美國交易所上市的中國公司屬於國有企業，這些公司要不是中國的工具，就是中共高層持有重要的所有權。中國共產黨通常必須在管理和董事會監督方面發揮作用，甚至積極參與公司的營運。[126]

將中國股票退市摘牌並不能解決整個問題。更重要的是，華爾街的金融機構創造了許多投資工具，將美國和全球的資金注入中國，以期從中國經濟成長得到回報。例如，根據二〇一九年四月的報導，彭博巴克萊全球綜合指數（Bloomberg Barclays Global Aggregate Index）包含三百六十四支中國政府債券，以及中國開發銀行、農業開發銀行和中國進出口銀行的債券，這些都是提供中國一帶一路計畫財政支持的債券。[127]貝萊德（BlackRock）、標準普爾（S & P Global）、摩根大通、富時（FTSE）和 MSCI 都建立類似的指數，透過被動投資向中國投入數十億美元。納入中國股票，包括許多國有企業和國家支持的企業，也讓個人基金經理和機構投資者產生壓力，使他們必須投資中國企業，以便與這些指數競爭，這也是評估他們身為經理人績效的指標。正如某位新興市場經理人在二〇二〇年初談到阿里巴巴、騰訊時，對我說：「我必須持有這些股票，因為這些是MSCI指數的重要組成部分，身為新興市場經理人，我必須能夠打敗MSCI指數。」以下是美國證券交易委員會經濟與風險分析部（Division of Economic and Risk Analysis）在二〇二〇年對MSCI和其他指數的評論：

到二〇二〇年底，我們預估三大主要股票指數中的MSCI A股總投資將達到三百八十九億美元。我們亦預估，美國共同基金在國內債券市場的持倉規模，透過彭博、摩根大通和富時全球市場指數，將達到一百五十八億美元。國際貨幣基金組織預估，中國國內證券預計將被納入全球主要指數，這一改變將在未來兩年內為中國經濟帶來**高達四千五百億美元的淨資金流入，相當於中國國內生產總額的百分之三至四**。[128]

可見我們正在向主要對手投入大規模的資金，以至於目前的投資禁令幾乎起不了作用。在二〇二〇年代初，經常聽到投資專業人士表示，鑒於中國經濟的規模和成長，全球和新興市場指數中應該增加對中國曝險。美國投資銀行希望管理中國日益增加的財富，並在中國擴大收費服務業務。正如雷根時代的經濟戰士對我說的：「我們從來沒有讓美國金融家在蘇聯努力改善其經濟。」而今日，我們在中國卻有這樣的金融家，由此可見問題的嚴重性。如果可以阻止這種情況繼續下去——美國龐大的經濟工具箱有能力做到這一點——我們將實現正確的戰略目標。

儘管有些人警告不要使用美元對抗中華人民共和國，但隨著地緣政治挑戰增加，我們必須記住手中握著真正的力量，在整個遊戲失控之前，可能需要使用它們。整體而言，美國對中國施加經濟力量，可能會加速世界經濟在技術、貿易和金融方面的分岔，但同時也讓美國在我們能夠獲勝的長期體系競爭中處於有利地位。我們的對手雖然在工業和貿易方面具有重要優勢，但在創新和生產力方面不太可能與美國和盟國相提並論。如果不能完全進入我們更大的市場，完全得到我們的資本和技術，中國很可能無法實現欲成為全球最大經濟體和全球經濟和軍事力量中心的野心。如果我們能加速將中國經濟與盟國經濟分開，那麼中國真正的問題——成長放緩、人口下降和龐大債務——將逐漸浮出水面，使得中國陷入「中等收入陷阱」，消除中國成為地緣政治主導力量的可能性。[129]

這樣的結果仍然可以為中國及其公民提供體面的生活，並帶來世界上許多重要的進步。從這個意義上說，許多美國人誠摯的期盼已經實現：透過我們的市場、技術和工業進步，幫助中國數億人民擺脫貧困。而這個期盼不需要以毀滅美國長期主導的世界為代價。中國崛起令人驚嘆，很大程度要歸功於美國政策制定者的慷慨和美國企業的利潤動機。不過，一個受到限制的中國，雖然停滯，但規模龐大，可以自由生活在自己設計的意識型態和實踐中，不必輸出其意識型態和實踐，也不會強加給世界、美國或人類的未來，這樣的中國，規模既不會太大，也不會太小，恰到好處。我們擁有達到這個目標所需的一切。這樣的改變意味著我們必須照顧好自己、照顧好我們的未來，以及我們在世界各地的盟友和夥伴的未來。與中國分道揚鑣是一回事，但更重要的是，美國必須再次成為世界經濟的基石。

勝利支柱二：重建美國

要創造美中經濟力量的新差異，需要美國和盟友對中國進行經濟圍堵，包括實施制裁、投資禁令、出口管制、貿易減少措施以及保障供應鏈安全。除此之外，還需要第二支柱：為美國及盟友的繁榮與成長開創新的途徑。這表示在決定二十一世紀產業和技術的競賽中，美國和盟友需要摘下勝利的果實，並擁有一個美國經濟和世界經濟體系的願景，相信美國和盟友的經濟實力更強大。我們在二十一世紀關鍵戰略產業上必須握有壓倒性優勢，才能贏得眼前的整體競爭。美國，就像中華人民共和國一樣，必須從技術、產業、經濟和軍事力量的角度，對未來幾十年世界可能的樣貌有一個清晰的視野。

中國的規劃者已經確立國家的發展方向，這個時間表有兩個百年目標，中國共產黨的建黨百年（二〇二一年）和中華人民共和國的建國百年（二〇四九年），並以中間的二〇三五年作為里程碑。[130]從「中國製造二〇二五」到「一帶一路」倡議，他們的軍事、工業和地緣戰略都遵循這個時間表。中共實行國家主導型經濟，在某些方面是種優勢，但也有一些根本的弱點。美國不應該仿效這種模式，我們需要進入一場體系競爭。中國不能再透過「互動往來」掠奪我們的創新、資本和技術優勢。我們必須將體系區分開來，直到能夠證明我們體系的優勢為止。長期戰略和長期思維相當重要。我們也必須設定二〇三〇年、二〇四〇年和二〇五〇年的願景。

美中之間的競爭是一場長期的權力角逐。如果美國能夠在經濟和技術實力方面取得領先並建立突破能力，同時在未來數十年內保持這種領先地位，隨著人類進步的新發展不斷累積，那麼我們將贏得與中國的權力競爭。為了做到這一點，我們必須想像並實現二十一世紀前進之路上可能出現的技術進步，並以比對手更快的速度加以發展。這些技術將成為人類工業和經濟潛力的轉折點，改變我們文明的形態和潛力。像俄羅斯和中國這樣的獨裁政權已經確定了如太空和人工智慧等關鍵技術和工業戰場的重要性，以及它們對國家實力的影響。我們也注意到這點，但是我們與對手經濟整合與往來的時間越長，我們的創新也越有可能成為他們的進步。要贏得未來的戰役，我們必須設想未來的模樣，並確定這個未來是美國的，是自由的，並且由世界民主國家領導。

這裡重要的不是技術資源本身，比如人工智慧和量子計算，而是這些技術資源在我們更廣泛的工業、軍事和經濟潛力中**所解鎖的內容**。如果沒有包括鋼鐵、製造業、造船和運輸在內的全面工業基礎，只有人工智慧也無法帶來顯著的優勢，尤其是當我們的對手不僅準備收穫先進技術的好處，還打算在一個完整和複雜的工業基礎上應用它們，以完成其經濟生態系統。一個只擅長技術、金融和服務的社會將永遠依賴其他地方來維持整體經濟。在大國競爭中，這種情況是無法維持的。對我們來說，我們自己的工業基礎萎縮，無疑意味著對我們主要對手中華人民共和國的依賴。除非重建我們的工業基礎，終止對這個敵對國家的依賴，不讓這個國家獲得我們在美國和盟國取得的進步，並開啟一場可望獲勝的**體系競爭**，否則無論取得什麼進步，都注定輸掉這場競爭。

美國必須構想出全球供應鏈、創新流動和貿易社群，而這些都排除中華人民共和國。我們必須專注於加速下一代產業和技術的發展，以便最終能夠支持美國與盟國的經濟和軍事潛力。冷戰期間，雖然發明了網路且最終大規模應用消費者和企業技術，但與常稱為「第四次工業革命」和「工業4.0」的下一波創新浪潮可能帶來的生產力和工業潛力相比，在美蘇競爭中形成的技術進步可以說是相對遜色。包括「物聯網」、人工智慧、量子計算和下一代 ICT（資訊與通訊技術）在內的技術和系統改革，都對全球重要產業具有變革潛力。第四次工業革命的到來，是世界經濟史上美中競爭全面展開的幸運時刻，提供了美國與中國分道揚鑣的機會，加速美國和盟友民主國家的發展。

雖然對手幾十年來一直計劃要超越並取代我們，但我們最近才意識到這個問題。如果我們只是試圖重新贏回失去的地盤，很可能會失敗。如果我們試圖抓住未來的機遇，而不鞏固過去的基礎，也很可能會失敗。當對手坐在副駕駛座，完全掌握我們的發明和任何行徑時，我們車子開得更快也毫無意義。我們必須做兩件關鍵的事情：在前進路上抓緊戰略的轉折點，建立和振興我們國家和盟友的工業實力。這樣一來，我們就可以創造第二次大分流，使民主國家與威權競爭對手之間出現差異，從而贏得經濟競技場和美中競爭的整體勝利。重建我們的工業基礎非常重要。這就是我們的火箭。抓住未來的技術轉折點也不可或缺；這將是我們火箭的燃料。兩個要素的相互作用是經濟競技場第二支柱的關鍵——重建美國和盟國的經濟潛力。

要達成這一目標，我們不能沒有企業領袖和民營企業的全力參與。產業領袖和科學家已經了解到未來十年可能到來的經濟革命潛力，不過他們還沒有從美國與中國的生存競爭角度來思考。為了讓美國取得勝利，我們需要他們的支持。美國必須傾全國之力，動員所有資源，以達成未來的經濟視野。我們必須利用這些視野為提升國家生產力和經濟實力所帶來的潛力，保持並擴大我們對中國的領先地位。

第四次工業革命

我們已經進入了一個所謂「第四次工業革命」的時期。世界經濟論壇的創辦人將這個時期定義為「實體、數位和生物世界的技術融合」：

想像一下，數十億人透過行動裝置相互連結的無限可能性，帶來前所未有的處理能力、儲存功能和知識獲取。或者想想新興技術突破的驚人匯聚，涵蓋人工智慧（AI）、機器人技術、物聯網（IoT）、自動駕駛汽車、3D列印、奈米技術、生物技術、材料科學、能源儲存和量子計算的廣泛領域。其中許多創新還處於起步階段，但已經到達發展的轉折點，在實體、數位和生物世界的技術融合過程中相互作用並互相強化。[131]

用這位創辦人的話來說，第一次工業革命推動了十八、十九世紀的機械化生產；第二次工業革命則推動了十九、二十世紀的大規模生產；第三次工業革命則以電腦、「數位革命」和二十世紀網路誕生為特徵，而第四次工業革命將以「更普及的行動網路、更小且功能更強大而價格更便宜的感測器，以及人工智慧和機器學習為特徵」。「智慧工廠」（smart factories）將是未來幾十年的重要組成部分：「透過創造『智慧工廠』，第四次工業革命打造了一個虛擬和實體製造系統在全球各地靈活合作的世界。實現了產品的完全客製化和創造新營運模式。」[132]

《科技趨勢實踐指南》（*Tech Trends in Practice*）的作者伯納德．馬爾（Bernard Marr），對這一現象的描述如下：

> 我們從未生活在一個科技創新速度如此迅速且變革如此強烈的時代。像人工智慧、區塊鏈、智慧機器人、自駕車、3D列印和先進基因體學等不可思議的技術……已經引領了一場新的工業革命……。有些技術更為基礎——比如大數據、5G和人工智慧——還有一些與大數據、5G和人工智慧重疊或應用這些技術的——像是自駕車、聊天機器人或者電腦視覺。[133]

馬爾在他的評估中納入以下二十五項技術和類別：

- 人工智慧與機器學習
- 物聯網與智慧裝置的崛起

- 從穿戴式裝置到增強人類（Augmented Humans）
- 大數據與增強分析
- 智慧空間與智慧場所（Intelligent Spaces and Smart Places）
- 區塊鏈與分散式帳本
- 雲端與邊緣運算
- 數位延展實境
- 數位分身（Digital Twins）
- 自然語言處理
- 語音界面與聊天機器人
- 電腦視覺與人臉識別
- 機器人與合作機器人
- 自駕汽車
- 5G 與更快、更智慧的網路
- 基因體學與基因編輯
- 人機共創與增強設計

- 數位平臺
- 無人機和無人飛行器
- 網路安全與網路韌性
- 量子運算
- 機器人流程自動化
- 大規模個人化與關鍵決策點（Micro-Moments，又譯：微時刻）
- 3D 和 4D 列印與增材製造
- 奈米技術和材料科學[134]

這些科技和經濟變革的過程，具有潛力塑造二十一世紀的經濟、軍事和戰略力量格局。它們也可能引發第二次大分流，將「自由世界」與我們的威權對手拉開距離。決策人士已經開始優先考慮這些技術。北京當局對人工智慧、基因體學、量子計算等技術的關注和技術突破已眾所周知，然而，重要的不僅是這些基礎技術的個別競爭和進步，而是整體上經濟的轉型，在全體經濟實力和潛力方面的總和。在二十一世紀的權力競爭中，誰能發揮整體經濟的戰略價值達到最大程度，誰就可能全面擁有優越的資源。

要做到這一點，美國需要對關鍵技術和戰略性產業採取新的態度，類似的措施已經在醞釀中。正如拜登國家經濟委員會（Biden National Economic Council）主任布萊恩・狄斯（Brian Deese）在二〇二一年六月所解釋的：

首先值得注意的是，國家工業戰略並不是什麼新奇的概念。十九世紀初期，「美國體系」解釋聯邦政策旨在發展早期國家的新興基礎設施和工業基礎，當時我們國家的經濟以農業為主導。這些政策，包括補貼運輸和建立國家銀行，促進美國的經濟成長，使全美各地都受益匪淺。二十世紀，二戰結束後，聯邦政府再次進行重大的戰略投資，透過聯邦採購、公共研究和公私合作，發展了微電子和生物技術這類新興技術和產業。[135]

狄斯補充說明：「我們應該看得很清楚，全球開放、自由市場的經濟理念忽略了一個事實，中國和其他國家正按照不同的規則行事。藉由戰略性公共投資保護和促進冠軍產業，已成二十一世紀經濟的現實。我們不能忽視或希望這個現實會消失。」[136]

美國的自由市場經濟與中國以國家主導的掠奪式經濟行為相結合，導致美國的去工業化，並使一流的美國企業捲入中國共產黨的戰略計畫之中。然而，如果得以分隔開來，我們將能再次自由創新，並朝著自己經濟進步的方向發展，而不會讓我們的工業、企業和國家的未來被中華人民共和國所吞噬。美國國會已經開始專注於二十一世紀的主要產業和技術。美國《晶片法案》（The US CHIPS and Science Act）於二〇二二年八月簽署立法，這是美國自冷戰結束以來朝著大規模工業戰略邁出的第一步。思考一下該倡議為公共支持而鎖定的十大產業類別：

- 人工智慧、機器學習和自主技術
- 半導體和先進的電腦硬體和軟體
- 量子資訊科學與技術
- 機器人技術、自動化、先進製造業
- 自然和人為災害防治
- 先進通訊技術和沉浸式技術
- 生物技術、醫療技術、基因體學和合成生物學
- 資料儲存、資料管理和網路安全
- 包括電池和核能在內的先進能源技術
- 先進材料科學和相關製造技術[137]

現在回想一下「中國製造二〇二五」鎖定的產業，這是中共的旗艦產業政策，以期主導以下產業：

- 先進的鐵路和運輸
- 新能源和節能汽車
- 高階電腦設備和機器人技術
- 航太產業
- 新材料
- 新一代資訊技術
- 能源設備
- 農業機械
- 海事設備和高科技船舶
- 生物製藥和高科技醫療設備

這些行業的重疊讓我們了解到，無論是美國還是中國政府，都很清楚這些產業的重要性。

然而，與北京當局不同，關於這些經濟戰略成功後的世界經濟和國際體系，美國仍缺乏一個清晰願景。這是美國必須思考和界定的部分：不僅是角逐可能定義二十一世紀核心產業和經濟實力的基礎技術，還有競爭塑造整個世界經濟、供應鏈和貿易體系的影響力，以至於基礎技術和產業的突破潛力將成為美國重新奪回世界經濟的**催化劑**。為了實現這一點，我們必須關注新興技術和戰略性產業的交匯處。在這些領域，美國有創新、靈活和遠見的潛力。用ＩＢＭ戰略研究主任達里奧·吉爾（Dario Gil）的話來說，新技術釋放的經濟潛力對美國產業和整體國家優勢都具有變革潛力：

> 我真的相信，利用人工智慧來想像新的情境，比如假設生成（hypothesis generation）和這種補充人類能力的創造性行為，再加上量子計算，將使我們能夠解決以前無法解決的問題，**這種強大的組合將成為我們國家競爭優勢的新基礎**。因為有了這個，我們將能夠影響物質世界……。我們經常把數位技術應用在數位領域，比如網站等等。現在將計算應用到實體世界，**這樣我們就能設計新材料來建立新的產業**，這是非常有影響力的想法。[138]

在川普政府任內，白宮曾發布一系列關於人工智慧、量子、先進製造和５Ｇ等領域的戰略文件，討論這些技術對美國工業潛力的影響。然而，與中國長期競爭的背景下，美國尚未明確提出促進國內生產總額和生產力成長的戰略。美國必須將這些新興技術和產業影響整合到同一戰略中，該戰略應該著眼於競爭的要害——全球經濟份額——這表示要關注於提高生產力、創造國民財富和增加國內生產總額。

簡短回顧一下二十世紀的經濟史，過去三次工業革命中有兩次發生在二十世紀。正如經濟史學家提摩太．泰勒（Timothy Taylor）談到二十世紀初期美國成為工業強國的過程時解釋：「與今日相比，我們會認為當時許多人的生活極度貧困。」美國只有百分之三的家庭使用電力照明，超過百分之八十的家庭使用煤炭、石油和煤油照明。一個世紀前的世界是這個樣子，你可以想像下一個世紀新的工業進步和全球生活水準提高可能帶來什麼：

> 一九〇〇年，美國可能僅三分之一的家庭擁有自來水。在農村地區，幾乎沒有家庭擁有自來水。全國僅百分之十五的家庭擁有沖水馬桶。事實上，一半的農村家庭甚至沒有戶外廁所……。即使有戶外廁所，一九〇〇年也沒有很謹慎處理身體排泄物。如果你住在城市，旅行方式通常是步行或騎馬。由於當時糟糕的道路狀況……步行每小時能走三英里已經相當不錯。[139]

在美國，電氣化並不只是目的本身。這種進步、這種技術以及當時其他相關技術的力量，**是它們在**更廣泛的經濟、美國生活水準以及工業與軍事實力方面**所帶來的可能性**。二十世紀初期，家庭尚未普遍使用電力，如果沒有電力，就不可能取得二戰的巨大成功，當時美國的工廠和大規模生產擊敗了法西斯勢力，在歐洲和亞洲重新扭轉局勢。沒有電力，就不可能有登月、計算機的出現、網際網路的崛起，以及現在的第四次工業革命，而第四次工業革命本身只是人類進步道路上的又一個里程碑。正如克勞斯・史瓦布（Klaus Schwab）所說：「第二次工業革命……使大規模生產成為可能，這得益於電力和流水線的出現。第三次工業革命……通常稱為電腦或數位革命，因為它是由半導體、大型計算機（一九六〇年代）、個人電腦（一九七〇年代和一九八〇年代）和網際網路（一九九〇年代）的發展所催生。」[140]

把人工智慧、量子計算、生物技術、機器人技術以及整個豐富的新技術領域想像成二十一世紀的電力。就像半導體、電腦和網路是透過二十世紀初期的基礎技術進步和採用才得以出現在二十世紀後期一樣，二十一世紀後期的革命也將透過我們今後十年所創造和採用的技術實現。我們正在為整個二十一世紀經濟和軍事實力的發展奠定基礎。未來，下一個百年將充滿著這些人類進步道路上的轉折點和可能性。美國有責任去挖掘、發現並結合這些優勢，直到我們為國家、盟友和人類文明實現一個全新、不曾想像的潛力。絕不能讓那些繼續將人類史上恐怖事件帶進現代並幻想著在未來獲得全權和完全掌控的國家，取得並掌握這些優勢。用溫斯頓・邱吉爾（Winston Churchill）在其演講〈最光輝的時刻〉（Their Finest Hour）中的話來說：「如果我們失敗了，全世界包括美國在內，包括我們所熟悉所熱愛的一切，將陷入一個新黑暗時代的深淵，發達的科學將使這個黑暗時代更險惡，更漫長。」[141]

我們曾與一個經濟潛力只有我們幾分之一的共產國家冷戰過，因此我們經常忘記這些對手有多麼精明。是我們而不是他們，能夠捕捉並利用歷史進程的連續轉折點，使民主在近代歷史上占主導地位這件事，有多麼幸運。我們的對手也明白這些道理，但他們落後了，或者失敗了。蘇聯之父列寧本人曾說：「共產主義就是蘇維埃政權加全國電氣化。」他對電力的看法是對的，但對於蘇維埃，意指共有制、權力，他錯了。我們還必須確定我們能夠達到的高度是對手追趕不到的地方。想像一下，如果是希特勒，而非美國，率先甚至是第二個取得原子能，我們會有什麼樣的世界。

這是一場攸關歷史的競賽，也是一場攸關未來的競賽。我們與中國的競爭是在二十一世紀工業和技術進步的巨大潛力中形成的。在這場競爭中，每一個重大突破都必須實現，並累積起來，產生更大效果。我們目前正在縮小的優勢必須加速擴大，直到美國、盟友以及自由世界的獨特天賦創造出全新的可能性，促使經濟和工業進入加速階段（escape velocity），將對手遠遠拋在後面，使其停滯在一個與真正的未來相比僅剩殘影的世界。

美國對勝利的願景，以及對人類未來進步的獨特且全面影響力，將與世界民主國家和盟友共享，而非我們的對手，這一切，建立在最具美國精神的核心理念之上：下一個邊疆（Next Frontier，指的是包含太空、科技創新與人類未來發展的新領域）。美國一直是探索未知事物和地方的冠軍。我們的創造力就是抵禦敵人的最佳武器，敵人試圖動員群眾，整編其力量和工業，將集全力於他們所謂「浴血奮戰」的目標上。中國獨裁者習近平說：「擁有十三億多中國人民聚合的磅礴之力，我們走中國特色社會主義道路，具有無比廣闊的時代舞臺，具有無比深厚的歷史底蘊，具有無比強大的前進定力。」[142]與這個擁有「無比廣闊的時代舞臺」的「無比強大的力量」形成對比，美國保留著對手永遠無法擁有的優勢，但我們必須在體系競爭中釋放出來，我們的創新找到自己新發明的生產手段和規模，對手目前的工業能力逐漸喪失創新特性。如果獨裁政體利用自由民主國家的創新，試圖建立我們共和政體無法對抗的權力基礎，那麼我們可能會輸掉競爭。如果我們的體系分道揚鑣，如果民主與獨裁再次成為整個現代的遊戲本質，那我們將贏得競爭。

一旦解鎖二十一世紀的新技術並加以應用，我們必須把它們應用於未來產業，將地平線上的各點串連在一起，就像古代航海家的星圖。這些星辰的組合可以改變並建立今日的世界，開啟新的財富和潛力，並為第二個美國和盟國世紀奠定基礎。提高生產力可以改變我們的國內生產總額，開拓經濟成長和國防的新視野。我們必須努力在國內建立生產力。正如資訊科技和創新基金會（Information Technology & Innovation Foundation）主席羅伯・艾特金森（Rob Atkinson）所言：

> 自工業革命以來，經濟進步最大的推動力一直是技術的開發和應用，特別是自動化工作或消除對工作的需求。這在未來將仍然是如此。今天，可能性幾乎是無窮的：機器人、人工智慧（AI）系統，自動駕駛車輛（AVs）和新材料只是幾種保證能提高生產力的技術。透過擴大產出，這個過程將帶動工資增加和更好的工作機會。不過，藉由提高國內生產總額和稅收，開發和使用技術來提高生產力成長率，也將在減少債務占國內生產總額比例方面發揮關鍵作用。[143]

正如艾特金森博士和我在二〇一九年所指出，美國專注於提高生產力和「登月式」創新激化，可以在未來十年為美國的國內生產總額增加十兆美元。[144] 如果在關上中國經濟大門的同時實現這一點，我們將在這個關鍵十年間迎頭趕上，並保持領先的地位。我們需要關注戰略性產業、新興技術，以及美國和盟友政府與我們跨國公司之間的新夥伴關係。如同美國企業在二戰期間以民主兵工廠的角色提供動力一樣，公私合作夥伴關係也為冷戰時期貢獻許多重要的創新，從太空競賽到矽谷再到網路問世。美國創新生態系統包括聯邦政府在研發、基礎科學和產業創造方面提供長期資金的角色。大型企業支持大規模的採用、利用和商業化。大學生態系統支持先進的研究和開發。小型和新興企業的創業活動則創造了能超越大企業的創新和利用的速度。我們的創新系統可能具有基本優勢。如果我們將創新體系與其他盟友的創新體系結合起來，同時全面阻擋中國進入這個體系，我們很可能在整個二十一世紀保持技術優勢。

我們的創新系統所創造的良性循環，與中國國家主導經濟的機制不同，儘管這種機制也有利於中國自身的創業和創新。當中國的工業政策促使我們需要調整戰略時，美國政府的最佳角色仍不應仿效威權經濟體制下的政府。例如，就像我在矽谷了解到，美國近百分之二十的國內生產總額來自早期由創業投資基金資助的公司。而我們的對手，就不同程度上而言，來自一個由國家主導且經常受到國家控制的經濟體。把美國政府想成是世界上最大且最有影響力的創投基金公司。從建立矽谷到太空競賽，只要美國政府有清晰的戰略目標，就可以比任何私人公司瞄準更高的目標，並持續更長的時間——可以為他人提供長期投資和建設的手段。若是美國短期思維與中國長期思維之間的較量，我們必敗無疑。像是獲得數十位美國企業經營者支持的二〇二二年晶片法案，這就是為什麼這樣的倡議非常重要。考量到美國在科技領域與中國專門產業政策競爭的狀況，由美國《財富》五百強企業、國家實驗室和頂尖的研究型大學所組成的總統科學技術顧問委員會（President's Council of Advisors on Science and Technology）於二〇二二年九月的報告中寫道：「今日，約百分之十二的半導體在美國製造，這個比例自一九九〇年的百分之三十七以來持續下滑。二〇二一年，百分之八十五的半導體製造設備運往亞洲國家（其中百分之二十八運往中國），而只有百分之七的製造設備運往北美使用。**如果美國不增加對半導體製造的投資**，預估到二〇三〇年我國製造的半導體將占全球比例不到百分之十，而中國將製造全球近百分之三十的供應量。」[145]

從鋼鐵製造到先進的晶片製造，美國不能失去我們自身的戰略產業，讓我們的對手主宰世界經濟。在這個地緣政治競爭劇變的時代，公私合作極為重要。在美國，私人企業是我們新技術測試的試驗床，我們的自由市場制度是創新的熔爐。政府支持奠定未來的關鍵產業和技術，對於讓私部門參與這種規模的地緣政治競爭相當重要。政府可以提供失敗和成功的空間，掌握超越季度或年度報告的長期視野。

就像部隊裡的士官——透過將決策權委派給戰場指揮官，士官部隊在我們軍事行動中創造了關鍵優勢——我們自己的私人企業可能比中國的國有和國家支持的企業更有行動力和創新能力。像我們的士官部隊一樣，他們會需要美國經濟戰略在某程度上的支持，以明確指出與中國的短期競爭和長期競爭中需要什麼。政府支持和公私合作關係適當的結合，可以影響經濟競技場，提供企業無法獨自創造的優勢。從歷史上看，超級大國的競爭促使經濟和創新的突破，包括矽谷的誕生。《程式碼：矽谷與美國重塑》（*The Code: Silicon Valley and the Remaking of America*）的作者瑪格麗特．歐瑪拉（Margaret O'Mara）被問到：「是什麼造就加州北部這個非凡的機遇？」她回答：「冷戰……帶來了顯著的成長，不僅是在研發、加強國防建設與核能計畫上的軍費支出，在二戰期間及其後，政府還涉足了一項全新業務：資助基礎科學研究和發展。」[146] 幸運的是，美國政府在研發方面的角色還有巨大的成長空間，這表示生產力和國內生產總額將迎來新天地。正如艾特金森所說：

> 聯邦政府在研發方面的支出占國內生產總額的比例已經顯著下降，而目前的研發也沒有專注於推動生產力的先進技術。因此，國會和政府需要在研發方面投入更多的直接和間接資金，著重在提升生產力的關鍵技術。簡言之，現在是為聯邦研發項目增加新任務的時候：提升生產力。[147]

如果我們發揮財富優勢——我們與盟友擁有的總國民財富是中國的三倍以上——在未來產業中，成功進行公私合作的範圍可能幾乎無窮無盡。企業和金融機構得到美國政府的支持，可以降低在國內和整個聯盟體系中投資關鍵技術和戰略產業的成本。針對中國的經濟圍堵措施，加上投資禁令，以及華爾街終於意識到在中國投資的風險，可能提高中國的投資成本，創造一個良性的投資流動，也就是資金離開中國，流回美國和盟國世界。關鍵在於我們聯手行動，拋棄中共這個經濟掠奪者，同時隨著盟國財富、投資和創新滿足第四次工業革命的可能性，實現世界民主國家的逃逸速度（escape velocity）。在二〇二〇年代和二〇三〇年代實現逃逸速度，表示我們將擁有關鍵優勢，可能在本世紀剩餘的時間裡，走向第二次大分流，這一次是中國與民主世界之間的分歧。

確保供應鏈安全和嶄新的工業復興

美國的經濟安全需要大規模的倡議，將美國重新定位為世界經濟的中心，並將經濟實力和影響力從中國轉移。這場全球經濟之戰不僅要求我們成為領先的科技和金融強國，也需要我們再次成為領先的製造強國。中國於二〇〇一年加入世界貿易組織後，世界經濟的格局已被嚴重扭曲，中國共產黨利用干擾市場措施掌握關鍵行業，並將自己定位為世界主要製造基地。在如此規模的地緣政治競爭中，讓主要對手同時成為我們從醫療設備到稀土元素等關鍵物資的主要供應國，將無法長久維持。此外，中國為世界領先的貿易國，龐大的貿易順差為其提供可用於許多戰略目的的大量資金，尤其是在戰略產業和技術發展的大規模投資上。

我們來看看美國製造業和北美製造業復興的可能性。[148]除了川普政府追究中國在國際貿易中的掠奪性行為之外，拜登政府也開始全面評估美國的供應鏈安全，意識到供應鏈、工業實力和國內創新基地之間的關聯性。拜登政府關於美國供應鏈的行政命令指出：

> 美國需要有韌性、多元且安全的供應鏈，以確保我們的經濟繁榮和國家安全。流行疾病和其他生物威脅、網路攻擊、氣候震盪和極端氣候事件、恐怖襲擊、地緣政治、經濟競爭和其他情況，都可能減少關鍵的製造能力，以及關鍵商品、產品和服務的實用性和完整性。具有韌性的美國供應鏈將振興和重建國內製造能力，保持美國在研發方面的競爭優勢，並創造高薪工作。它們也將支持小型企業，促進繁榮，推動對抗氣候變遷的努力，並促進有色人種社區和經濟困苦地區的經濟成長。更具韌性的供應鏈安全且多元化，有助於增加國內生產、提供各種供應、建立冗餘措施、儲備充足、安全可靠的數位網路，以及建立世界

一流的美國製造基地和勞動力。此外，與認同我們價值觀的盟友和夥伴在韌性供應鏈上的密切合作，促進集體經濟和國家安全，並加強應對國際災難和緊急情況的能力。[149]

新冠疫情暴露出美國空洞的工業基礎和供應鏈的巨大弱點，對生活在美國去工業化地區或關心這些地區的人來說，早已是眾所皆知的情況。我們在疫情初期所經歷的短缺情況，與過度依賴中國有著密切關係。中共弊端加上中國在我們醫療供應鏈裡扮演過大的角色，對美國和世界造成嚴重影響。例如，中國政府在世界市場上大量採購救援物資，同時透過包含世界衛生組織在內的主要國際組織散播關於疫情的假消息。中國政府還對設在中國的外資工廠實施國有化，包括美國跨國企業的工廠，收購這些工廠生產的所有口罩，以確保國內所需。[150] 美國國會研究服務處（The US Congressional Research Service）關於這個問題的解釋如下：

中國是美國和全球的重要醫療個人防護裝備（PPE）、醫療消耗品和活性藥物成分的主要供應商。根據美國貿易資料，二〇一九年中國供應美國逾百分之七十的紡織品和口罩進口、百分之五十五的防護鏡進口，以及百分之五十五的外科和醫療用防護服進口……。在二〇二〇年一月和二月，正值中國新冠疫情爆發的高峰期，在美國出現主要群聚病例之前，中國政府在全球市場上策畫了大規模個人防護裝備採購行動，耗盡美國和其他國家，如澳洲和加拿大，現有的供應。二〇二〇年二月初，中國政府將包括個人防護裝備在內的國內醫療用品的生產和配送納入國有化管理。中國的國有化行動……可能阻礙美國和其他國家及時取得關鍵的醫療用品……。總部位於明尼蘇達州的3M和加拿大的麥迪康（Medicom）等個人防護裝備的跨國製造商告訴媒體，他們在中國工廠生產的所有口罩都被收購以滿足國內需求，中國只允許較小的製造商出口個人防護裝備，而有些包括美國在內的進口國家發現，這些產品無法使用。[151]

與此同時，中共某些思想家如何看待新冠肺炎對中國經濟主導戰略的影響？他們認為，這是歐洲經濟崩潰和美國經濟衰退的原因，同時**確保了全球對中國作為製造業和工業基地的日益依賴**：

客觀而言，隨著疫情的全球化與全球經濟的普遍受挫，西方國家對中國經濟與市場的依賴反而會加深，美國利用疫情加速與中國「脫鉤」的操作，很可能適得其反……。其次，中國抗疫轉產的政策驅動已培育出強大的製造產能，包括口罩、防護服、醫療器械及抗疫技術體系，都可以成為對外援助和出口的新增長點，從而為中國軟硬實力的對外輻射提供有力支撐。再者，歐洲在疫情打擊下可能陷入經濟低迷，中歐經濟合作出現史無前例的相互需求與契機，包括5G產業在內的深度合作。這些進展將有助於打破美國戰略封堵和政治威脅。中歐經濟整合能取得逐步的突破。這（疫情）可促進俄歐關係和解及泛亞歐大陸經濟秩序的復興，結構性降低對美國政治經濟勢力的依賴。同時，美國經濟將會衰退。[152]

依賴敵對國家的製造業是現代史上最愚蠢的結果和失敗的策略，無疑是自二戰後美國時代以來策略上最可悲的敗筆。美國必須盡一切努力減少，甚至在許多情況下終結對我們主要敵人的依賴。要做到這一點，需要竭盡全力在國內重建我們的製造業和工業能力，自從美國對中國的戰略發生歷史性的重大轉變以來，一直由川普和拜登政府執政，這是近兩屆政府共同的優先事項。川普政府發布許多與該主題相關的報告，例如：《關鍵和新興科技國家戰略》（*National Strategy for Critical and Emerging Technologies*）（二〇二〇年十月）、《美國先進製造業領導力戰略》（*Strategy for American Leadership in Advanced Manufacturing*）（二〇一八年十月）、《加強美國未來產業領導力建議》（*Recommendations for Strengthening American Leadership in Industries of the Future*）（二〇二〇年六月）、《二〇一八年白宮人工智慧對美國工業影響高峰會摘要》（*Summary of the 2018 White House Summit on Artificial Intelligence for American Industry*）（二〇一八年五月）、《開創成功之路：美國 STEM 教育戰略》（*Charting a Course for Success: America's Strategy for STEM Education*）（二〇一八年十二月）和《保障 5G 的國家戰略》（*National Strategy to Secure 5G*）（二〇二〇年三月）。即使在全球疫情大流行之前，政策制定者也能看到與中國互賴的問題，以及美國重建經濟獨立性和產業優勢的必要性。川普政府與陶氏（Dow）化學、IBM、惠普和美國銀行這類市場頂尖企業的商界領袖合作，將美國產業的知識和利益與國家面臨的戰略要務相結合。[153] 重建美國工業基礎的工作才剛剛開始。

拜登政府的供應鏈審查報告《建立韌性供應鏈，振興美國製造業，促進廣泛成長》（*Building Resilient Supply Chains, Revitalizing American Manufacturing, and Fostering Broad-Based Growth*）（二〇二一年六月）可能是當前政府最重要的經濟戰略文件。文中注意到供應鏈、經濟成長和國內製造基地之間的相互作用，以及這些因素對於維持美國創新領導地位的重要性。正如報告所述：

> 韌性供應鏈是指在意外事件發生後能夠迅速恢復的供應鏈。我們的私部門和公共政策在國內生產的做法，多年來側重於效率和低成本，而不是安全、永續和彈性，導致本報告中

指出的供應鏈風險。這種做法也破壞美國勞工的繁榮和健康，以及管理國內和全球自然資源的能力。適逢本屆政府展開振興與我們製造基地和保障全球供應鏈的過程，重建國家層面的韌性必須重新聚焦於廣泛成長和永續性。

美國應對建立韌性供應鏈的方法，必須建立在我國最大的優勢之上——無與倫比的創新生態系統，我們的人民，我們廣泛的民族、種族和區域多樣性，我們的中小企業，以及與我們價值觀相同的盟友和夥伴的緊密關係。

正如多項報告指出，美國擁有無與倫比的創新生態系統，包括世界一流的大學、研究中心、新創企業和培育中心，吸引來自世界各地的頂尖人才。政府必須加倍努力建設我們的創新基礎設施，重新投資在研究和開發（研發）上，並加速我們將創新從實驗室推向市場的能力。[154]

隨著美國努力實施必要的改變，世界經濟將發生巨大的轉變。我們必須將前路視為一場爭奪世界經濟的戰役，這是美國必須贏得的戰爭。如果我們在經濟競技場上獲得成功，將會付出巨大的代價，但也將得到巨大的回報。美國需要一個強大戰略，可以成功對抗中國尋求長期全球主導地位的企圖，這個戰略將是美國的核心基礎。此外，雖然許多人誤以為經濟相互依賴是防止軍事衝突的方式──兩次世界大戰即是有說服力的反證──我們必須認清，和平時期的經濟相互依賴既不是新鮮事，也不是避免軍事衝突的保證。剛進入二十世紀之際，經濟全球化時期開始形成，眾人普遍認為，國家之間的戰爭代價太高，不值得考慮。在《策劃末日：英國經濟戰爭與第一次世界大戰》（*Planning Armageddon: British Economic Warfare and the First World War*）一書中，歷史學家尼古拉斯．蘭伯特（Nicholas Lambert）描述了那個時代的全球化：

> 從一八七〇年到一八九〇年代，全球貿易量增加了一倍。這種成長主要歸功於海運技術的進步，帶動海上運輸成本大幅減少。在接下來的二十多年裡，運費繼續下降；加上貨幣體系的發展、特別是通訊科技的變革，世界貿易再次倍增。結果就是全球一體化貿易體系應運而生……。此外，在這四十年間，英國變得越來越依賴對外貿易和繁榮的全球貿易體系來維護國家的福祉。[155]

蘭伯特接著解釋：「在一八八〇年代之前，鮮少人真的認為，英國日益依賴蓬勃發展的國際貿易體系恐成為自己的戰略弱點，原因很簡單，那時沒有其他國家能夠威脅到英國的國際地位。」[156]如今美國發現自己也處於類似的情況。在冷戰結束後的幾十年裡，全球化迅速發展，全球商品貿易的價值大幅增加，我們發現自己存在嚴重的依賴性問題，造成戰略上的弱點，而非優勢，尤其是因為顯然有某國家力圖取代美國成為世界經濟的主導者。第一次世界大戰前的全球化時期提醒我們，一體化、相互依賴的世界本質上並不穩定。就我們今天的情況而言，當務之急是減少或消除我們危險的依賴關係，為美國工業和經濟實力的復興打開大門，同時也為可能與中國進行的經濟戰做好準備。不過，考慮到中國生產成本上升，現在機會就在眼前。

中國在後冷戰時期之所以轉變成「世界工廠」，主要是因為中國在勞力密集型產業中取得成功，同時在這個成功的基礎上進入資本密集型產業。如今，由於中國成本上升和地緣政治擔憂，世界已經開始尋找替代方案。正如經濟學家戈登·漢森（Gordon H. Hanson）所解釋的那樣：

> 過去七十年裡，許多成為出口強國的國家都是從基層做起，生產T恤、布料、鞋子、兒童玩具、自行車、梳妝檯、桌燈等商品。先是日本，然後是東亞四小龍，最後是中國，它們都走過這樣的道路，實現高水準的收入成長。過去三十年裡，中國的存在使得其他國家追求出口導向發展的傳統策略變得複雜。如果中國持續壓低產品價格並吞噬市場占有率，想要透過勞力密集型製造業取得優勢可能比較困難。在中國的經濟陰影下，發展機會可能

相當有限。

然而，這個陰影現在似乎逐漸消失。隨著中國勞動力的受教程度越來越高、年齡層日益漸長、人口規模越來越小，以及農村到城市的遷移速度減緩，中國在勞力密集型商品方面的比較優勢逐漸下降。中國出口商品的多樣化和技術精密度提高——部分歸功於市場力量，部分可能是國家干預的結果——顯示全球專業化的轉變已經開始進行。[157]

漢森針對中國情況提出三種可能性，以這位作者的觀點來看，其中一種可能性為美國提供了重要機遇：「將勞力密集型出口生產轉移到其他新興經濟體，過去勞力密集型產業進行節省勞動的技術改造，以及將製造業生產遷至中國境內其他區域。」漢森指出：「第一種和第三種可能性似乎進展緩慢，第二種則是完全沒有進展。誰將填補中國的位置仍然是個謎。」[158]

隨著中國從勞力密集型製造業轉向高階製造業的過程，美國和盟友將迎來大好機會，德國和日本等工業化民主國家在產業轉型方面的表現已經相當出色。我們可以利用這個機會改變全球經濟和貿易體系的形勢，努力將製造業和供應鏈從中國轉移到第三方國家，並且專注漢森所指出的中間可能性：「在目前勞力密集型產業中，創造以資本取代勞動力的新技術。」漢森指出，雖然這個領域的創新相對較少，但「對於這些產業的創新步伐緩慢，中國本身可能負有部分責任。由於早期中國有大量且不斷增加的低教育程度勞動力可供出口生產，因此可能沒有太大的動力在原始核心產業中進行節省勞動力的技術變革」。換句話說，中國龐大的勞動力在世界經濟中的存在實際上拖累了工業創新，其他人也指出這個現象。[159]

由於世界經濟形勢不斷變化，且中國勞動力在全球生產中的重要性下降，美國及其盟友或許能夠加快全球經濟結構的這種變化，將重點擺在勞力密集型產業的技術創新，同時致力於建設先進製造經濟。國家製造戰略和利用美國、墨西哥和加拿大的比較優勢實現北美製造業復興，可以為美國增添新的經濟引擎，同時振興被三十年全球化摧毀的地區。這是我們必須做的事情，川普和拜登政府也都明確表達過這點。例如，先進製造國家計劃辦公室（Advanced Manufacturing National Program Office）於二〇一九年十一月發布了《美國製造業戰略計畫》（*Manufacturing USA Strategic Plan*），其中指出其目標是透過四項主要行動實現「美國在先進製造業的全球領導地位」：

一、提升美國製造業的競爭力。

二、促進創新技術轉化為可擴展、具成本效益和高性能的國內製造能力。

三、加速先進製造業勞動力的發展。

四、支持有助於機構變得穩定和永續發展的商業模式。[160]

該計畫包括一系列由美國政府單位贊助的機構，遍布全美各地，專注於先進製造業領域的重要技術，其中有俄亥俄州揚斯敦的國家積層製造創新研究所（The National Additive Manufacturing Innovation Institute），北卡羅萊納州羅里的新一代電力電子製造創新研究所（The Next Generation Power Electronics Manufacturing Innovation Institute），田納西州諾克斯維爾的先進複合材料製造創新研究所（Institute for Advanced Composites Manufacturing Innovation），以及賓夕法尼亞州匹茲堡的高階機器人製造策進會（Advanced Robotics for Manufacturing Institute）。簡而言之，美國已經開始展望並實現製造業和工業回歸美國的未來。以下是戰略計畫中的其他行動：

- 進行（或資助）競爭前的研究和開發計畫，以降低與新製造技術相關的成本、時間和技術不確定性，並改進現有技術、流程和產品。
- 制定並實施教育、訓練和招募工作人員的課程、教材和計畫。
- 開發新技術、創新方法和改進的實踐，以整合和擴展供應鏈。

- 發展和鼓勵共享先進設施和基礎設施，以降低商業化新技術的成本和風險，並在生產層面解決相關的製造挑戰。[161]

美國兩大黨的政治人物都認同重返工業領先地位的願景。例如，在《創業之國：為什麼製造業仍然是美國未來的關鍵》（*Entrepreneurial Nation: Why Manufacturing Is Still Key to America's Future*）一書中，加州民主黨籍的羅・肯納（Ro Khanna）表示：「事實是，大多數國際貿易仍然是商品貿易……。我們無法單靠銷售更多金融工具、軟體程式和好萊塢電影來平衡帳目。我們從所謂的知識工作中賺取的錢不足以彌補我們購買海外產品的支出。」[162]拜登政府延續川普政府對於製造實力的重視，不僅體現在其主打的供應鏈審查中，而且在過去的一些倡議上進一步建設與發展，比如二〇一四年振興美國製造與創新法案（Revitalize American Manufacturing and Innovation Act），並向國家科學技術委員會（National Science and Technology Council）提出新的指示：「與國家經濟委員會協調，制定和更新戰略計畫，以改善政府協調，並為聯邦計畫和活動提供長期指導，支持美國製造業競爭力，包括先進製造的研究和開發。」[163]拜登政府對先進製造的定義如下：「一系列活動，它們（一）依賴於資訊、自動化、計算、軟體、感測和網路的使用和協調，和／或（二）利用物理和生物科學帶來的尖端材料和新興能力，例如：

奈米技術、化學和生物學。涉及製造現有產品的新方式，也包含利用新的先進技術製造新產品。」[164]

換句話說，美國政府已經朝這個方向邁進，並得到兩黨支持。我們需要的是美國工業和商業領袖的合作，共同打造美國繁榮的新願景，並放棄我們對中國、中國市場以及其全球經濟地位的虛假希望。

小結

一方面，美國必須保障自己的供應鏈，重建工業基礎，維持世界儲備貨幣和主要金融中心地位，並形成一個以聯盟為主的貿易體系。另一方面，我們必須竭盡所能（與盟友、夥伴攜手），削弱中國的經常帳盈餘，限制中國進入我們的科技創新生態系統，並限制他們進入我們的資本市場。第一條路將使美國與更廣泛的聯盟體系實現經濟安全和繁榮，而第二條路將開始對中華人民共和國進行經濟圍堵和限縮。與已開發國家的科技、金融市場和出口市場隔絕的中國將停止成長，失去對其他國家的影響力，最終可能被長期科技和工業進步的趨勢拋在後面。這樣一來，世界民主國家將往前邁進，逐漸擴大我們的領先優勢，實現歷史上的第二次大分流。再結合強有力的嚇阻戰略，經濟分流是我們重新塑造世界經濟，贏得全球經濟份額和財富份額之爭的最佳希望。

當前全球經濟總額為九十六兆一千億美元。[165] 中國占全球經濟總額的百分之十八・四，達到十七兆七千億美元，而美國則占百分之二十三．九，達到二十三兆美元。美國聯盟體系整體占全球經濟的一半以上，而經濟合作暨發展組織加印度則占了全球經濟份額將近三分之二。[166]美國經濟宏觀戰略應該旨在增加其在全球國內生產總額和全球財富份額，同時為盟友和夥伴設定類似的成長目標，並限制敵對國家的全球國內生產總額和財富份額。舉例來說，二戰後美國占全球國內生產總額的比重曾高達百分之五十，標誌著美國時代的開始，到一九六〇年冷戰時期，這個比重降至百分之四十。[167] 一來是因為美國人口眾多，工業實力雄厚（中國旨在仿效這個模式，以實現二十一世紀的全球主導地位），二來是戰後滿目瘡痍的世界，經濟相對疲軟。[168] 然而，到二十一世紀，美國占全球國內生產總額通常維持在百分之二十五左右，足以成為世界最大的經濟體、市場和全球經濟基石。不過，在缺乏強勁成長的情況下，我們的比重開始逐漸縮水。自從加入世界貿易組織以來，中國在崛起和融入世界經濟的過程中，成為全球經濟成長的重要貢獻者，但關鍵是，中國經濟總量尚未超過美國。為了確保這種情況永遠不會發生，美國必須在經濟上成功圍堵中國，同時增加美國的全球經濟份額和聯盟體系的經濟整合。舉例來說，如果美國能夠在二〇三〇年前將國內生產總額從現今的二十二兆美元增加到三十兆美元，同時將中國的國內生產總額控制在二十兆美元左右，我們將在今天薄弱優勢的基礎上開始創造有意義的經濟實力差異。如果到二〇四〇年，我們的國內生產總額能夠達到四十兆至四十五兆美元，同時限制中國的成長水準，那麼差距將會急劇擴大，並在未來幾十年的美中競爭中持續下去。美國在全球國內生產總額所占比例的絕對增加和相對增加，將為一個由可能性定義而非限制因素定義的全球宏觀戰略奠定基調，這與我們許多主要戰略家目前所思考的局限形成鮮明對比。這是唯一能夠扭轉局勢的決定性方式。在資源匱乏的情況下，節儉和靈活是美德；但更好的美德是創造巨大的資源，並擺脫限制。

我們能不能在實現這些新境界的同時阻止對手取得相同的進步，這是決定自由世界未來的根本問題，也是經濟競技場必須追求的勝利。就像許多人喜歡說中國是唯一一個崛起、衰落、然後再次崛起的國家，美國必須成為一個崛起、一度衰落，然後再次崛起的國家。定義我們的世紀和未來世界的，必須是美國崛起，而不是中國崛起。然而，組織這樣的未來不僅是經濟行動的問題，也是現代全球外交最重大的努力之一，這是我們接下來要討論的主題。

第二篇

外交競技場

PART TWO

THE DIPLOMATIC ARENA

「幾乎就像是遵循某種自然法則一樣，每個世紀似乎都會出現一個國家，具有實力、意志，以及智慧和道德的推動力，依照其價值觀塑造整個國際體系。」

——季辛吉，《大外交》（*Diplomacy*）

全球棋盤：聯盟體系和新興世界

我們面臨的問題不是：「中國會崛起並塑造二十一世紀嗎？」而是：「美國會嗎？」

外交有時被誤解為與其他國家對話的行為，不涉及軍事行動或使用武力，但仍然追求實現國家的目標。正如邱吉爾所言：「口舌之爭勝過兵戎相見。」然而，單憑這種區別不能反映外交的範疇和目的。傳統上將外交理解為協調**對於其他國家**的所有戰略，即一國處理其國際關係的整體方式。[1] 外交是國際關係的設計與架構。外交不單單是一種方法。在外交競技場上，經濟和軍事力量必須符合**世界秩序結構**的願景，即國家和地區如何相互配合，還有我們如何塑造和影響我們期望的結果。

面對與中國的競爭，美國外交的主要任務是把世界民主國家組織成一個團結且優越的軍事和經濟聯盟，這個聯盟不僅能夠抵禦中國的侵略行動，更能超越中國最野心勃勃的計畫。雖然許多分析師和外交從業人員都專注於中國的區域野心，優先考慮在亞洲（或現在稱之為印太平洋地區）建立聯盟，但我們不能以為中國目標僅限於區域。事實上，中國野心是全球性的，其戰略版圖已經全球化。再者，中國正在籌組自己的聯盟，這個聯盟遠遠超出亞洲範圍。雖然與我們定義的聯盟體系相去甚遠，但中國已經擁有一堆遍布全球的戰略夥伴關係。其中大多是經濟性質，但中國與其他國家和地區的往來形式很多，從投資到軍事演習，從購買影響力、吸引精英到學生交流等等。簡言之，如《中國的勝利願景》所解釋的，中國共產黨有一個全球性願景，以及支持這個願景實現的大規模經濟、軍事和外交行動。只關注亞洲會導致美國戰略失敗。

雖然我們與中國的競爭可能會在經濟競技場（美國的實力基礎）上分出勝負，但我們仍須對世界秩序有清晰的願景和目標。外交不應該只是與其他國家談判和建立關係。我們必須將外交視為一個塑造國際體系願景和架構的過程，美國、盟友、世界主要的不結盟地區、中華人民共和國，以及其他敵對國家都存在於這個體系。中國所帶來的挑戰，迫使我們挽救並重建國際秩序，以防其被中國日益增長的全球影響力所取代。因此，我們必須具備全球願景，就像中共刻意誘惑、脅迫並最後使不同國家和地區服從其長期勝利願景一樣。我們對世界秩序的願景絕不能只是美國獨大或美國孤立。事實上，孤立正是我們對手希望的目標。我們的願景必須再次引領美國走向國際社會的領導地位，民主和人權在這個國際社會可以得到捍衛，而不是倒退。

在筆者看來，要維持美國主導的國際秩序，核心必須由美國主導的聯盟體系和世界大大小小的民主國家組成。這些是世界上我們的經濟和軍事力量所在的基本地帶，也是我們價值觀得以表達和捍衛的地方。無論是從歐洲到亞洲的條約盟友，還是這些地區和其他地區的眾多民主國家，這些志同道合的國家是能夠抵擋中國意圖崛起的關鍵。正如我在《中國的勝利願景》一書中所述，除了保持世界領先的經濟大國地位之外，第二目標必須是團結世界各地的民主國家，共同應對與中國的地緣政治競爭。民主世界奠定了一個體系的基礎，這個體系不僅保障我們的安全和繁榮，而且維護我們所堅守的基本價值觀。全球各地的民主國家和美國的軍事聯盟體系，是世界上大部分財富、生產力和創新的所在地。無論我們選擇哪種形式，無論是經濟合作暨發展組織、北大西洋公約組織（North Atlantic Treaty Organization, NATO）還是亞洲盟友，這些民主共同體不僅在國內生產總額上，而且在總財富方面都擁有世界上大部分的經濟實力。無論是世界民主國家或美國條約盟友的綜合經濟實力，都遠遠超過中國本身的經濟實力，也超過中國和其衛星國的經濟實力總和。如果我們不只成功聯合盟友，還能團結世界各地的民主國家，那麼絕大多數全球經濟實力和潛力將在這場與中國的競爭中凝聚起來。

美國外交的首要目標應該是鞏固美國的聯盟體系，並將許多民主國家整合成一個經濟共同體，制定最佳做法並加以應用，對抗中國、俄羅斯或其他不良行為者。簡言之，我們必須團結聯盟體系，整合和協調世界各地的民主國家，重建自由世界。在這場競爭期間，我們需要彼此，在經濟合作和安全合作方面團結一致。在整個聯盟體系中實施經濟圍堵、成長和競爭的最佳做法應該成為我們外交的標準特徵。藉由加入我們優越的經濟共同體，讓不結盟的民主國家立場更加接近我們這一方，也必須是優先之事。加強我們的安全合作，是建立更強大盟友和民主國家聯盟的另一個關鍵途徑，這條路已經不斷改善和深化。

外交競技場的第一勝利支柱是，必須將民主國家和聯盟體系整合成以美國為首的戰略協作共同體。雖然極具挑戰性，但第二勝利支柱可能更困難：關注「新興世界」的國家和地區。這些國家和地區又稱為新興市場、開發中國家或開發中世界，這些可能是中國全球大戰略中最成功的地方。

如果美國的聯盟體系同心協力，減少或消除對中國的經濟依賴，實施出口管制、投資限制、進口限制等經濟圍堵措施，那麼中國很可能在全球棋盤上預設退路：轉向「一帶一路」倡議中認定的新興市場。我們已經研究中共所採取的經濟戰略，從竊取知識產權到工業補貼。說得更清楚一點，「一帶一路」倡議清楚顯示出中共的地理戰略；努力將世界各大洲綑綁在一起，實現經濟整合，使得各國依賴中國。美國的全球外交戰略最終必須瓦解「一帶一路」，這是中共試圖在世界新興國家中建立影響力和領導地位的**第二次嘗試**。[2] 從亞洲到非洲再到拉丁美洲，在冷戰期間，毛澤東試圖在美蘇競爭過程為中國影響力闢出一條路。[3] 當時，隨著歐洲帝國浪潮逐漸消退，毛澤東將意識型態和暴力革命輸出到亞洲和非洲的新興國家。到了二十一世紀，中共又意圖以投資和發展的名義，在世界開發中國家間建立影響力和對中國的經濟依賴。未來幾十年內，我們可能會再度看到中國在新興國家之間鞏固影響力的企圖心，而且越來越有反美、反西方和反印度的意識型態色彩，並借鑑中國原始的外交戰略。[4] 即使隨著中國經濟變化，國際上對於「一帶一路」的理解也有所動搖，有些人認為其範圍正在縮小，但是，中國企業和資本仍在中共的支持和戰略願景下不斷湧入重要地區和有爭議的國家。除非這個過程被美國和盟友的全球戰略干擾且打破，否則這種情況不會改變。

最近在華府流傳一種說法，承認中國在海外的經濟影響力程度：「美國不能像中國那樣無所不在」，或者「我們無法在所有地方都與中國的經濟投資相抗衡」。也許我們確實做不到無所不在，或者不能總是與他們抗衡，**但我們的聯盟體系可以**。結合美國的經濟實力和所有盟友的全球影響力和吸引力，足以讓中國在世界大多數關鍵地區國家的經濟和外交上處於劣勢。我們需要的是一個戰略，利用現有資源創造最大的影響力和影響範圍。如果資源得到整合，努力得到協調，我們將具有壓倒性的力量。

如果我們能夠鞏固聯盟體系，團結各個民主國家，並將世界新興國家拉攏到我們這邊，就能實現比經濟上圍堵中國和促進美國與盟友成長更大的目標。我們也會促成中共的外交倒退，並瓦解其全球大戰略。首先在重要的國家和地區對抗中國，然後逐漸削弱北京當局在全球的影響力。就像二十世紀亞洲和非洲的國家擺脫殖民主義一樣，到了二十一世紀，它們也必須擺脫北京當局的危險攻勢。但是單靠這些國家無法做到。如果美國與盟友忽略它們的發展需求，如果世界最富裕的地區不提供替代方案，那麼全球新興地區的投資和商業發展仍然會是北京占上風。二〇一七年，根據亞洲開發銀行（Asian Development Bank）的預估，二〇一六年至二〇三〇年間，亞洲開發中國家需要二十六兆美元的基礎設施投資，其中包括電力、交通、電信、水和衛生設施的需求。[5]而北京當局已經在中國以外的世界大量投資，二〇〇五年至二〇二一年間約有二兆二千億美元的投資和建設。[6]美國企業研究所（American Enterprise Institute）統計出，在拉丁美洲的總投資額為一千八百九十三億美元，在撒哈拉以南非洲為三千一百一十八億美元，在北非和中東為二千一百三十九億美元，在東亞和西亞（包括中國在俄羅斯的投資）為六千四百四十億美元。[7]

雖然美國已經開始參與全球基礎設施建設的競賽，例如藍點網路（Blue Dot Network）和美國國際開發金融公司（US International Development Finance Corporation, DFC），但我們尚未對挑戰的規模做出回應。我們沒有留意到全球新興市場的投資需求，也沒意識到中國國家銀行、企業和外交官的協調力量，如今他們已在全球市場的經濟運作中有豐富的經驗。美國和盟友必須準備調集更多私部門資金，以對抗中國的協調力量。美國國際開發金融公司是朝著正確方向邁出的一步，它支持「由私部門主導的投資，提供堅實的替代方案，以對抗（中國的）國家導向投資，後者經常讓國家負債累累」。[8]然而，成功的關鍵不只是方法，還有資本數量。美國必須充分發揮其全球投資銀行在國家利益相關發展方面的融資作用，以釋放大量能夠在全球市場與北京競爭的資本。在美國國務卿、商務部長、財政部長以及美國國際開發署署長的支持下，如果美國國際開發金融公司能夠將資本市場的力量帶給全球新興地區，就有潛力成為由政府主導、公私合作、全球投資夥伴關係的中心。舉例來說，這可能包含從美國前二十大銀行和機構投資公司的新興市場部門，建立國際開發金融公司的諮詢能力。隨著中國的掠奪性貸款在斯里蘭卡等國造成混亂，美國和盟友可以成為更好的合作夥伴，採取更優越的自由市場標準，並與新興國家合作解決與基礎設施相關的問題，如環境惡化和氣候變化。

過去的蘇聯儘管在經濟實力上相對不利，仍然能在全球與美國對抗，原因在於，它向去殖民化國家提供意識型態的信念和發展援助。我們的冷戰對手將美國描繪成另一個帝國主義國家，就像新興國家在獨立戰爭中對抗的歐洲國家一樣。如今，中國提供更大規模的投資和單邊貿易。在二十世紀，許多國家擺脫殖民主義的束縛，求得自由。到二十一世紀，新興世界國家和地區則追求更高的生活水準和更好的經濟發展。如果美國和盟友能成為這些國家更好的合作夥伴，我們也能贏得這場競爭。要做到這一點，我們的經濟作戰單位，私營企業、銀行和跨國公司，必須準備在全球新興市場上迎擊中國國有企業和國家支持的企業。這個全球經濟戰線，美國和盟友的跨國企業對抗中國國有企業和政府支持的企業，將決定我們整體外交和經濟地位的強弱。就在這裡，我們的經濟工具箱必須與美國與盟國的全球外交舞臺結合。我們企業可能尚未準備好與中國政府支持的企業對抗，但這場即將到來的全球競爭已經因為北京當局的目標而成形。即使美國未能制定全球大戰略，我們企業也無法避免這場競爭。然而，結合私營企業與美國外交和安全夥伴關係的全球影響力，可以激發私人企業利益和國家戰略目標的新結合。公私合作夥伴關係必須擴大新的地理範圍，並加強我們全球外交架構的基礎。在外交競技場上的勝利取決於兩大支柱：盟友和民主國家之間的團結，以及中國的影響力退出新興世界。

勝利支柱一：美國聯盟體系 vs. 中國反西方聯盟

比起中國的全球經濟和外交關係網絡，更具危險性的是正在形成的反西方聯盟。俄羅斯與中國的合作夥伴關係是美國面臨的根本挑戰。如果是中國單獨對抗美國與盟友的情況，處理起來會容易得多。但如果是中俄在亞洲和歐洲對美國發動聯合行動的情況，將會相當具有挑戰性。雖然許多人懷疑這種夥伴關係可以維持多久，並回想起冷戰時期短暫的中蘇聯盟，但中國與俄羅斯的協議已經回歸，而且可以說比現代史上任何時期都更加牢固。雖然中俄顯然是反西方聯盟中最重要和最強大的成員，但必須加上伊朗，伊朗在中東和波斯灣地區對美國和盟友構成了挑戰；還有使我們在亞洲的盟友處於威脅之中的北韓；可能還有巴基斯坦，巴基斯坦與中國的親密關係，儘管對美國來說似乎是相對遙遠的問題，不過對印度來說卻是一個生存威脅，而印度很可能成為我們應對中國問題時的主要合作夥伴。除了已經存在的參與者，還會有其他新的參與者出現，同時也會有許多騎牆派，這證明了一句格言：「好人袖手旁觀，即是邪惡勢力致勝之道。」（The only thing necessary for the triumph of evil is for good men to do nothing.）但是，對於美國、盟友和夥伴來說，最重要的對手是中國、俄羅斯和伊朗的威權體制。幸運的是，這個鬆散的聯盟不需要永遠凝聚在一起。

價值觀和理念是形成聯盟的強大力量。雖然我們將全面討論理念的力量和重要性，但我們應該注意理念在美國外交中可以發揮的重要作用。也許沒有比美國理念更強大的力量，這種力量代表著世界各地渴望來到美國的人。這個理念是我們全球影響力的一個重要面向——不是因為我們在各個國家都有居住和工作的美國人，而是因為**美國公民來自各個國家**。這點將永遠是我們向世界傳遞訊息的獨特優勢，但如果要激勵世界上的許多國家，我們就必須努力重建聯繫，並在國內實踐理想和價值觀。中共已經開始籌備這方面的抗衡勢力。中國透過全球幾十個國家建立戰略夥伴關係，並且建立一個以軍事力量為主的反西方聯盟，在這樣一個定義中國影響力的世界，甚至還有一些國家願意在如聯合國這樣的全球論壇上，支持中國非常惡劣的行徑。

以聯合國人權理事會的情況來看，德國於二〇二〇年代表三十九個國家發聲，呼籲中國「尊重人權，特別是尊重宗教和少數種族的權利，尤其是在新疆和西藏」。這三十八個國家是阿爾巴尼亞、澳洲、比利時、波士尼亞與赫塞哥維納、保加利亞、加拿大、克羅埃西亞、丹麥、愛沙尼亞、芬蘭、法國、德國、海地、宏都拉斯、冰島、愛爾蘭、義大利、日本、拉脫維亞、列支敦斯登、立陶宛、盧森堡、馬紹爾群島、摩納哥、諾魯、荷蘭、紐西蘭、北馬其頓、挪威、帛琉、波蘭、斯洛伐克、斯洛維尼亞、西班牙、瑞典、瑞士、英國和美國。換句話說，主要是歐洲、亞洲和美洲的民主國家。以下是反對德國聲明的**四十四個國家**，這是來自全球各地支持中國的聯盟成員：

安哥拉、巴林、白俄羅斯、蒲隆地、柬埔寨、喀麥隆、中非、中國、葛摩、剛果、古巴、多米尼克、埃及、赤道幾內亞、厄利垂亞、加彭、格瑞那達、幾內亞、幾內亞比索、伊朗、伊拉克、吉里巴斯、寮國、馬達加斯加、摩洛哥、莫三比克、緬甸、尼泊爾、尼加拉瓜、巴基斯坦、巴勒斯坦、俄羅斯、沙烏地阿拉伯、南蘇丹、斯里蘭卡、蘇丹、敘利亞、坦尚尼亞、多哥、烏干達、阿拉伯聯合大公國、委內瑞拉、葉門和辛巴威。

現在，中國在新疆的所作所為已經有大量的公開紀錄和證詞所記載，世界各國政府也正式認定這些行為構成種族滅絕。但以古巴為首的中國支持者發表聲明：「我們讚揚中國政府奉行『以人為本』的理念，推動經濟和社會的永續發展（原文如此）、消除貧窮、增加就業、改善人民生活水準，以及促進和保護人權……。（在新疆）各族人民在和平穩定的環境中享受著幸福的生活……。至於新疆相關問題，應該尊重基本事實，而不是出於政治動機和偏見對中國進行毫無根據的指控和干涉。」[9]

我們可以看到，美國企業並不是唯一在中國與人權侵犯行徑共舞的公司。來自世界各地的幾十個國家現在明確支持北京當局最惡劣的暴行和手段。

喬治·肯楠，也許是美國二十世紀最偉大的外交戰略家，他「相信力量是國際政治的貨幣」。[10]面對中國的「戰略夥伴」全球網絡、反西方軍事聯盟，以及力挺人權暴行的外交支持者這三者時，我們的外交絕不能只是與這些力量抗爭，而是**必須建立壓倒性的力量**。我們必須建立自己的力量來對抗敵對的國家聯盟，團結民主夥伴與志同道合的國家，並在世界事務中形成新的凝聚力，在這個過程中，我們的理想和利益將勝過中華人民共和國和其他危險國家的意志和目標。成功的美國外交需要付出相當大的努力，以團結和組織龐大而多樣的人類群體。這可能是世界史上最具挑戰性的外交努力。在這場競賽中，我們將培養下一代偉大的外交官。

美國的聯盟體系在第二次世界大戰結束後形成，同時建立了統一指揮全球所有美國軍隊的聯合指揮系統（Unified Command System）。這個體系的演變來自於在兩個戰區進行的戰爭：大西洋戰區（歐洲）和太平洋戰區（亞洲）。[11]這場戰爭、這種作戰體系以及這種橫跨兩大洋的世界觀，決定了美國從肯楠到今日的戰略世界觀。美國的戰略思維經常認為，任何霸權都不應主宰歐亞大陸，即從歐洲到亞洲的大型「世界島」，這裡是世界上大多數國家、資源和衝突發生的地方。美國就像一個大陸大小的離岸島嶼，就像英國曾對歐洲所做的那樣，能夠確保維持穩定的權力平衡，這樣的權力平衡有利於美國和盟友。

幾十年來，美國戰略家一直能夠從優勢位置管理這個由歐洲和亞洲兩大戰區構成的世界局勢。然而，美國的敵人在合作時也會試圖利用這樣的局勢。例如，中蘇聯盟成立之初，史達林（Joseph Stalin）便提出蘇聯專注於歐洲、中國專注於亞洲的建議。這位蘇聯獨裁者曾對一九四九年中國駐莫斯科大使劉少奇說：「我們之間應該要有些分工……你們可以在東方承擔更多責任……，而我們將在西方承擔更多責任……這是我們不可推卸的責任。」[12] 次年，毛澤東派出中國軍隊加入韓戰，對抗美國和聯合國。在二十世紀，作為一個經濟、科技和工業實力勝過德國和日本，甚至強過蘇聯和中國的國家，美國對世界局勢的雙戰區視野和戰略安排確實非常明智。結果也證明相當有效：第二次世界大戰和冷戰，美國都取得勝利。在歐洲，一九四八年實施的歐洲復興計畫（European Recovery Plan）（即更廣為人知的「馬歇爾計畫」〔Marshall Plan〕）和一九四九年成立的北約，為美國在歐洲的存在奠定基礎，並在冷戰期間從軍事和經濟上圍堵蘇聯在歐洲的發展。

在亞洲，形成了一種不同的體系，很大一部分原因是美國盟友中華民國於國共內戰（一九四五年至一九四九年）中戰敗，當時隨著毛澤東和中共奪取中國大陸政權，中華民國政府逃亡至臺灣。在歐洲，美國領導的體系是一群在多邊體系內合作的盟友。相比之下，在今日最重要的戰區亞洲，美國體系是雙邊聯盟的其中之一，現在需要改革，以便管理我們與中國當前的競爭範圍。正如歷史學家車維德（Victor Cha）的解釋：

> 在東亞，美國與大韓民國、中華民國（臺灣）和日本發展出「軸輻式」（hub and spokes）體系，即互不相關的排他性聯盟，這個體系與美國在歐洲傾向建立的多邊安全聯盟不同。由於美國在該地區戰後規劃背後的「權力操控策略」（powerplay）理念，雙邊主義在東亞興起，成為主導的安全結構。所謂的「權力操控策略」是指建立一個不對稱聯盟，旨在對較小的盟友施加最大程度的控制。美國在東亞建立一系列雙邊聯盟，以壓制蘇聯的威脅，但同時也是為了約束「無賴盟友」（rogue allies）——即狂熱反共的獨裁者，他們可能因國內正當性而發動戰爭，使美國陷入不必要的大戰……。杜魯門政府和艾森豪政府認為，透過緊密的雙邊聯盟，而非區域性的多邊機制，來約束東亞的親西方獨裁者，效果最好。因此，今天東亞的安全雙邊主義就是這個選擇下的歷史產物。[13]

美國的聯盟體系，連同其他冷戰時期的架構，都承載著美國地緣政治世界觀的精髓，幾十年來為世界主要大國之間帶來了相對穩定和安全，又稱為「美國治世」（Pax Americana）或「美國和平」（American Peace）時代。如今，這個時代因為俄羅斯和中國成為堅定的對手而逐漸消逝。隨著這個時代的逝去，美國必須做的不單單是加強我們的經濟實力、生產力、工業和技術實力。美國必須更新基於大西洋和太平洋觀點的兩大戰區地緣理論，引入一個**全球協調的聯盟體系**。我們的盟友代表了有史以來權力夥伴組成最多元化的國家集合，從日本到法國，從澳洲到菲律賓，從英國到以色列，許多國家與美國的互動和信任證明了我們在世界上的獨特角色。

美國有著悠久的歷史和當前無法避免與各種社會往來的外交政策，從王國、蘇丹國、酋長國，到各種類型和規模的共和國和議會民主制度，在我們的全球體系中，理想的類型是民主世界，這個體系不是我們創造的，不過確實存在於我們的本性中。二十一世紀的夥伴和盟友將包括那些體制與我們不同的國家，從波斯灣到越南都有。我們擁有一個由議會、共和國和以權利為基礎的政府所建構的美好世界，涵蓋了從美洲到波羅的海，再到日本海的所有物質和精神財富。這個世界確實存在，但必須團結且引導。這將是我們一生中最困難、最重大的外交行動：不是因為說服我們的敵人，而是為了團結我們的夥伴。在這種情況下，我們必須贏得與世界獨裁政權和政府展開的競賽，這些政權受邀進入世界經濟體系，變得富裕，並渴望自己的霸權地位。我們必須戰勝中國的獨裁者，他們提出了「人類命運共同體」的概念，在這個世界觀裡，中國坐擁中心地位，透過脅迫、影響力和武力控制著全球一系列新的附庸國。[14]

如果複雜的民主世界凝聚起來，那麼它將構成人類進步的主要舞臺和世界事務的生產核心。沒有任何獨裁或威權政權能成功挑戰**全球**自由世界的力量。這樣的體系讓人聯想起一些美國人在後冷戰時期所憧憬的世界，當時民主理念似乎散播到全世界。然而，這些雄心壯志導致了重大失誤，無論是透過干預——我們以為可以在伊拉克實施民主的想法——還是盲目行動，以為民主或自由化會透過經濟和外交參與而在某些地方生根，就像我們對中國的期望那樣。這些判斷錯誤在一定程度上造就了許多人現在認為民主正在衰退的世界。

我們必須將民主視為一種防禦性立場，而非進攻性立場。民主不一定是非得強力推行給其他國家的道路，而是由各國組成的防禦堡壘，需要維護、加強和捍衛。由於競爭體系的存在，某些國家不可避免會成為中國的附屬國和附庸國，使得這些體系的差異隨著時間逐漸明顯。雖然中國可能在世界上最脆弱或尚未決定立場的地方擴大影響力，但我們也有能力將搖擺不定的國家拉向我們這一方。除了那些明確放棄的地區以外，我們必須努力限制中國擴大影響力的範圍。當我們以獨裁政權無法做到的方式蓬勃發展和欣欣向榮——如果他們進入自由世界的機會處處受到限制和阻擋的話——我們可能也會看到一些中國現有的夥伴轉向我們這一方。未來幾十年間，當俄羅斯人民逐漸意識到他們在中國的「人類命運共同體」中所扮演的悲慘角色，這個擁有彼得大帝等重要歷史領袖且受過歐洲啟發的國家，是否會站到我們這一方？未來伊朗會不會展開自己的革命，並像二十世紀某個時候那樣向西方靠攏？其他現在處於中國軌道上的國家，從東南亞到波斯灣，都可能是影響力的戰場，這些國家從未完全受到中國的控制，但對兩邊的訴求都持開放態度，就像以往任何全球規模的競爭一樣。我們必須仔細謹慎選擇優先事項和參與方式。憑藉世界民主國家的綜合實力和我們能夠維持的體系，我們將能在全球各地採取有效的行動。

站在敵人的角度看世界——看看**他們**建構的藍圖——了解我們必須反擊和拆除的計畫。想在任何大國競爭中獲勝，美國必須清楚理解世界地緣政治如何運作，不單單從我們自己的角度出發，還要從我們主要對手的角度來看。正如《中國的勝利願景》一書所解釋的，中國的野心是全球性的，而非區域性的。北京當局對世界地緣政治最重要的表述是「一帶一路」倡議，這是一個透過中國建設的基礎設施、貿易聯繫、投資和影響力，使亞洲、歐洲和非洲相互連接的體系願景。此外，中國正在建立一支軍隊，負責捍衛這個跨洲體系的海外利益，我們將在下一篇「軍事競技場」中再次討論這個主題。北京當局設想在經濟上征服世界各大陸，建立任何國家聯盟都無法挑戰的軍事力量和影響力。雖然軍事力量集中在太平洋的第一島鏈和第二島鏈上，但中國也在努力擴大其在印度洋地區的影響力，因為這裡是中國大部分資源和商品貿易的通道。因此，印太地區，正確來說是包括印度洋和太平洋地區（這兩個海洋對於我們對手的戰略同樣重要），是我們與中國展開地緣競爭的關鍵點。

印度洋是歐亞非超大陸經濟體系（supercontinental economic system）的海上機器，中國在印度洋力求資源安全的同時，也希望將美國排除在這個洲際體系之外，剝奪美國在第一島鏈和第二島鏈的影響力，這些地方是美國在第二次世界大戰中以巨大代價換來的軍事駐留。儘管有些軍事戰略家將目光正確聚焦在島鏈上，認為這裡可能是美中軍事衝突的戰場，但我們的外交戰略家必須從全球角度看，爭取美國的利益，並限制中國在亞洲以外的經濟和外交影響力。[15]此外，世界民主國家必須從全球整合系統中努力，以減少或排除北京當局的影響力，並在世界有爭議的地區角逐勝利。經濟外交和軍事外交必須結合，以確保世界重要地區的安全。

我們需要一個全球統一戰略，包括聯盟體系和經濟合作暨發展組織。經濟合作暨發展組織於一九六〇年由美國、加拿大和一系列歐洲國家成立，現已發展成包括工業化民主國家在內的全球經濟組織，是一個以價值觀為基礎的經濟共同體。根據官方說法，經濟合作暨發展組織是「一個志同道合的共同體，致力於保護個人自由、民主價值觀、法治和捍衛人權。我們奉行開放透明的市場經濟原則」。[16]

這個以價值觀為基礎的經濟共同體成員可以同心協力，形成一個取代中共掠奪性經濟政策和地緣野心的全球性替代方案。經濟合作暨發展組織的成員包括在歐洲的奧地利、比利時、捷克、丹麥、愛沙尼亞、芬蘭、法國、德國、希臘、匈牙利、冰島、愛爾蘭、義大利、拉脫維亞、立陶宛、盧森堡、荷蘭、挪威、波蘭、葡萄牙、斯洛伐克、斯洛維尼亞、西班牙、瑞典、瑞士以及英國，在中東的以色列和土耳其、在印太地區的澳洲、日本、紐西蘭、南韓，以及美洲的加拿大、智利、哥倫比亞、哥斯大黎加、墨西哥和美國。這個集團代表世界民主國家的核心經濟共同體。

有了聯盟體系和經濟合作暨發展組織的團結，接下來我們必須關注世界新興地區：印太區域、非洲和拉丁美洲。最後，我們還必須關注三個不是完全由國家存在來界定的地緣政治區域：極地區域、海洋和太空，雖然其中許多問題可能會在軍事競技場的篇幅中處理。在這些地方，我們將發現自己正面臨北京深厚的影響力和能力，因為中國幾十年來一直關注這些領域。

美國必須在聯盟體系之外建立影響力和效力，與那些擁有巨大影響力並且普遍支持美國的主要夥伴合作。例如，在拉丁美洲，巴西、阿根廷、智利和墨西哥的方向將決定該地區的局勢發展。在撒哈拉以南的非洲，奈及利亞、肯亞和南非將是重要的合作夥伴。在亞洲，印度已有可能成為我們條約聯盟體系以外的最重要合作夥伴。在東南亞，印尼則是一個可能左右整個地區力量平衡的國家。而在北非和中東，以色列、埃及和阿拉伯聯合大公國都將是不可或缺的合作夥伴。

在我們雙管齊下的外交策略中——統一世界工業民主國家的路線和削弱中國在新興世界的影響力——美國的軍事聯盟可能為鞏固歐洲、亞洲和中東戰略提供最好的出發點。二〇一九年訪問美國印太司令部（US Indo-Pacific）時，我對一名軍官說，我對於美國在因應中國長期戰略時的全球外交感到憂心。這名軍官回答，美國的外交工作進行得非常順利，在應對眼前的挑戰時，我們與全球盟友的合作取得了極大的成功。從軍事外交的角度來看，確實如此。美國的每一個盟友在安全問題方面都受益於美國的支持，這表示在歐洲至亞洲的聯盟體系內進行外交，我們具備根本優勢。

但從另一個角度，直到前不久，歐洲到亞洲的大多數國家都希望美國成為主要的安全夥伴，卻希望中國成為主要的貿易夥伴。這對美國來說不只是致命的交易，最終也對我們的盟友不利。當對手透過我們所有人提供的貿易、技術和資金變得更強大時，我們無法保證整個聯盟體系的安全。正如一位華府朋友曾對我說：「美國負責犧牲，中國負責收割。」（America does the dying and China does the buying.）我們安全夥伴之間的這種交易必須結束。美國的軍事夥伴關係也必須包括減少與北京當局的接觸。現在重要的是，隨著美國重新考慮並減少與中國的經濟往來，我們也要求盟友採取相同做法，並在盟軍圈中發展和應用經濟圍堵的最佳實踐。

北約已將中國挑戰納入其職責範圍。英國、加拿大和荷蘭已經加入了與美國、日本和紐西蘭海軍的太平洋軍事演習，這表示聯盟體系正逐漸變得更加全球化，潛在的地理格局也變得更加相互關聯。[17]加上由美國、印度、日本和澳洲組成的戰略集團——四方安全對話（Quad）的出現，我們可以看到世界民主國家的經濟和軍事地理正在開始凝聚。這些國家中有許多已經擺脫了中國的經濟影響力，或者開始尋找代替中國的經濟夥伴。例如，印度已經禁止幾十家中國科技公司，而日本已開始資助將供應鏈遷出中國的倡議。[18]此外，聯盟體系內外的國家已開始在軍事和經濟上合作以抗衡中國。例如，印度和澳洲於二〇一五年開始舉行聯合海軍演習，而印度和日本開始在非洲進行投資和基礎設施合作，稱為「亞非繁榮廊道」（Asia Africa Growth Corridor），作為中國「一帶一路」倡議的替代方案。[19]英國在印太地區的參與度越來越高，法國也是第一批正式承認中國威脅的歐洲國家之一。[20]澳英美三方的新協議將使美國兩大盟友之間的軍事整合達到新的水準，不只是鞏固安全架構，而且建立起重要的新外交途徑，彌合了自二戰以來長期存在的歐亞戰略分歧。

通常，外交是深化軍事合作的最佳途徑。在當前的競爭中，我們強而有力的既有軍事合作，可能是美國全球架構中最持久的一塊。這是因為我們沒有讓敵人進入這些機構，不像是世界銀行或國際貨幣基金組織（International Monetary Fund, IMF）。在現今的競爭中，我們強大的安全合作體系可能為全面的外交戰略提供管道。我們的外交戰略必須首先解決兩個問題：世界民主國家必須共同努力，採取行動，減少我們與中國的經濟往來，必須在民主世界中以新的成長和整合倡議來取代與中國往來的經濟優勢。我們的外交戰略必須從歐洲到太平洋的所有民主國家都獲得成功。中國將採取多種方法試圖瓦解我們的聯盟，阻礙我們的倡議，並利用其市場和軍事力量確保世界繼續按照中國的條件與之往來。我們的軍事聯盟是抵禦北京和莫斯科侵略的基本後盾，在阻止中國崛起的外交方式形成的過程中，發揮領導作用。如果盟友能夠團結一致，那麼我們的競爭將轉向新興世界，這是中國擁有最大優勢的領域，也是可能決定整個競爭勝負的地緣政治領域。

勝利支柱二：中國退出新興世界

在我們與中國展開全球外交競爭之際，不要忘記，是美國建立起現代世界的各種機制，並不是中國。從世界銀行和國際貨幣基金組織到聯合國本身，是美國和盟友，而不是中國共產黨，藉由創立組織二戰後世界秩序的機構，且這些機構已援助了世界各個地方，建立起現代世界的架構和現行的國際體系。雖然中國樂於在符合自身利益時使用這個架構，但中共官方意識型態卻認為，現代世界秩序和制度是趁中國處於衰弱狀態強迫推行給中國的。這種史觀解釋了為什麼中國不僅與美國存在意識型態衝突，與世界上大部分國家也暗中存在衝突。重要的是，在中華人民共和國成立的幾十年裡，毛澤東不僅把美國和蘇聯視為敵人，還與印度爭奪世界去殖民化國家的領導權。簡而言之，早期冷戰的變動時期，不只涉及美蘇對峙和邊緣政策，也涉及亞洲和非洲大部分地區的去殖民化，這段時期對我們理解今日中國戰略和目標帶來很多啟示。

中國達成與世界已開發國家的經濟往來，實現巨額貿易順差，並獲得曾造成世界民主國家與中國之間巨大差異的大部分技術和工業進步。中國在與拉丁美洲到非洲和亞洲等新興國家的往來方面也同樣成功。中共可能預料到，已開發國家會開始縮減，或至少開始質疑與中國的經濟往來，我們已經在澳洲和加拿大這些國家觀察到這種跡象。所以，中共對於最後在新興地區取得成功更有信心。[21]儘管在中華人民共和國成立的幾十年來，中國一直與美國的歐亞盟友、夥伴處於敵對狀態，但中國相信可以藉由外交手腕在亞洲、非洲和拉丁美洲智取美國和蘇聯。為此，中國還必須對抗並攻擊其一度曾宣稱雙方有「二千年情誼」的印度，試圖共同領導後殖民時代的世界。

中國已經不是第一次試圖智取亞洲、非洲和拉丁美洲的民主國家，未來還會有第二次。第一次，中國領導人利用意識型態吸引去殖民化國家使用武力和暴力革命——即中國的模式，來規劃他們成為新國家的路徑。[22]這一次，中國將試圖輸出其發展模式、技術，並在一定程度上輸出其意識型態視野，雖然規模較小但仍然重要，以努力團結開發中國家。

欲理解這套做法，只需檢視一下中國的地理戰略。「一帶一路」倡議的國家大多位於世界主要新興地區：亞洲、非洲和拉丁美洲。由於世界上的工業民主國家逐漸聯合起來，對抗中國的政治和經濟影響，北京當局會更積極進入世界新興地區。從這個意義上，可以說「一帶一路」倡議是西方市場經濟的替代品。關於「一帶一路」倡議，正如中共偏好的文件之一所解釋的：

「一帶一路重構了世界地緣政治、地緣經濟版圖，並推動中國企業走出去，標誌著中國從地域性文明向全球性文明轉型。」該文件繼續將該地區定義為「包括中亞、東盟（東南亞國家聯盟〔the Association of Southeast Asian Nations, ASEAN〕）、南亞、中東歐、西亞、北非等六十五個國家」，擁有四十四億人口，「經濟容量約為二十一兆美元，分別占全球的百分之六十三和百分之二十九。」[23]中國科學院出版的一份期刊對其地緣政治的自利（self-interest）描述得相當貼切：

資源總是稀缺的；一個偉大的民族不可能永遠被塞進狹小的空間內。歐亞大陸是中國國家利益的集中來源地。它為中國二十一世界地緣戰略實踐提供了廣闊的舞臺。作為中華民族最高智慧的結晶與時代條件交互作用的結果，「一帶一路」戰略（這個倡議的原始名稱）已向世人宣告了中國崛起的到來，成為中國走向世界的重要抓手。[24]

「一帶一路」沿線各大洲是中國未來的市場、供應鏈，而且，在北京的想像中，是中共的二十一世紀帝國。從非洲到亞洲等多個國家，在二十世紀擺脫了歐洲帝國主義列強的統治，如今卻發現自己變成北京新帝國主義的搶手地區，真是可怕的諷刺。與過去的帝國主義一樣，北京的野心如果沒有某種形式的「精英俘獲」（elite capture），即召集外國精英為其事業而戰，就無法繼續施展。從斯里蘭卡到東非，中國實行的政府對政府交易和「債務陷阱外交」（debt-trap diplomacy），已為多個新興地區融入北京意圖掌控的經濟體系創造了條件。當開發中國家無力償還債務時，中國資助的基礎設施，包括戰略位置的港口、鐵路和其他基礎設施，最後都歸北京所有。

即使各國抗議聲浪四起，中國仍然成功在這些國家建造基礎設施、提供貸款和輸出技術。結盟世界必須團結起來，把北京從我們的市場、技術、供應鏈和資本資源中驅逐出去，我們也必須把中國從新興世界中趕出去。如果中國成功整合並主宰世界新興地區，中共將完成中國冷戰時代戰略的新版本：「以農村包圍城市」。[25]這是毛澤東的全球願景，用革命運動包圍資本主義民主國家，遍及整個開發中世界。毛澤東試圖透過意識型態和暴力實現這個願景，不過沒有成功，但他的繼任者相信，他們可以靠技術、顛覆和經濟實力來實現。如果我們不同時打破北京當局在新興世界的戰略，只是單純把中國趕出已開發世界，不太可能成功阻擋北京的長期野心。[26]

世界民主國家正在努力鞏固關係，特別是在軍事領域。儘管最終也必須轉化為經濟方面的倡議——確保供應鏈安全、在聯盟體系內實現自由貿易，並在創新方面進行更大程度的合作——但我們最大的挑戰將是努力贏得正在新興世界形成的外交競賽。這個挑戰很重要，因為美國沒有像中國那樣優先考慮經濟整合和投資規模，也沒有讓我們的私部門參與全球戰略計畫，這在中國的全球經濟擴張體系中已是常態。

這些地區的許多國家意識到，未來受北京影響是錯誤的選擇。然而，美國仍然缺乏在非洲、拉丁美洲和亞洲大部分地區得到外交勝利和經濟參與的策略。我們這裡的外交赤字一部分原因在於，中國的經濟格局比美國更接近許多新興市場。中國與新興世界的商務往來就是比我們多。[27]其原因何在？鑒於中國本身的發展路徑，在中國成功開發的商品和服務，可能更貼近許多新興國家的市場現狀。目前，是中國幫助許多新興市場實現自二十世紀國家獨立以來的第二大成就——二十一世紀的經濟發展，而不是美國。美國和其他已開發國家在與新興市場打交道時，傳統上奉行基於經濟援助的戰略。相比之下，中國則以貿易、基礎設施和投資來引導。雖然按照西方標準來看，中國的模式確實屬於掠奪性質且沒有經濟效益，但是中國為了要在全球各地進行投資，並不需要商業案例。

從印度洋到東非海岸，中國國有企業建造的港口和基礎設施已經證明，中國在海外建造基礎設施是其長期軍事和經濟戰略的一部分，而不是按照西方私人產業通常遵循的投資報酬率標準。因此，美國和其他盟國政府會需要在困難但具有戰略意義的海外市場，替我們的私營企業開闢道路。美國和盟國政府也需要提供資本援助和專業知識，與私營企業合作，以確保我們的企業——而不是中國的國有企業和國家支持的企業——在世界新興市場中大獲成功。我們的企業戰鬥艦隊在盟國政府資源的支持下，將在全球市場上競爭並取得勝利。隨著中國市場在運作上變得越來越具限制性，越來越危險，這對世界民主國家的私營企業也會是一種重要的補償。

中國國有企業一直在「一帶一路」沿線的許多新興市場積極拓展自己的地位。從港口、道路、鐵路和發電廠等實體基礎設施，到數位科技、電信，甚至智慧城市，中國企業在北京當局的支持下走向全球，成為中國經濟戰略的世界先鋒。自從「一帶一路」提出以來，北京當局已為此策略增添了許多面向，包括拉丁美洲、極地、甚至外太空，都是中國希望鞏固其主導地位的元素。中國的「數字絲綢之路」戰略旨在為其在新興世界建造的實體基礎設施，增加高科技、數位整合的面向。透過「數字絲綢之路」，北京希望為其科技巨頭提供海外市場，就像它為其銀行和基礎設施巨頭提供廣闊的全球市場，以擴大其業務一樣。如果北京不僅成功在世界開發中國家建造實體基礎設施，還成功建立數位基礎設施，那麼美國將發現自己在世界經濟和軍事地理的大部分領域都處於劣勢。我們必須把焦點放在印太地區、非洲和拉丁美洲。在這些地區，我們必須優先與那些足夠強大的國家合作，這些國家有能力捍衛自己的主權，使經濟選擇多元化，並確保北京不會在他們的地盤鞏固壓倒性的影響力。

贏得這些地區並把它們納入我們陣營的重要性有三個方面。首先，阻止中國更廣泛的戰略，即整合世界新興地區對抗世界工業民主國家。其次，建立一個能夠抵禦中國挑戰全球秩序的世界。第三，最終實現對共產主義中國的圍堵。為了做到這一點，美國與盟友必須在這些地區建立強大的影響力和參與度。我們必須透過利用美國市場的力量和盟友市場的吸引力和能力，在這些地區建立更大的貿易量、投資和商業合作。雖然每個地區對於抵禦北京的影響都很重要，但每個地區單獨來看都不足以憑藉己力扭轉世界平衡，使其不利於中國。對於世界的新興地區，我們最好採取一種逆轉戰略，而不是建立一個平衡的多國聯盟。然而，在每個地區內都可以形成一種平衡戰略，為最後的逆轉奠定基礎。

必須關注中國海外影響力的以下要素，並拆解中國的地理戰略：

- 經濟實力集中：包括國內生產總額和國民財富。
- 貿易飽和度：與中國有大量貿易關係的國家，尤其是進口依賴國。
- 投資飽和度：擁有大量中國投資或基礎設施的國家。
- 具有重要戰略或軍事地理位置的國家。

美國和盟友必須在世界關鍵地區選擇「定錨國家」（anchor nations）進行參與。在特定關鍵地區都會有一些國家扮演重要角色，它們的經濟發展和戰略結盟將決定整個地區的走向。每個地區內的定錨國家可以幫助拉攏該地區朝向盟友陣營，或者至少制止北京影響力的擴散。例如，印太地區，這是與中國競爭最為關鍵的地理位置，包括印度洋和太平洋。讓我們來看三個關鍵的次區域：東南亞，中國在這裡的投資和貿易關係是新興世界中最為密切的；印度洋地區，北京的長期地理和戰略利益最終必須在這裡生根，以實現其長期的勝利願景；太平洋島國，這裡擁有重要的軍事地理位置。在東南亞，印尼可以說是最重要的國家。印尼擁有二億七千七百萬人口，世界排名第四，國內生產總額超過一兆美元，本身具備相當重要的外交和軍事影響力，這個不結盟民主國家若有機會與美國和盟國的經濟和軍事力量往來交流，將決定北京長期影響力的走向。在印度洋地區，印度是可能成為美國在亞洲外交的主要大國與基石，其影響力遠超過印度洋本身。作為橫跨中國最重要海上交通線的利劍，北京藉由拉攏印度鄰國，正忙著用自己的包圍戰術對抗印度。印度是印度洋地區的天然定錨國。相比之下，像斯里蘭卡這樣的小國受到中國相當大的影響，雖然其規模較小，但其港口和地理位置在該地區的重要性顯而易見，不容忽視。定錨國與關鍵小國的組合必須構成美國和盟友在世界各地進行外交的框架。

再來仔細研究世界上的主要地區，在我們的聯盟體系之外，包含印太地區（東南亞、印度洋地區和太平洋島國）、非洲和拉丁美洲。

中共對上述這些區域每個國家的經濟、外交和軍事參與都有戰略部署。我們也必須準備好戰略，動用我們的經濟、軍事和國家力量，以便將眾多國家納入我們的陣營。

印太地區

印太地區是與中國進行全球競爭的樞紐。要在這個區域取得勝利，我們必須像對手一樣，從全球脈絡來理解。我們將在下一篇探討這個區域和其他區域的軍事地理，但現在，讓我們從印太地區最重要的次區域和重要國家來看。印太地區是印度洋和太平洋結合的區域。這對於中國的全球戰略相當重要，中國希望主導這個區域，主要透過「一帶一路」的經濟影響力和最終的軍事潛力——「一帶一路」是中國提出的洲際系統，亞洲、非洲、歐洲，甚至拉丁美洲最後都將與北京聯繫在一起，成為它們的主要經濟合作夥伴和最終的軍事霸權。許多人將亞太地區，特別是東亞、東南亞和太平洋島國，視為一個戰場。近年來，美國將印太地區當作戰略框架，包括二〇一八年將美國太平洋司令部（US Pacific Command）改組為美國印太司令部

（US Indo-Pacific Command），是眾所樂見的發展，將印度和印度洋納入這個戰略戰場之內。除了將該地區理解為印度洋和太平洋結合的區域外，將其理解為印度和中國共存的地區也有助益，因為兩國的區域戰略利益在這裡重疊。為了提醒我們，大國競爭的變化多麼細微，甘迺迪（John F. Kennedy）於一九五〇年代擔任參議員時說：「我今天在這裡談到印度與赤色中國的競賽。我們希望印度贏得這場競賽。我們希望印度在自由繁榮的亞洲中成為一個自由繁榮的領導者。」[28]我們來看看三個關鍵地區，大多不在美國聯盟體系之內：東南亞、印度洋地區和南太平洋島嶼，每個地區都對美中兩國未來的實力發展極為重要。

東南亞是除了中東、中國和經濟合作暨發展組織以外，世界上最富裕的次區域。按照國民總財富來看，東南亞比非洲和南美洲都要龐大。[29]就像蘇聯對其他國家的控制以東歐的華沙公約組織（Warsaw Pact）成員國最強大一樣，對這個地區最糟糕的結果將是，由於地理位置接近，中國將把這個快速成長的新興財富和潛在繁榮之地轉化為經濟衛星國，透過貿易依賴和投資關係與中國緊密相連。美國和盟友必須透過深化與東南亞的經濟聯繫，以阻止這種結果。中國與這個區域的貿易已經遠超過我們自己的貿易，甚至像新加坡這樣名義上的美國安全夥伴，也表達希望平衡與中國關係的願望。新加坡總理於二〇二二年五月所發表的言論提到：「我們認為這是更好的方法，各個國家可以與美國或中國建立關係，或與兩國都合作。你可能與其中一個國家比較接近。以日本為例，日本與美國有美日安全夥伴關係，與美國簽訂防禦條約。我們與美國沒有條約，但我們是美國的主要安全合作夥伴。與此同時，我們與中國也有很多合作。」[30]然而，由於北京當局在南海的領土主張，以及該區域的戰爭和革命顛覆史，這個地區幾乎每個國家都與中國存在領土爭端，根本不信任中國。

美國必須利用對外戰略的三大要素——美國和盟友的貿易代表團、公私部門的投資和基礎設施協調，以及對中共支持的銀行和公司實施經濟制裁——整合其經濟和外交影響力，以阻擋和擊退中國在該地區的擴張。幫助東南亞國家滿足其投資和基礎設施的需求和世界上其他貧困地區的需求形式不一樣。我們的私人企業必須透過美國政府的支持，以及與我們的亞洲盟友，特別是日本、澳洲和南韓的協調，獲得一切優勢。次區域國民財富和國內生產總額主要來源地的印尼，必須成為我們的定錨國和優先合作夥伴——不只是美國，也是我們所有盟友的優先合作夥伴。協調美國、印度、亞洲和歐洲對印尼的投資和商業活動，將證明結盟世界是印尼當前和未來發展的更好選擇。北京當局已經宣稱印尼的部分領土歸中國所有，因此可增強印尼的影響力使其能夠反抗北京。美國在該地區的兩個條約盟友，泰國和菲律賓，也將從美國更多的經濟關注和安全合作中獲益。寮國、柬埔寨和緬甸可能繼續深受中國影響。如果能夠抵制北京的技術和投資計畫，馬來西亞可能會轉向結盟世界。美國必須幫助東南亞國家——就像在世界其他地區一樣——減少對北京的進出口依賴，尋找替代方案以取代中國的技術輸出（從智慧城市到資訊科技基礎設施），並使用美國和盟友的替代產品來取代中國的投資。阻止中國逐漸凌駕於這些國家之上是關鍵的一步，可以防範北京鞏固其在開發中國家最富裕地區的主要經濟夥伴地位，同時也有助於保護亞洲軍事地理最重要的次區域。

印度洋地區或許是世界上最重要、研究卻最不充分的地區。太平洋和大西洋將美洲與歐非亞洲超大陸體系連接在一起，而印度洋則互相連接歐洲、亞洲和非洲。正如我所指出的：「這條航道促使亞洲貿易體系的形成，並帶來一個以亞洲逐漸成為經濟中心的世界。」[31]不難理解為何印度洋地區是中國長期大戰略的地理樞紐，也是「一帶一路」倡議的兩個關鍵部分之一。與此同時，美國卻缺乏真正的印度洋戰略。事實上，我們對這個地區的運作方式欠缺廣泛的了解。

中國的海上交通線，其海上能源和貿易的必經路線，即是穿過這片印度洋，將中東能源、非洲礦產以及歐洲市場連接到中國。對中國而言，任何形式的地緣政治優勢都需要擁有這個區域的經濟和軍事主導地位。同樣地，對印度來說——中國在印度洋地區具有地理優勢的主要對手，供應鏈、能源和外部市場也與這個海洋系統息息相關。要從印度和中國這兩大國的角度看待這個地區，我們除了將所謂的亞洲範圍納入印太地區的概念，還要涵蓋中東和東非。我們接著將討論北京在非洲尋求經濟主導地位的問題。不過中國在印度鄰國和印度洋島嶼國家，尤其是斯里蘭卡、馬爾地夫、塞席爾（Seychelles）和馬達加斯加的影響力不容忽視。把中東視為印太地區的次區域是明智之舉，因為這裡擁有荷莫茲海峽（Strait of Hormuz）和曼德海峽（Bab al-Mandab）等海上咽喉要塞，以及具有全球重要性的蘇伊士運河。中國對中東能源的依賴推動其戰略，不過美國在該地區擁有更豐富的經驗。將中東戰略與我們在印太地區更廣泛的抗中戰略聯繫起來，或許能影響美國的經驗和機構知識，建立聯盟和夥伴關係，並正確地追蹤中國對其自身安全漏洞和整體戰略最薄弱的觀點。

如果不加以控制，二〇三〇年代中國在這個區域的影響力可能會變成與今日在東南亞和南海的情況那樣：龐大的貿易和投資依賴，以及「維護中國海外利益安全」的軍事基地擴張。美國和結盟世界必須對抗中國，並擊退中國在東非、中東、南亞和印度洋島嶼國家的影響力。考量到印度洋連結歐洲與亞洲的重要作用，將歐洲盟友，尤其是英國和法國，納入其中，就能認識到該地區如何運作。由美國、印度、英國、法國、日本和澳洲領導的聯盟可以努力阻擋和抵消中國的投資，減少進出口依賴，並確保結合歐洲到亞洲的經濟實力不會忽視或拋棄任何小國。由這個聯盟集團領導、新興國家和小國加入的印度洋投資銀行（Indian Ocean Investment Bank），可將公共和私人資本輸送到最需要的地方。在外交上更加重視像環印度洋地區合作聯盟（Indian Ocean Rim Association）等論壇，並在美國外交中優先考慮這些組織，可以確保我們對這個區域保持關注，阻止北京的長期野心。最後，賦予印度更大的權力，這是美國、歐洲、日本和澳洲應該共同承擔的項目，可以確定甘迺迪最初的見解最終成真——由印度贏得亞洲的權力競賽，而不是中國。

長期以來，中國對於南太平洋島國的興趣一直是其全球宏觀戰略的重要組成——並不是看中這些小國的經濟潛力，而是看中它們對亞洲軍事地理的重要性。正如我們之後會在下一篇「軍事競技場」中看到的，這些地名對美國人來說很熟悉，因為在第二次世界大戰太平洋戰區中，這些地方對於美國的勝利發揮了重要作用。當年日本的軍事目標，與現今中國的地緣戰略目標一樣，是將美國趕出西太平洋。一旦太平洋島國被控制，將使美國與澳洲隔絕，這樣我們從加州到澳洲的海上「高速公路」將被完全切斷。[32] 雖然許多專家早已明白中國對這些島嶼的興趣，但中國與索羅門群島在二〇二二年簽署的協議，以及中共外交部長王毅對吉里巴斯、薩摩亞、斐濟、東加、萬那杜、巴布亞紐幾內亞和東帝汶的示好姿態，顯示中共長期戰略的抱負正在成為實際的地緣戰略舉措。

除了索羅門群島外的其他國家迄今都拒絕了中國提出的安全協議，這些協議可能讓中國在這些南方島嶼上設立軍事基地。然而，中國的示好行動並未隨著二〇二二年落幕。[33] 此外，這些島國還提醒了一個中國知道而我們不知道的重要經驗：在小島國家，一點經濟影響力就可以發揮很大效果。這也是北京與美國近鄰加勒比海小國進行經濟往來的事實。因此，美國必須優先考量印度—太平洋的這個地理區域。除了讓這些國家參與美國的貿易、投資和經濟倡議，並確保向這些領導人和他們駐華府的外交官持續發出邀請之外，我們還必須願意利用美國的經濟實力。中國的企業和銀行如果加入了任何已批准、已提議和已知的安全協議，都應該受到美國和盟國的經濟懲罰。美國絕不能忘記世界上的小國。在許多地區，它們的重要性是深遠的，如果我們忽視它們，後果將不堪設想。在這裡，我們的關鍵盟友將是澳洲、紐西蘭、法國、英國和日本。

非洲

除了印太地區，非洲可能是中國對新興世界戰略中最重要的大陸。它既是資源基地，也是未來市場和供應鏈的來源。中國與世界第二大洲的往來已超越了美國和結盟世界的任何其他國家。如果美國沒有針對非洲制定徹底的戰略，任何長期的美國外交策略都可能失敗。即使我們加強聯盟體系，成功阻止中國在印太地區的進展，但如果中共能夠在非洲實現其整體戰略目標，美國和結盟世界將發現它們正面對一個在經濟、軍事和地理上更為強大的中華人民共和國。我們對手的領導人毫不掩飾他們對於這塊大陸的野心。雖然非洲五十多個國家的複雜性可能會阻礙世界民主國家制定協調一致的戰略，但中國透過各種交流的努力，追求在國與國和整個非洲層面的影響力。

儘管中國在非洲努力的成果受到監督，但最近一項研究指出，非洲在中共新興世界戰略中所扮演的角色表現突出。來看看法裔美國學者娜黛．羅蘭德（Nadège Rolland）在二〇二一年關於該議題的報告，該報告引用中國戰略家和學者的當代觀點，其中一位學者強調向非洲輸出中國發展模式的要素：

> 賀文萍指出兩個中國式「創新」，值得轉移到非洲國家。第一個是中國經濟模式的重要成分：勞力密集型產業、經濟特區（SEZs）和工業園區、基礎設施建設以及人力資源培訓的綜合發展……。除了二〇〇七年，江蘇永元投資公司率先在衣索比亞建立東方工業園區之外，五個非洲國家（尚比亞、模里西斯、奈及利亞、埃及和剛果），同樣與中國企業合作建設大型工業區。[34]

透過整合中國科技系統的智慧城市，或是將非洲發展和北京財政緊密相連的經濟特區和工業園區，從這些計畫項目我們可以清楚看到，中共對非洲大陸的投資和發展模式，使非洲與中國的關係更為密切，從一個個國家，到最後整個大陸。正如羅蘭德所解釋：「當外國觀察家在爭辯中國是否將自己的模式輸出到海外時，北京當局顯然早已鼓勵非洲國家採納中國的治理實踐，努力使它們成為更好的附庸國（client states）。」[35] 以下是非洲大陸在中國長期戰略中所扮演的一個角色版本：

在非洲大陸眾多令人嚮往的資產中，中國專家看中非洲為中國企業和產品所提供的龐大勞動力和潛在客戶。到二〇四〇年，非洲勞動力將達到十一億人口，超過中國和印度，到二〇三〇年，全球百分之六十的三十歲以下人口，將集中在非洲大陸，劉鴻武預測：「未來二十年，全球化這隻無形之手將把工作機會轉移到具有成本優勢的國家，而非洲將取代中國，成為下一個低階產業的世界工廠。」因此有了一個「雙贏」的機會：非洲需要創造勞力密集型產業，而中國作為低成本製造商的優勢正在下降，促使中國尋找機會轉移部分製造產能：「世界上唯一能夠進行如此大規模勞力密集型產業轉移的地方就是非洲。」[36]

如同二〇二〇年代美國和盟友對印度洋地區的忽視，可能成為二〇三〇年代中國最大的優勢，未來十年裡若忽視非洲，很可能毀掉美國的任何宏觀戰略，因為這樣會錯過中國在亞洲以外地區擴大經濟影響力和投射軍事力量的重要工作。中國的非洲戰略有些直接涉及創造新的供應鏈和勞動力，是中國企業力求建立和擁有這些資源。非洲未來若成為中國的市場、工廠和經濟力量基地，非洲大陸的主權和自由可能會遭到侵蝕。為了打破中國的非洲戰略，美國和盟友必須將非洲國家納入我們的供應鏈戰略。把製造產能從中國轉移出去時，我們不僅要把目光投向東南亞國家，如越南、印度等合作夥伴國家，以及如墨西哥這樣的北美鄰國，藉著讓我們的企業和資本進入非洲，以跨越中國的長期供應鏈戰略。與其他地區一樣，定錨國可以發揮帶領作用。奈及利亞、南非和埃及，按財富和國內生產總額計算是非洲最大國家，可以分別作為西非、南非和北非的基石國家。東非的衣索比亞—肯亞—坦尚尼亞走廊提供了重要機會，可以與東非經濟潛力巨大的國家進行往來。此外，財富和國內生產總額相對集中的國家，包括西非的迦納、象牙海岸和塞內加爾，以及北非的阿爾及利亞、突尼西亞和摩洛哥，應該成為經濟和外交往來的重點國家。

美國必須與我們的歐洲和亞洲盟友合作，提供替代性經濟發展選項，並參與中國對外企業預見到的未來市場和供應鏈發展。日本和印度已經開始透過它們自己的亞非繁榮廊道進行合作，其他四方安全對話成員可以支持或加強這項合作。[37] 大英國協包括多個英語系的非洲國家。法語國家及地區國際組織包括非洲大陸的許多法語國家。如果這兩個組織得到英國和法國外交的重視，並獲得盟友經濟倡議的支持，將有助於建立比中國倡議更早的關係。美國和盟友必須將非洲視為一個強大的長期經濟合作夥伴。儘管如此，我們也不能忽視那些中國投資和基礎設施過度飽和的國家，這些國家提供北京極大的影響力和未來部署軍事基地的機會。例如，納米比亞、安哥拉、莫三比克和馬達加斯加。與其他地區一樣，對於加入任何已批准、已提議和已知安全協議的中國企業或投資銀行，我們應該透過綜合經濟工具予以破壞或摧毀。

讓非洲國家共享結盟世界的財富和力量，遠離中共的掠奪性提議，將顛覆中國長期戰略的地理基石之一。讓我們的公司、銀行和企業家成功進入非洲並找到機會，使非洲的主要國家與我們的經濟更緊密聯繫起來，利用貿易使節團、學生交流以及美國國際開發署和國務院等機構長期以來的見解，這些對擴大美國與非洲大陸的聯繫相當重要。我們能不能實現這個目標，為其他國家帶來更好的機會，而不必像共產主義中國那樣犧牲主權和自由，這是我們外交和實力的最終考驗。

拉丁美洲

雖然亞洲和非洲是中國在新興世界戰略的主要地理區域，但與拉丁美洲的貿易和投資卻在二十一世紀蓬勃發展。中國與拉丁美洲之間的多元化貿易關係不僅包括中國對農產品和礦產的需求，還包括拉丁美洲對中國製造商品——從紡織品到微電子的需求，使我們西半球南面鄰國正陷入與中國經濟密切依賴的困境之中。中國戰略家甚至將拉丁美洲納入「一帶一路」倡議，顯示「一帶一路」不僅試圖將主要大陸和市場與中國聯繫起來，還努力在未來幾十年透過對中國的洲際規模經濟依賴來包圍美國。美國的外交和經濟工作也不能忽視我們從巴拿馬運河到德雷克海峽（Drake Passage）的半球鄰國。儘管墨西哥的未來可能更深入北美洲，成為世界經濟的基礎，但我們在南美洲可能會面臨重大損失，例如巴西和阿根廷等主要國家與中國的關係日益緊密，而智利和秘魯等較小的資源產國也是如此。拉丁美洲自己努力實現經濟多樣化的過程中，很可能不僅在當前而且在未來都會因為對中國的進口依賴而受到影響。從長遠來看，來自中國的進口商品對巴西和其他國家的輕重工業構成了威脅，另一個危險是，儘管中國進口了各種商品，但它試圖將自己的企業和技術堆疊（technology stack）——由「國家冠軍」中國科技公司建立的整合系統，從5G到雲端運算，再到人工智慧和物聯網——推入拉丁美洲市場。已被美國、日本、印度、英國和加拿大拒之門外的華為，繼續在新興市場（包括整個拉丁美洲）茁壯成長。在巴西，華為不僅參與5G網絡，還參與智慧農業和精密農業：

> 在戈亞斯州（Goias），政府在農業數位轉型中扮演了主導角色。戈亞斯州研究基金會（State of Goias Research Foundation, FAPEG）提供農業專業知識和農業應用程式；華為提供5G、雲端和人工智慧解決方案；巴西電信商Claro Brasil正在部署5G網絡。跨產業的合作還將引入無人機和自主漫遊車等技術。[38]

華為高層對於在巴西市場的未來展望如下：

> 展望未來，華為在巴西的未來充滿希望和機遇。首先，華為將聚焦ICT基礎設施，協助巴西實現數位化轉型。我們會協助電信營運商改善效率，提升投資報酬率（ROI）；協助營運商實現全光網路的覆蓋，並透過4.5G、5G的應用構築萬物互聯的智慧世界。其次，華為將持續投資「雲端、5G、大數據、人工智慧」等數位技術，包含建設ICT基礎設施平臺，我們將繼續為客戶開發開放可信的雲平臺，並建立與我之前提到的趨勢相符

的生態系統。推動社會發展和經濟增長。第三，華為與巴西當地的研究機構、大學和合作夥伴密切合作。商業環境對華為非常重要。透過華為營造的穩健商業環境中，我們在巴西各行各業的生態系統合作夥伴，可以實現創新並發展。華為希望打造**全產業鏈**的價值創造與分享機制。[39]

像華為這樣的公司進入國家資訊科技基礎設施市場，讓中國整個技術體系在新興市場得以推廣，這是中國確保自己在未來產業中掌握主導權的過程，而像巴西這樣的國家正繼續走上發展之路。智慧城市、中國信貸和基礎設施建設，以及中國大型企業進入拉丁美洲，種種因素帶來了與亞洲和非洲相同的安全挑戰。美國必須阻止這些公司和銀行在拉丁美洲擴張，並向該地區的主要國家提供更好的替代方案。不僅需要透過出口管制和其他行之有效的方法，打擊中國的技術，也需要針對主要參與者的企業策略。例如，正如美國情報單位在提醒世界注意俄羅斯在烏克蘭的計畫方面發揮作用一樣，美國政府應考慮告知新興市場東道國政府、美國及盟友的企業策略和風險部門，有關中國企業、其營運業務、高階主管和戰略計畫的情報。了解這些企業策略的所有面向、得到中國政府的支持，以及它們下一步的市場行動，可能對於在新興市場圍堵中國，同時保護東道國政府長期主權和獨立的戰略，相當重要。正如華為董事長梁華在他的演講中所解釋的那樣：「在華為巴西二十週年的重要時刻，很高興再次來到這裡。二十年前，華為迅速認識到巴西的巨大潛力……。我們在巴西深耕已經二十年，做大產業，構建生態。華為和運營商合作，一起讓巴西超過三分之二的人口實現了聯結。」[40]

美國和盟友必須與新興世界政府合作，在北京以監控管理人民的政治願景根深蒂固之前，根除中國企業和技術產品。中國企業的未來二十年對巴西和其他國家可能具有毀滅性。根據澳洲戰略政策研究所的資料，阿里巴巴、百度、中國移動、中國電信、中國聯通、中興通訊、曠世、大疆創新、大華科技、字節跳動和海康威視這類公司已經在南美遍地開花，設立合資企業、研究實驗室、資料中心、製造設施、培訓中心、子公司，甚至是「智能城市公共安全解決方案」。[41]美國國防部已列出幾家涉嫌與中國軍方合作的公司，包括華為、海康威視、中國移動和中國電信在內，其他列出的名單也因在中國境內侵犯人權暴行所扮演的角色而受到美國政府制裁。[42]

中國的技術堆疊也為其工業企業在新興市場的進一步整合創造條件，特別是與基礎設施、汽車和其他實體商品相關的企業，這些企業的業務和產品越來越依賴工業4.0創新實現技術化。三一重工集團（SANY Group）、濰柴雷沃重工和中聯重科繼續建設基礎設施。像比亞迪這樣的汽車製造商也取得進展，二〇二一年在智利開通拉丁美洲的首條電動巴士走廊，並將汽車出口到巴西、墨西哥、哥倫比亞、烏拉圭及其他國家。[43]中國的技術堆疊和其製造業的整合是中國全球市場戰略的核心，這將對我們自己的企業造成問題，因為它們還沒準備好應對。美國跨國企業與中國企業在全球市場上正面對抗，中國企業的競爭力來自其技術、資本和原始設備製造商的綜合運作。如果沒有更新的戰略，也沒有美國及盟友政府的支持，我們的企業很可能在未來十年失去這場全球市場爭奪戰。此外，如果美國無法在自己的半球區域打破中國的技術堆疊，透過破壞或摧毀這些和其他中國企業的全球影響力，那麼想在二〇三〇年代對抗一帶一路的地緣戰略包圍將更加困難。

美國和其他盟友必須專注於貿易使命、取代中國技術，以及建立供應鏈，將拉丁美洲主要國家拉到我們這一邊。巴西、阿根廷和智利，以及我們的軍事合作夥伴哥倫比亞，應該都是美國外交和經濟往來的重點。此外，限制北京在加勒比海地區的影響力應該是安全方面的優先事項，同時也要預先阻止南半球可能的軍事協議。

重要大國：印度和俄羅斯

如果我們能夠完成這項艱鉅的任務，即平衡並削弱中國在非洲、拉丁美洲和印太地區次區域的影響力，權力平衡將有利於我們這一方。然而，還有一個關鍵因素：除了中國和美國，世界上另外有兩個重要大國。雖然歐洲和亞洲可以藉由聯盟體系向美國靠攏，但印度和俄羅斯卻能以堅定且不可逆轉的方式讓世界外交和軍事平衡不利於北京。

重建世界秩序並沒有完美的順序。世界上每個新興地區都會成為外交和經濟戰場，然而，如果美國能夠團結歐洲和亞洲陣營並鞏固聯盟體系，在印太、非洲和拉丁美洲這些關鍵的新興地區贏得參與和影響力之戰，並讓重要大國印度、甚至俄羅斯加入我們陣營，那麼北京將面臨一個強烈抵抗自己戰略目標的世界。

印度有充分的理由與美國和歐亞盟友站在同一陣線。在印度獨立初期的冷戰期間，印度首任總理賈瓦哈拉爾．尼赫魯（Jawaharlal Nehru）曾表示：「我們希望與西方為友，與東方為友，與所有人為友。」由此可見他將印度視為「東西方交匯點」的最初願景。[44] 甘地的獨立使命和尼赫魯的不結盟使命，定義了印度在二戰後前二十年的外交關係。然而，獨立後不久，儘管印度於一九五〇年代試圖與新成立的中華人民共和國建立世界領先的情誼，但兩國關係還是破裂，最後於一九六二年爆發中印邊境戰爭。邊境戰爭對印度而言是一次慘敗，也是一次羞辱，不僅打擊到一個選擇限制其軍事力量的國家，也打擊到其認為不結盟政策能夠在亂世中創造安全的信念。十年後，印度與蘇聯簽署友好合作條約，建立了深厚的軍事和外交關係，同時，因為遵循社會主義而非資本主義的經濟模式，也錯失了幾十年的經濟潛力。最後還促成了至今仍然重要的俄印關係。

自獨立以來，印度的世界觀發生了翻天覆地的變化，但這些基礎仍然是理解印度長期發展軌跡的關鍵。印度的戰略自主性，源自其最初的不結盟政策，即使周圍世界發生變化，戰略自主性仍然是印度外交政策取向的重要支柱。如今，印度已成為印太安全的關鍵樞紐，與美國、日本、澳洲，以及包括越南和印尼在內的東南亞國家建立起穩固的軍事關係。印度的地理位置，如同一把橫亙於中國最重要海上交通線的利劍，從波斯灣延伸至中國本土，使得北京當局對此感到焦慮。地理位置是印度的最大優勢之一。在冷戰期間，兩個超級大國都曾極力拉攏印度，而在二十一世紀，印度對美國的戰略和成功依然不可或缺。

從小布希到歐巴馬，從川普到拜登，二十一世紀的每一位總統都理解印度對美國未來的重要性。事實上，甚至我們早期的冷戰總統艾森豪和甘迺迪都對這個國家充滿興趣，並希望進行深入的外交往來，這個希望並未在他們的有生之年實現。正如甘迺迪在一九五〇年代擔任參議員時所說，這是一場「爭奪東方經濟和政治領導地位、贏得全亞洲尊重的競賽……。我們希望印度贏得與中國的這場競賽」。[45]

正如印度領導人和美國領導人所理解的那樣，印度對亞洲的命運無比重要。如今，美印關係已成為在亞洲對華戰略平衡的基礎，再加上與澳洲和日本所組成的四方安全對話，我們能夠展現強大的軍事和地緣政治力量。重要的是，應充分發揮印度作為美國經濟夥伴和本身是重要大國的潛力。例如，「五千億任務」（Mission 500）是一項華府討論已久的倡議，旨在將美印雙邊貿易從二〇二〇年代初的約一千五百億美元增加到五千億美元或更多。這應該成為美國在該地區經濟外交的絕對優先事項，使堅固的美印經濟夥伴關係成為亞洲的新經濟重心，取代中國。[46] 印度具有形成新供應鏈和製造中心的潛力，加上與美國的長期戰略一致，對於希望在美中全球競爭下生存的所有跨國企業來說，印度的意義非凡。那些二〇二〇年代優先考慮中國的企業，可能到二〇三〇年代不再存在，而那些優先考慮印度的企業將會慶幸自己當初的選擇。四方對話領導人已經開始討論共同建設新供應鏈的重要性；新冠肺炎疫情促成四方對話成員之間在疫苗創新和生產方面的合作；在全球資訊科技產業和服務供應鏈中，印度的地位已經確立；印度政府提出的基礎設施和製造業倡議，值得美國政府和民主世界的全力支持。

現實是：為了在我們的威權對手面前獲得決定性優勢，全球的民主國家將會需要印度的參與。民主國家共同組成了龐大的經濟共同體，擁有技術先進的軍事力量，以及遠遠超過威權對手的創新基礎。然而，考慮到中國試圖整合世界上的開發中區域，並組織反美聯盟對抗美國及其聯盟體系，我們在沒有另一個重要大國加入的情況下，缺乏獲得決定性優勢的明確途徑。而印度就是那個重要大國。由於印度擁有超過十億的人口規模，並且具有經濟和軍事潛力，自由世界的命運可能取決於它的選擇：印度會加入美國和我們盟友的行列，還是會冒險走上新不結盟的危險道路，與俄羅斯保持密切關係？這取決於美國和我們的盟友能夠在多大程度上支持這個國家，也取決於印度能否超越其外交歷史，全面傾向於世界的民主國家。自一九六二年邊境戰爭以來，中國一直是印度的兩個主要對手（另一個是巴基斯坦）之一，這場戰爭動搖了印度的世界觀，促使印度走上軍事強國之路。印度也是中國在二十一世紀第一個使用致命軍事力量攻擊的國家，二〇二〇年夏天，中國在有爭議的喜馬拉雅邊境殺害了印度士兵。[47] 美印之間已經建立廣泛的軍事合作，為可能成為二十一世紀最重要的夥伴關係奠定基礎。美印一年一度的海上聯合軍演「馬拉巴爾」（Malabar），現已擴大到包括美國的盟友澳洲和日本。美印軍事關係現在包括幾項基礎協議：《後勤交流備忘錄協定》（Logistics Exchange Memorandum of Agreement）、《通訊相容與安全協定》（Communications, Compatibility and Security Agreement）和《工業安全協議》（Industrial Security Agreement）。近年來，美國對印度的國防銷售穩定成長，並在二〇一六年將印度指定為主要國防夥伴（Major Defense Partner）。[48]此外，隨著巴基斯坦逐漸淪為中國首個不光彩的實質附庸國，印度在全球權力結構中的定位，以及**應該選擇**結盟的陣營，已經相當明確。美國和印度——世界上歷史悠久的民主國家和世界上人口最多的民主國家——自然成為對抗中國共產黨及其全球野心的最佳組合。二十一世紀的地緣政治可能取決於成功的美印夥伴關係，但前提是印度必須選擇美國和自由世界，而不是莫斯科和所謂「多極世界」的誘惑。

對於美國的全球外交視野來說，還有一個重要的因素需要考量，那就是世界上另一個舉足輕重的大國——俄羅斯。

自從二〇二二年普丁入侵烏克蘭以來，這位曾被許多人認為精明戰略家的領袖，為俄羅斯創造了一個近八百年歷史中前所未有的地緣政治未來。自從十三世紀蒙古帝國征服俄羅斯，並導致俄羅斯經歷長達二百年的外族統治以來，俄羅斯首次面臨淪為附庸國的未來——而這次是臣服於中華人民共和國。連拿破崙和納粹德國都無法征服俄羅斯。儘管他們的軍隊征服了大半個歐洲，但最後分別於十九世紀和二十世紀進軍莫斯科時，仍然被俄羅斯人民的頑強抵抗和俄羅斯的嚴寒所摧毀。然而，由於普丁入侵烏克蘭，而烏克蘭人民堅韌反抗，普丁為俄羅斯帶來了拿破崙和希特勒都辦不到的未來：淪為另一個大國的附庸。

俄羅斯與中國的友好關係可以追溯到二十年前，二〇〇一年成立的上海合作組織。這個組織的成立標誌著與冷戰後期劍拔弩張的中蘇緊張關係不同，該組織的憲章強調「（我們）人民之間歷史上建立的聯繫」、目標是「進一步加強全面合作」，以及日益「政治多極化」的國際環境。雖然這個組織的宗旨仍有爭議，但自從俄羅斯和中國政府，以及幾個前蘇聯國家在北京設立這個新國際組織的總部，俄中友好關係在這二十年間蓬勃發展。[49]

在二〇〇〇年代初期，兩國的夥伴關係相對平等，如今卻演變成中國擁有壓倒性優勢的局面，原因不僅是中國的經濟規模龐大，還有因為普丁破壞了俄羅斯與歐美的關係。即使在入侵烏克蘭之前，二〇二〇年代開始時，俄羅斯已成為美國的重要對手之一，這個敵對國家干涉美國內政、利用並煽動我們的國家分裂、違反國際法奪取其所在地區的領土，並對美國國家基礎設施進行大量網絡攻擊。入侵烏克蘭使俄羅斯與西方世界的關係徹底破裂。西方企業和資本的撤離、大規模制裁俄羅斯銀行和企業、北約重新燃起的使命感，以及俄羅斯軍隊在烏克蘭戰場上的嚴重損失和挫敗，這些都使俄羅斯的地位比入侵前更加脆弱。

俄中關係在冷戰時期一度破裂了，也因此許多分析人士和評論家並未重視兩國的合作，卻在俄羅斯入侵烏克蘭之前，兩國關係攀升到新高度。如今，這段關係被稱為「新時代全面戰略協作夥伴關係」，習近平和普丁在北京冬季奧運會開幕當天公布了一份重要的願景文件，詳述說明他們「沒有止境」的夥伴關係，強調「合作沒有『禁區』」。[50]俄中關係在複雜性和精密度上不斷擴展，包括穩健的能源貿易、頻繁的軍事演習、在俄羅斯基礎設施中應用中國技術和工程能力、聯合太空合作協議，以及眾多技術、情報和軍事交流。[51]普丁在文章和演講中明確表達他對於歷史的另類看法，包括二戰前夕被其他歐洲強權「背叛」，並認為烏克蘭是俄羅斯必須奪回的地方。[52]在這種修正主義的世界觀中，他與軍國主義者習近平完美契合，習近平也向世界宣告了中共的擴張目標。這兩位獨裁者明確表示，他們將在歐洲和亞洲挑戰美國，就像他們的前任領導人史達林和毛澤東在韓戰前中蘇同盟時期所做的那樣。

在二〇二二年俄羅斯入侵烏克蘭之前發表的〈俄羅斯聯邦和中華人民共和國聯合聲明〉（Joint Statement of the Russian Federation and the People's Republic of China）中，雙方明確表達了對彼此在歐洲和亞洲地緣政治目標的支持。關於中共對臺灣的野心，俄羅斯承諾：「俄方重申格守一個中國原則，承認臺灣是中國領土不可分割的一部分，反對任何形式的『臺獨』。俄中反對外部勢力破壞兩國共同周邊地區的安全與穩定，反對外部勢力以任何藉口干涉主權國家內政，反對『顏色革命』，將加強在上述領域的協作。」[53]關於北約和歐洲，中國承諾支持俄羅斯的地緣政治立場，而俄羅斯也承諾支持中國對印太地區的看法：

> 雙方反對北約繼續擴張，呼籲北約摒棄冷戰時期意識型態，尊重他國主權、安全、利益及文明多樣性、歷史文化多樣性，客觀公正看待他國和平發展。雙方反對在亞太地區構建封閉的結盟體系、製造陣營對立，高度警惕美國推行的「印太戰略」對本地區和平穩定造成的消極影響。[54]

簡言之，俄羅斯和中國在地緣政治方面的立場，從未像現在這樣高度一致，這是由於他們共同對抗美國和美國建立的世界秩序所致。即使是先前的中蘇聯盟也無法完全展現當前俄中聯盟的深度，因為在那段合作期間，兩個共產主義大國之間很快就出現無法協調的分歧。要了解穩定的俄中關係所帶來的意義，我們必須進一步追溯俄羅斯與中國的歷史。

一六〇〇年代，俄中兩國在黑龍江流域首次接觸。隨著俄羅斯商人向東擴展，清朝軍隊向西擴展，針對如今不復存在的草原民族——蒙古族準噶爾部進行大規模種族滅絕，最終簽訂兩項條約，奠定了雙方的關係。歷史學家濮德培（Peter Perdue）指出：「俄羅斯人對疆界擴張持務實態度：他們進入西伯利亞不是為了榮耀，而是為了利益。領土和帝國榮譽排在毛皮貿易之後。清朝則在儀式禮節上做出妥協，以確保俄羅斯在即將與準噶爾部的衝突中保持中立。」[55]

如濮德培的立場所示，需要考慮到蒙古族準噶爾部是清朝和俄羅斯關係中的隱藏力量，俄中關係在他們的犧牲下相對順利和協調。俄羅斯對貿易的渴望始終不變，蒙古族準噶爾部則是促使清朝需要與俄羅斯建立安全聯盟的關鍵因素。若沒有這個最終在帝國和平陰影下被屠殺的第三方，兩個帝國之間的關係會有多麼不同？對於兩個朝其他方向擴張的帝國來說，穩定邊界的價值似乎是不可忽視的。[56] 現今的俄羅斯和中國，如同前現代時期的清朝和沙皇時期一樣，還有一九五〇年代的史達林和毛澤東，他們決定共同對抗美國，不是因為彼此信任，而是因為穩定的關係讓他們能在各自戰線上推進。在新德里，一位印度外交官對我說過：「中國能向海洋擴展的唯一原因，是他們解決了與俄羅斯的關係。」

普丁入侵烏克蘭在中國社群平臺上廣受歡迎，加上中共從 Twitter 到《紐約時報》等各種形式的全球媒體傳播俄羅斯的論點和外交支持，這些都是俄中「新時代全面戰略協作夥伴關係」的日常現實。[57] 如果對這種聯盟的深度有任何懷疑，不妨看看二〇二二年五月，當美國、印度、日本和澳洲領導人在東京討論區域安全時，俄羅斯和中國的可攜核武轟炸機聯合飛越日本海。[58] 在俄羅斯對烏克蘭發動戰爭期間，俄羅斯和中國的轟炸機進行聯合演習，無疑是這種合作最清晰的寫照。在過去十年中，俄中軍事演習蓬勃發展，即使普丁在歐洲發動戰爭，海陸空演習仍持續進行。二〇二二年八月和九月，俄羅斯和中國在俄羅斯遠東地區進行了一年一度的東方軍事演習（Vostok exercises），據中國國防部的說法，這些演習旨在「提升參演各方的戰略協作水平」。[59]

對於美國來說，必須破壞這種夥伴關係並奠定第二次俄中分裂的基礎成為戰略重點，就像當初改變冷戰世界格局的中蘇分裂一樣。如果美國允許俄中聯盟關係發展壯大，我們可能會面臨橫跨歐亞的軍事聯盟，而且如果難堪的俄羅斯協助中國入侵臺灣，或在與美國盟友發生直接衝突時幫助中國，我們可能會面臨危險的後果。儘管當前俄中關係在軍事、經濟、甚至意識型態方面日益加深，但這種關係建立在不穩固的基礎上。最重要的是，就像現代版的《德蘇互不侵犯條約》（Molotov-Ribbentrop Pact）（希特勒在進攻蘇聯之前，史達林和納粹建立了虛假的聯盟），獨裁政權之間的關係基本上並不穩定。今日的俄羅斯和中國之所以團結起來，是因為他們對美國和民主國家主導的世界秩序抱持共同的敵意，並願意挑戰和試探美國力量的極限。我們必須注意到，俄中合作的地緣政治後果可追溯自二〇一〇年代，當時俄羅斯吞併了克里米亞（二〇一四年），而中國開始在南海建設軍事島嶼。他們與過往的毛澤東和史達林一樣，都在試探美國力量的邊界。只要美國和盟友的外交以正確的方式處理問題，俄中關係將難以長期維持。中國與蘇聯共存的能力如此失敗，以至於兩國很快成為主要敵人，經歷了多年的競爭和意識型態對立，甚至在一九六九年爆發一場短暫卻激烈的邊界戰爭，打開了美國與中國建立關係的道路。[60]俄中關係歷史悠久，我們很可能再次看到動盪時期。美國與盟友必須盡我們所能，防止這個夥伴關係在經濟和軍事領域進一步融合。

隨著二〇二二年俄羅斯入侵烏克蘭後，上萬名俄羅斯人逃往歐洲，這提醒我們，俄羅斯還有另一面是不信任普丁主義及其對這個國家的終極走向。[61]即使在入侵烏克蘭之前，美俄關係崩潰的責任就落在俄羅斯現任領導層的肩上，大多數人認為，他們的動機是長期以來想透過與西方對抗，使俄羅斯重返大國地位。正如中央情報局傳奇人物傑克・戴文（Jack Devine）在《間諜大師的視角：對抗俄羅斯侵略》（*Spymaster's Prism: The Fight Against Russian Aggression*）中所寫：

> 一九九〇年，普丁（從駐德國KGB特工的崗位上）返回俄羅斯，當時蘇聯體制已經瓦解，對他來說更重要的是，俄羅斯偉大的象徵已經崩塌。他經常公開表示，蘇聯解體和隨之而來的權力喪失是他這一代人最大的悲劇。普丁的主要動力是在冷戰結束的羞辱和混亂之後，恢復「祖國俄羅斯」（Mother Russia）形象。[62]

普丁主義的俄羅斯甚至可能懷有一種必勝願景，認為蘇聯發生的事情也會發生在美國身上。前KGB特工分析師伊戈爾・帕納林（Igor Panarin）在一九九八年發布了一張地圖，預測美國將分裂為四個區域，分別是「加利福尼亞共和國」、「中北美共和國」、「大西洋美洲」和「德克薩斯共和國」。[63]這讓人想起菲利普・狄克（Philip K. Dick）的另類歷史經典《高堡奇人》（*The Man in the High Castle*）有一段描述，夏威夷「將歸屬於日本或中國」，阿拉斯加「將歸屬於俄羅斯」，西岸「將成為中國的一部分或受到中國影響」，大西洋沿岸「可能加入歐盟」。[64]沒錯，或許聽起來天馬行空，但考量到俄羅斯試圖在美國和歐洲製造分裂和混亂的策略，而其在北京的夥伴則試圖透過經濟和軍事的「一帶一路」來包圍美國，該計畫涵蓋歐洲、非洲、亞洲、拉丁美洲、北極、甚至延伸至海洋和太空，我們可以想見，如果俄中兩國聯合實現其最瘋狂的野心，地緣政治災難將變成什麼模樣：遭到包圍、扼殺與摧毀的美國，或許苟延殘喘片刻，隨後兩個獨裁政權轉而相互攻擊。

美國外交官和戰略家需要打擊並擊敗普丁主義的侵略，同時與數以萬計，甚至有人說是數十萬，定居歐洲各地的流亡者交流，並從中吸取經驗。逃離普丁主義和情勢日益惡化的那些人，也許有一天會提供俄羅斯另一條道路。[65]俄羅斯正逐漸成為中國極權統治的初級合作夥伴，而中國經濟規模是俄羅斯的十倍以上，最後俄羅斯的命運可能取決於他們是否轉向與西方合作。

儘管這種情況在未來十年內似乎不太可能發生，但應該作為美國和盟友的戰略長期目標。如果能夠讓後普丁時代的俄羅斯遠離中國，那麼我們與中華人民共和國的競爭就更有可能取得勝利。即使未來幾十年，美國可能永遠無法真正信任俄羅斯，俄羅斯人民也不應該將自己的未來完全託付給中共。在二十一世紀打破俄中聯盟，奠定俄中兩國第二次分裂的基礎，可能是未來幾十年幾個重要地緣政治的目標之一。二〇一一年，俄羅斯與西方關係徹底決裂之前，俄羅斯有位著名的中國問題專家在牛津對我說：「中國人告訴我們要提防美國和北約，美國告訴我們要提防中國。俄羅斯則是對他們說：你們可以提供我什麼？」

早在二〇二二年入侵烏克蘭之前，普丁的行動就已經排除俄羅斯成為一個中立、只追求自身利益之國家角色的可能性。烏克蘭戰場的挫敗，加上強大、持續不斷的經濟制裁——不僅制裁俄羅斯實體，也制裁正在鞏固俄中經濟關係的中國企業，可能改變俄羅斯未來走向，以及俄羅斯在我們與中國競爭過程中的潛在角色。針對中國企業制定一套盟國合作的經濟打擊計畫，因為這些企業正是俄中經濟融合的基礎，有助於防止這段關係發展到我們無法掌控的地步。除了「經濟競技場」中列出的科技和電信公司之外，在南海建造軍事島嶼的中國交通建設公司正計劃在俄羅斯進行新的基礎設施項目，如中國農業銀行、中國建設銀行、中國五礦集團公司、中國移動、中國石油天然氣集團公司、中國鐵道建築集團公司、中國鐵路工程集團公司、中國建築集團公司、興業銀行、中國電力建設集團公司、三一重工、上海汽車集團、上海復星醫藥和中興通訊這些公司，仍在俄羅斯繼續「照常營業」，如果我們不採取行動，美國的兩大對手之間就會建立起深厚、可能會是永久的聯繫關係。[66]

圍堵中國：二十一世紀的轉折點

重建世界將是自第二次世界大戰以來最大的任務。這需要巨大的想像力、靈活和紀律，而我們必須完成這項任務。我們必須建立一個以民主制度為基礎的世界，讓新興地區可以自由決定自己的命運，並與盟國經濟體系日益融合，打破威權國家的聯盟，使其不再聯合對抗結盟世界。最後，這個新世界必須為圍堵極權中國奠定基礎，將其困在民主的長城之後，被自由國家的進步所拋棄。[67]

老一輩中國人明白，他們的統治者因為野心勃勃的計畫帶來了悲劇和毀滅。許多現今在世的中國人經歷過文化大革命。有些人經歷韓戰、大躍進、毛澤東清洗運動、邊境戰爭和外交孤立，甚至是天安門廣場的大屠殺。這些記憶猶存，我們必須在中國以外的地方保存這些記憶，因為中國獨裁者正將他們的歷史改寫成充滿光輝的榮耀故事。決定中國政治命運的任務，不是美國的責任，而是屬於中國人民自己的責任。然而，我們必須與世界各地的盟友和夥伴一起，確保中國的野心不會決定世界的命運，也不會決定美國的命運。封閉的共產中國生活在自己創造的世界中，最終將自行決定其命運，但不得不在孤立的狀態自行決定。我們的外交人員有責任提醒中國，正是美國——我們的制度、資本、技術、市場、建立的世界秩序，最重要的是往來策略——帶給了中國經濟繁榮，結束了中國近代史上的貧困與絕望。然而，首先我們必須重建世界。

第三篇

軍事競技場

PART THRE

THE MILITARY ARENA

「意識到我們在島上的家園已經不再安全，這種感覺既令人震驚又充滿恐懼。」

——邱吉爾，一九三四年

美國成功的整體戰略取決於成功的防禦戰略，因為整體計畫需要在經濟圍堵和競爭方面擁有無限的操作空間。要限制並削弱對手的經濟，必須有足夠的軍事實力作為後盾，以阻止對手發動戰爭。中國挑戰的核心在於：隨著中國崛起，他們使用壓倒性軍事力量的可能性也在增加。但不只如此，面臨崩潰或重大內部動盪的中國共產黨可能會利用軍事手段，來製造國內團結或滿足其多年來激起的民族情緒。美國的經濟戰略不應該以中國內部崩潰為目標，而是應該凍結其經濟攀升趨勢，並透過外交手段逆轉中國在全球主要地區的影響力。同樣，美國軍事實力必須夠強大，以制止具有軍事野心且歷史上頻繁動用武力的中共。美國整體戰略精髓在於，取得經濟競技場的決定性勝利，同時阻止中共發動戰爭。中國的軍事投資——將經濟實力轉化為軍事力量——已經大幅改變了亞洲的軍事平衡。中國與俄羅斯，以及其他流氓國家的合作，也重新調整全球軍事力量的平衡。美國與盟友必須因應這些變化，並將經濟領域的成果轉變為軍事優勢，至少是對抗中國及其夥伴國家的軍事優勢。聯盟體系的財富和創新潛力是建立軍事優勢的一條途徑。另一條途徑則是重建美國的創新工業基礎，這部分在「經濟競技場」那一篇已初步探討過。我們將進一步分析這些途徑，以及某些關鍵地理區域和軍事領域。

在此必須說明，本書目的是為美國提供一個與中國在全球競爭中的**和平時期**策略，並非**戰爭時期**策略。這個策略的經濟、外交和軍事層面旨在如邱吉爾所言，「以優勢實現和平」（peace through preponderance），或者如雷根所說，「以力量實現和平」（peace through strength）。這個理念雖然與治國之道一樣古老，卻符合美國傳統。喬治・華盛頓（George Washington）在他的第一次就職演說中表示：「備戰是維繫和平最有效的方法之一。」[1]在美國歷史上，民主黨和共和黨共同延續了這一傳統。甘迺迪在冷戰時期明確表示：「我們備戰，是為了阻止戰爭……。我們比較與蘇聯的軍事實力，不是為了決定我們是否使用軍力，而是為了確定我們能不能說服他們使用軍力將是徒勞無功且是災難，以及確保我們能不能兌現我們在柏林、福爾摩沙（臺灣）和世界各地的承諾……我們軍事政策的目標是和平，而非戰爭。」[2]

儘管有人可能質疑，但美國的傳統不僅是「以力量實現和平」，也強調**和平本身**。即使面臨明顯的危險，我們國家通常也不會率先發動攻擊。這個戰略不是為了摧毀對手，而是要捍衛我們的世界、我們的生活方式和我們的理想。無論是友善的朋友還是可怕的敵人，美國對待中華人民共和國的態度是我們近代歷史上最明顯的慷慨例子；讓一個懷有危險意圖的地方變得富裕並與之往來，希望這種接觸能夠轉變為友誼，而不是產生一個危險的挑戰者。我們原本希望透過往來，能使這個全球史上致命和危險的政權之一成為「負責任的利益攸關方」。但我們受騙上當了，誤信這些危險意圖，而今別無選擇，只能改變我們對這個競爭對手的策略。所以我們必須建立最好的防禦措施——並準備好捍衛我們的世界和我們的生活方式——來對抗中華人民共和國。

我們必須記住，中共的全球大戰略包含深遠的軍事層面。考量到中共的建黨理念是暴力，以及史上最著名的大屠殺者之一毛澤東的影響，對於現正進行的種族滅絕、全面軍事建設，以及經常對大小鄰國不斷釋出的暴力威脅，我們不應感到驚訝。我們也應該記得，美國在中華人民共和國成立初期就是中共眼中的原始敵人。儘管美國與中國已往來一段時間，中國領導人仍然這樣看待我們。在一九四九年中華人民共和國成立後不久，中共在一九五〇年爆發的韓戰中與美國交戰。中共官員明確表示，他們預期未來還會打其他的戰爭。[3]在未來幾年裡，美中衝突的可能性對美國來說是不受歡迎的意外，但也實現了中共最初的期望。美國的任務是要限制中國的軍事侵略——我們不能低估北京當局使用武力的意願和渴望。韓戰，特別是最血腥的抗美援朝戰役，成為二〇二〇年代初期中國的大眾宣傳題材，習近平以這個事件和其他事件為主的演講提醒我們，中共正在為可能與美國的衝突做準備。[4]韓戰不僅給了如今的中共一個受歡迎的反美口號，也強化了中共對美國的原始敵意。

毛澤東曾經設想要「把美國趕出」西太平洋，他是這樣看待援朝政策：「如美帝（在北韓）得勝，就會得意，就會威脅我；對朝鮮不能不幫，必須幫助，用志願軍的形式，時機當然還要適當選擇，我們不能不有所準備。」[5]歷史學家蓋迪斯（John Lewis Gaddis）這樣說：

（毛澤東）堅信，美國包括原子彈在內的技術優勢，與他自己龐大的人力儲備相比，甚至與中國人民堅定不移的**意志和決心**相比，幾乎微不足道。因此，意外爆發的韓戰成了一個挑戰和機會。一九五一年三月，毛澤東與高采烈向史達林保證：「我們在幾年內消耗掉幾十萬美國人的性命之後，美國將不得不撤退，朝鮮問題將獲得解決。」或者，正如他後來所說的：「他們的人口比我們少得多。」[6]

中共黨史記載，中國在這場戰爭中打敗了美國。韓戰在今日中國的反美宣傳中重新獲得重視，這並不令人驚訝，因為中共努力告訴其人民，中國已經準備好「打贏戰爭」和「打贏浴血奮戰」。言下之意是，就像中華人民共和國初期一樣，美國是可以被打敗的對手。鑒於共產黨在習近平的領導下回到中華人民共和國成立初期的對立和詆毀，美國必須做好準備，不僅要應對中國可能在領土爭端上動用武力，也要防範中國可能使用武力來實現其在亞洲和亞洲以外地區超越並壓倒美國的初衷。鑒於中共的歷史、野心和意識型態，如果中國在經濟和軍事上變得更強，中共運用軍事力量的可能性就更大，這就是為什麼經濟圍堵和透過力量實現和平是美國和盟友的必要道路。

美國必須改正過去領導人在與中國往來的時代所留下的災難性軍事失衡，重建我們的力量可能不會一蹴可幾，但這項工作刻不容緩。克里斯蒂安・布羅斯（Christian Brose）在他的著作《殺戮鏈：在高科技戰爭的未來保衛美國》（*The Kill Chain: Defending America in the Future of High-Tech Warfare*）中，描述他在二〇一〇年代某次與參議員約翰・馬侃（John McCain）的對話：

> 戰爭開始時，許多美國戰艦、潛艇、戰鬥機、轟炸機、額外彈藥和其他作戰所需的系統並不會在戰場附近，而是在數千英里以外的美國。一旦展開數週的全球軍力部署行動，就會立即遭到攻擊。網路攻擊會造成美國軍隊的後勤運輸陷入癱瘓。運送大部分的軍隊和裝備到太平洋而毫無防禦能力的貨船和飛機，每一步都將受到攻擊。美軍情報、通訊和全球定位所依賴的衛星，將因雷射而無法運作、因高功率干擾器而停擺或被反衛星飛彈摧毀。管理美軍作戰大量關鍵資訊的指揮和控制網絡將受到電子攻擊、網路攻擊和飛彈摧毀。許多美軍就會變得又聾又啞又盲。

布羅斯繼續解釋，美國在日本和關島的基地「會被大量精確的彈道飛彈和巡航飛彈覆蓋」，防禦系統「被大量的武器迅速壓垮」。中國的極音速飛彈會突破我們的防禦，「在發射後幾分鐘內」擊中我們的基地。這種高科技的閃電戰會穿透美國的防禦系統，摧毀我們在西太平洋的陣地：「他們將炸毀跑道、指揮中心和燃料儲存設施，導致美國的前線行動基地無法運作。如果飛機僥倖逃過中國的飛彈攻擊，就會被迫轉移到區域內的其他基地，然後這些基地也會接連遭受攻擊。美國的行動看起來像是撤離。」同時，我們的海軍力量會遭受驚人的攻擊：「中國的衛星和雷達會追蹤那些（在戰區的）航空母艦以及跨太平洋遠道而來提供後援的艦隊……。那些艦隊會面臨大規模中國飛彈的襲擊……，在美國國防界稱為『航母殺手』（carrier killers）的飛彈攻擊。」同樣，我們的航空母艦和艦艇面對這些精準導引的飛彈攻擊沒有還手餘地，這些飛彈會摧毀飛行甲板、控制塔和飛機。最終，如果直接擊中我們的航空母艦，結果「可能很致命，將五千名美軍和一艘價值一百三十億美元的船送到海底，而中國只需花費每枚約一千萬美元的飛彈」。[7]

在檢視可能發生的災難性失敗時，馬侃的話啟發了我們所有人：「美國的後代子孫將回顧我們……他們會問，我們怎麼會讓這種事情發生，為什麼我們不在有機會的時候採取更多措施。」[8]

如果不做好準備，我們將面臨布羅斯和馬侃所想像的局面，美國在太平洋地區的陣地和軍力遭到嚴重打擊。我們還必須回顧中共的歷史，提醒自己這個組織對大大小小的國家動用軍力。此外，北京當局已經證明，他們對勝利的定義與我們的不同。例如，一九五〇年到一九五三年的韓戰和一九七九年的中越戰爭，在中國的敘述下是勝利，而外界多半認為付出代價高昂，結果兩敗俱傷或陷入僵局。最後，美國和盟友必須明白，中國軍隊以及其在亞洲和亞洲以外地區實現軍事優勢的目標，不單是為了追求在亞洲的領土野心——儘管可能基於這個目的。中國軍隊是為了推廣中共的長期大戰略和意識型態願景——以中國為中心的新世界體系，以及實際終結美國主導的世界。中國軍隊旨在確保中國的崛起，實現「民族復興」的意識型態承諾——中國將從「百年國恥」重建力量，到二〇四九年實現中共的霸主願景。基於這些原因，習近平使用暴力和軍國主義力量的修辭。在中華人民共和國成立時，毛澤東宣布：「中國人民站起來了」，並說：「我們的國防將獲得鞏固，不允許任何帝國主義者再來侵略我們的國土。」[9]

習近平援引中華人民共和國的建國原則，在中國共產黨成立一百周年之際宣布：「中國人民絕不允許任何外來勢力欺負、壓迫、奴役我們，誰妄想這樣幹，必將在十四億多中國人民用血肉築成的鋼鐵長城面前碰得頭破血流！」[10]這些並非空洞的話語，而是中共以暴力實現復興的意識型態核心。在一九六二年中印邊境戰爭前夕，毛澤東的外交官對印度外交官說：「無論如何，解放後的新中國不能再次被推回到舊中國的苦難境地。」[11]習近平向世界宣揚他的口號，

「準備浴血奮戰」，或用他對美國前國防部長吉姆．馬提斯（Jim Mattis）說的話：「老祖宗留下來的領土一寸也不能丟。」[12] 北京對戰爭的算計與我們不同，因為那些算計深植於「新中國」和「民族復興」的理念。臺灣或南海的衝突爆發，可能不是為了奪取領土，而是為了向美國和盟友表明，中國不僅願意使用武力奪取領土，也願意展現意識型態的決心。

美國和盟友該如何處理這個問題？我們並未選擇這個對手。儘管面臨危險，我們選擇與中國往來，並使其富裕。我們並未選擇激發中國特別病態的野心。然而，處理這個世界挑戰的任務落在我們身上。

美國在後冷戰時代的戰略偏離目標，使得敵對外國勢力透過經濟往來而崛起，又沒有為衝突做好準備。所以當務之急是解決軍事平衡遭破壞以及該問題的根本原因，即中國的經濟崛起。美國必須開始對中國進行經濟圍堵，同時重新投資於可以在太平洋地區維持嚇阻的軍事力量，並重新聚焦我們的作戰指揮和聯盟體系，建立一個全球力量結構，以便威嚇或阻止中國和俄羅斯在各大洲揮舞的破壞性力量。透過美國團結自由世界，在世界新興經濟體中擊退中國，北京當局的經濟機動空間將大幅縮減，最終達到單靠中國無法改變整個世界經濟的程度。當這一目標達成時——在經濟競技場、外交競技場以及透過嚇阻在軍事競技場上取得勝利——美國和世界的民主國家將重新占據上風。共產主義中國將成為另一個失敗的挑戰者，一如納粹德國、日本帝國或是蘇聯。無論我們能不能以遠見和戰略智慧維護和平，還是北京選擇在未來十年使用暴力實現其目標，美國都必須做好準備，在經濟上圍堵這個挑戰者，並維持長期的軍事嚇阻，以便歷史發揮其應有的作用：在追求進步的道路上，自動淘汰跟不上的對手。

許多美國人雖然深知二戰和冷戰時代後的大國和平秩序是在美國領導下建立的，但對於他們來說，現代世界爆發大國戰爭的可能性似乎很遙遠，就像那些沒有看過一九三〇年代邪惡勢力崛起的人一樣。普丁入侵烏克蘭開始喚醒世人，意識到這些征服領土和復興衰落帝國的獨裁政權的危險性。入侵烏克蘭在世界各地引起的迴響，遠超過中共對香港的吞噬。然而，獨裁政權經常藉由合作來實現在世界各地的更大野心。這些獨裁政權的野心不僅體現在民族國家或曾經自由的城市，而且還在尋求對世界權力結構的深遠變革。我們必須超越這些地方，隨時準備挫敗他們的預謀。在重建的過程中，我們的目標不是帶來戰爭，而是透過「優勢」實現和平——「以力量實現和平」。正如邱吉爾懇求這個懶散的國家做好**準備**、**準備**、**準備**，他說：「你們將看到，唯一的選擇是我們的祖先不得不面對的嚴酷選擇，即我們是要選擇屈服，或是做好準備。」正如小羅斯福（Franklin Delano Roosevelt）對孤立主義者和其他選擇忽視那個時代日益嚴重的危險的人所解釋的：「那些相信我們可以生活在孤立主義幻覺下的美國人，希望美國老鷹仿效鴕鳥的策略。」[13]我們必須準備捍衛我們的世界。

軍事地理：中國從區域到全球強權的崛起之路

中國領導人正努力改變世界地理格局，以獲取優勢。美國在其歷史上一直享有島嶼大陸（island continent）的優勢，與歐洲、非洲、亞洲戰爭和事件相隔甚遠，中國則處於複雜的國家和地理挑戰網絡中心。對於中國這樣不安全的國家，安全感來自地理上的征服和威脅。最重要的是，中國既不是，也無法真正成為一個自給自足的國家。儘管中國領導層致力於推動科技和工業目標，中國仍依賴外界來養活自己、提供能源並購買外界製造商品。中國正在建立一支旨在「保護其海外利益」的軍隊，隨著這些「海外利益」的擴大，中國軍隊肩負起新的任務，透過與世界經濟的融合來確保貿易和資源獲取體系的安全。正如我們所見，中國是一個具有全球經濟和政治利益的全球超級大國。雖然許多人對中國的區域野心感到擔憂，但我們必須放眼更大的格局，了解中國目前和未來的全球影響力。讓我們來看看中國的區域情況。

美國的地理位置落在兩個友好鄰國之間，不過中國的邊界卻由南亞、東南亞、東亞和中亞等複雜的次區域組成。大多數中國人口集中在「內陸」，周圍被幾個地理特徵惡劣的地形所包圍：青藏高原、新疆和蒙古的沙漠，以及西太平洋的島鏈。雖然中國的軍事歷史多半是利用這些地形來保護其內陸，然而，現今更具擴張性且與全球經濟更緊密聯繫的中國，試圖將這些地形作為更廣泛的全球軍事擴展平臺。一九四〇年代，蔣介石曾指出中國區域軍事地理中的六個「堡壘」，可以用來保衛國家的內陸：

> 黃河、淮河、長江和漢江流域沒有天然的屏障可以用來構建堅固的防線，因此，（臺灣）、澎湖、東北四省（滿洲）、內外蒙古、（新疆）和西藏都是國防安全的關鍵堡壘。這些地區中任一個與國家其他地區分離，都會導致我們國防體系瓦解。[14]

中國共產黨在二十世紀大部分的軍事史中，尤其是入侵西藏（一九五〇年）、韓戰（一九五〇至一九五三年）、在越戰（一九五五年至一九七五年）所扮演的角色、中印邊境戰爭（一九六二年），以及毛澤東發起的兩次臺灣海峽危機（一九五四年至一九五五年和一九五八年），這些事件都體現出現代中國對國家安全的意識和不讓外國勢力染指這些「堡壘」的願望。中國與其他國家（包括與印度、蘇聯和越南）短暫但毀滅性的邊境衝突，大多是為了管理一個許多領土和政治不安全因素尚未解決的地區。現今，中國的軍隊和安全部隊仍然嚴格控制西藏和新疆，這些地方正在上演新一輪對鄰近民族的種族滅絕，上一次種族滅絕發生在十八世紀的草原地區。[15]然而，臺灣雖然一直面臨威脅，卻尚未被北京吞併。中國與印度、日本、越南、汶萊、馬來西亞、菲律賓和印尼的領土爭端依舊存在。在此情況下，中國打造了一支能夠威脅鄰國並奪取領土的軍隊。

如果中國能夠在這個地區確立軍事主導地位，就能將其勢力從亞洲投射到世界各地。例如，中國軍事規劃者稱臺灣為第一島鏈的「鎖頭」（lock），如今這道鎖頭將中國困在美國與盟友於亞洲的基地和前線陣地的防線之內。[16]在第二次世界大戰期間，珍珠港事件後，美國發起了西南太平洋和中太平洋的跳島戰術，為最終攻擊日本本土的行動奠定基礎。[17]這場戰爭和由此產生的聯盟體系，有助於美國在亞洲占有軍事主導地位。我們在世界上最大的海洋上艱辛戰鬥，使我們得以留在這個地區，強力拆除日本的「大東亞共榮圈」，並與該地區的許多國家建立聯盟關係：日本、澳洲、菲律賓、泰國和南韓。中國試圖逆轉這一局面，建立自己在該地區的霸權。自毛澤東以來的中國領導人一直設想將美國趕出島鏈，打破美國在亞洲的聯盟體系，這樣中國才能利用這些地區投射其勢力。雖然目前的軍事熱點集中在區域性問題，如臺灣、南海和東海以及喜馬拉雅山，但這些都只是中國更廣大地理野心的一部分，可能會使世界上許多重要地區處於中國的軍事和經濟支配之下。

中國的企業已經從亞洲到非洲的戰略地點建造了九十多個港口，而中國的軍事演習則旨在保護「一帶一路」的關鍵地點。[18] 中國的軍事擴展可以分成兩個不同的方向來思考：近海和本土作戰，以及遠征部隊。[19] 為了將印太地區（從波斯灣到南海）的軍事地理、戰略咽喉和貿易路線納入其控制範圍，中國正在打造一支既適合在島鏈展開攻勢作戰，也能在印度洋和更遠地區執行遠征任務的軍隊。儘管中國缺乏美軍所擁有的後勤和基地基礎設施，但中國的港口和基礎設施建設將使其能夠進行全球行動。二〇二二年，美國非洲司令部（US AFRICOM）指揮官史蒂芬．唐森德（Stephen J. Townsend）上將解釋了有關中國在吉布地（Djibouti）建立首個海外軍事基地的重要性，該基地位於中國重要的海上航線：「今年，中國擴建位於吉布地的杜哈雷海軍基地（Doraleh Naval Base）——這是北京當局唯一的永久海外軍事基地——增加了一個大型且功能強大的碼頭，同時推動在西非大西洋沿岸建立第二個基地的計畫。到二〇三〇年，中國在非洲的軍事設施和技術收集站將使北京當局能夠向東投射力量到中東和印太地區，向西投射力量到大西洋。」[20] 從柬埔寨到索羅門群島，有關中共軍事基地野心和安全協議的消息層出不窮。如果中國經濟持續成長，這些協議的步伐在未來十年內可能會大幅加快。全世界都在注視著中國如何在南海的島嶼要塞進行軍事化，這些島嶼由中國交通建設公司所建造，並增加反艦和防空飛彈系統。正如美國印太司令部司令約翰·阿基里諾（John Aquilino）上將所說：「這些島嶼的作用是將中國的攻勢能力延伸到其大陸海岸之外……。他們可以駕駛戰鬥機、轟炸機，以及操作所有飛彈系統的攻擊能力。」[21]隨著中共擁有的基礎設施遍布全球，中國軍方可以在其港口網絡、全球航運船隊和海上民兵中安裝類似反介入與區域拒止（anti-access area-denial）的武器系統。[22]

中國已成為全球最大的貨物貿易國，它構想並規劃了一個洲際系統，意圖在亞洲、非洲、大洋洲甚至歐洲各國取得經濟主導地位。北京當局目前正朝著在這些地區建立遠征軍事能力的長遠願景邁進。美國國會研究服務處（Congressional Research Service）二〇二一年的報告描述了中國海軍的擴建情況：「到目前為止，中國海軍是東亞各國中規模最大的，戰艦數量在過去幾年內已超過美國海軍……。到二〇二五年，中國人民解放軍海軍的整體作戰力量預計將增加到四百二十艘，到二〇三〇年將增加到四百六十艘，增加的部分多半集中在主要水面戰艦。」[23]該報告解釋：「中國的海軍現代化工作涵蓋了各種平臺和武器採購計畫，包括反艦彈道飛彈（ASBM）、反艦巡航飛彈（ASCMs）、潛艦、水面艦艇、飛機、無人載具（UVs）以及支援C4ISR系統（指揮、控制、通訊、電腦、情報、監視與偵查）。」[24]大多數消息來源和分析師預期，中國大舉擴充軍事力量將主要針對臺灣或南海。實際情況可能是，中國在任何一場衝突中都會展現其力量，不只針對美國在太平洋的基地，打擊駐日本、南韓、關島及其他地區的美軍，而且可能**遍及整個「一帶一路」體系**，該體系中的基礎設施計畫和經濟主導地位使北京當局握有極大的影響力。與中國的衝突可能演變成跨越亞洲、非洲、中東的多地區衝突，在世界各地的海域和航線上進行戰鬥。由於俄羅斯、伊朗和巴基斯坦可能加入中國一方，我們正在討論一場真正的全球衝突。

正如我在《中國的勝利願景》中所解釋的，與中國的戰略競爭要占上風，美國不只需要保持全球最大經濟體的地位，團結民主世界，還需要對互為軍事夥伴的中國和俄羅斯維持軍事嚇阻。想要制止並智取北京當局，不能局限於臺灣、南海、東海和太平洋島鏈之內。美國必須透過其全球戰鬥司令部網絡，以預測並對抗中國不斷擴大的全球使命，中國不只擴充自己的軍力，還培養亞洲、非洲、歐洲和拉丁美洲的附庸國，以推動其全球目標。

冷戰期間，主要戰場在歐洲，北約和華沙公約組織對峙了幾十年。然而，它實際上是一場全球對抗，軍事和外交戰場遍布世界各地，從拉丁美洲、亞洲、非洲、東南亞到極地地區。[25]那是一場全球冷戰。我們與中國的競爭也會在相同的地理範圍內展開。我們的基本戰略必須是防止中國在全球的經濟擴張，把中國勢力壓回其所在區域，並施加高昂的軍事代價，迫使他們專注於亞洲，放棄全球目標。

我們的軍事戰略必須確保重建美國和盟友的優勢，並恢復在地理、工業和技術等重要領域的主導地位。這表示要特別關注四個軍事領域：海事、網絡、太空和核武。在海事領域，美國聯盟體系必須勝過中國的造船計畫。這項工作將包括制裁中國的造船工業基地，盟友間在建立全面海上力量方面的協調性，利用我們的水下優勢，包括載人潛艇和無人水下載具（UUVs），並重建我們的海事工業基地。在網絡領域，美國必須強化關鍵基礎設施，因為與中國和俄羅斯的衝突很可能涉及針對民用、商業和工業基礎設施的網路戰或威脅，以及在軍事行動中使用網絡戰的可能性。網絡領域也提供美國頂尖的科技公司持續參與國家安全任務的機會。關於太空和核武，我們必須意識到，建設太空經濟是本世紀的關鍵任務之一，美國必須在這場競爭中獲勝。與美國政府合作的商業太空公司可以釋放「下一個邊疆」的潛力。此外，鑑於中國的核武擴張旨在支持領土侵略，核嚇阻必須成為美國國防戰略的優先事項，以防範領土侵略和防止對美國或盟友使用核武器。

美國必須在這些戰爭領域中找到全面優勢，同時重建我們的經濟和工業實力，並降低中國的實力。我們也必須在臺灣、南海、東海、喜馬拉雅山等關鍵緊張地區維持嚇阻力。我們必須預測並制止中國和俄羅斯在其他地區的行動，包括印度洋地區、非洲、中東、歐洲、北極，甚至拉丁美洲。建立並維持正確的軍事結構，需要專注於正確的任務和平臺，擴大國家安全預算，並全力與盟友和夥伴合作。美國聯合作戰部隊必須繼續關注印太地區，這表示作戰策略必須著重在一個以水域和島嶼組成的地理區域內投射力量。

美國的主要軍事戰略家預想，防禦和嚇阻將在太平洋的兩條島鏈上進行，中國的許多領土主張都集中在這個地方。考慮到中國在這些地區使用武力的可能性，這種關注很明智。中共長期以來一直想除去這些島鏈上的美國勢力，甚至可能利用島鏈將美國長期擋在太平洋之外。雖然這些島鏈現在能牽制中國的力量，但如果它們因武力或美國影響力逐漸減弱而落入中國手中，中國就可能利用它們將美國擋在西太平洋之外。我們將需要啟動「太平洋嚇阻倡議」（Pacific Deterrence Initiative）且不斷完善，實行「群島防禦」（archipelagic defense）戰略，並重點對抗中國在印度洋地區、南太平洋及更遠地區的勢力。

安德魯．柯瑞派恩維奇（Andrew Krepinevich）提出的「群島防禦」，即是透過「拒止式嚇阻」（deterrence by denial）來實現太平洋防禦戰略地理布局的絕佳範例。他解釋：「如果華府希望改變北京當局的算盤，就必須剝奪中國控制第一島鏈周圍海、空域的能力。」他指出，地面部隊將是關鍵，包括用於沿岸防禦的火炮、使用移動發射器和反艦巡航飛彈，以及海軍水雷戰，這些都「可以使大部分海域成為中國海軍的禁區」。他還解釋說：「減少美國空軍和海軍執行海空拒止任務的負擔，地面部隊將使這些空軍和海軍部隊能夠作為預備部隊，隨時準備快速行動，以保衛島鏈受到威脅的部分。」[26]

柯瑞派恩維奇指出，美國必須「在第一島鏈及第一和第二島鏈之間，與其他志同道合的國家，發展美國和盟友部隊前線的縱深防禦（defense-in-depth）架構。鑒於中國的反介入／區域拒止（A2／AD）能力，一旦戰爭爆發，美軍可能會發現增援其前線部隊的成本過高，至少在衝突初期如此。所以，美國將需要大幅增加其在西太平洋戰區（West Pacific Theater of Operations, WPTO）的現有兵力和後勤整備」。日本將負責自己國家的防禦，因此也會承擔起第一島鏈「北段」的防衛責任。美軍「應在前線部署替換中逐漸引入，以補充日本陸上自衛隊單位」。美國將負責第一島鏈「南段」，包括防禦菲律賓和對臺灣的「秘密援助」。菲律賓、臺灣和越南將建立抵抗力量，能夠對中國軍隊進行非正規作戰行動，以「拖延其鞏固戰果和擴大反介入／區域拒止的能力」。

美國也會尋求印尼、南韓和新加坡的支持：「南韓有潛力威脅到中國在第一島鏈北段的側翼防線，印尼則可以進一步鞏固南段的防禦。」此外，「日本的空軍和海軍部隊，以及陸上自衛隊的西方機動部隊，應作為北段的作戰預備部隊，而美國的空軍和海軍（包括美國的海軍陸戰隊）則在整個第一島鏈中發揮類似作用，優先考慮南段，特別是菲律賓和臺灣，可能還有印尼和越南。」

最後，澳洲和印度可以分別「為『南段』提供後備部隊」，並將「大量中國資源從第一島鏈對面的區域轉移開來」。對於印度而言，「部署在中印邊境的空中和地面部隊很可能會迫使北京當局有所反擊」。[27]

簡言之，保衛島鏈需要一個由美國和日本主導、有澳洲和印度支持、還有涉及臺灣、菲律賓、南韓、新加坡和印尼的協調性合作。這項戰略是應對北京在太平洋戰區實現目標的合理途徑，並且必須有一個更廣泛反擊中國長期野心的概念來支持。在中國二十世紀領導人眼中，中國傳統的戰略「堡壘」包括臺灣和澎湖，以及東北四省（滿洲）、蒙古、新疆和西藏。然而，我們也必須關注中國「不斷擴張的海外利益」和更廣泛的全球經濟強國願景的地理布局。如果中國的勝利願景最終實現，為了解釋六個全球化的中國堡壘會是什麼，我在二〇一九年為美國海軍研究協會（US Naval Institute）提出以下說明：

作為「一帶一路」的戰略基礎，中國的堡壘如下：

第一，西太平洋島鏈。這些島嶼是太平洋通往歐亞大陸的門戶。正如現在可以利用它們困住美國，未來也可以利用它們阻擋美國。

第二，印度洋地區。這裡是歐亞大陸體系的海上心臟，連接了中國、歐洲和非洲，以及這些地區彼此間的各個區域。這是中國依賴的海上體系，也是中國目前最脆弱的地方。

第三，澳洲。澳洲仍是連接印度洋和整個太平洋的陸地橋樑。在第二次世界大戰中，澳洲是美國在太平洋的重要據點。如果中國從印度洋到南太平洋群島包圍這個巨大的島嶼，就更能夠掌控廣泛的印太海域。

第四，非洲。中國在這片廣袤大陸的影響力不容小覷。非洲是重要的資源基地，也是中共幾十年來政治和經濟影響的對象。若中國能在這裡拓展勢力，從干預國內衝突到在整個非洲大陸建立基地，這些都將成為中國實現其權力和控制的基石，甚至能夠讓中國依照自身條件，取得進入大西洋的通道。

第五，歐洲。進入歐洲是中國願景的關鍵部分，歐洲可能是整個「一帶一路」系統中最重要的市場。擴張後的中國軍隊可以輕易壓制任何一個歐洲國家，中國積極在多個歐洲國家建立政治影響力是顯而易見的現象。

第六，南太平洋。中國在南太平洋小島國投射海軍力量、建立基地並施加政治和經濟影響力，得以進一步控制更廣泛的「一帶一路」系統，並使美國進入歐亞—非洲—澳洲超大陸結構變得更加複雜或受到阻礙。

這將造成北美孤立無援，正如毛澤東所說，不僅被「趕出」了「西太平洋國家」，還被排除在中國所建構的更大洲際體系之外。在這個體系中，中國領導人認為自己最終將坐在中央，成為全球「中央王國」（Middle Kingdom），無可匹敵，無可比擬。[28]

在印度洋、非洲、澳洲、南太平洋和歐洲，我們必須保持決定性的軍事實力，才能確保美國在全球的主導地位，讓我們的盟友成為主要的經濟和軍事力量，同時確保我們的世界通道安全，將中國趕回亞洲，並再次把它封鎖在島鏈後面。這項任務需要美國和盟友對軍事力量的全球視野，以及進一步整合盟友在亞洲和歐洲的防禦策略。

如果中國在未來十年對全球經濟的掌控不減反增，那麼我們應預期與北京當局任何潛在的衝突都將是全球性的，而非區域性。中國的優勢在於持續關注主要貿易沿線的經濟和基礎設施建設，以及跨越或圍繞「一帶一路」區域的計畫：亞洲、非洲、印度洋、歐洲和澳洲。中國不只在南海和南太平洋設有軍事據點，在波斯灣附近和印度洋周邊也有前哨基地，而美國在這些地區的投資和基礎建設的規模可能較小，所以中國才能迅速獲得優勢，並在二〇二〇年代內實現洲際力量投射。

美國海軍戰爭學院（US Naval War College）的孔適海（Isaac Kardon）在談到中國預估的全球港口和基礎設施體系時解釋：「所有權是釋放雙重用途潛力的主要因素。在中國經營或擁有的九十五個海外港口中，中央國有企業擁有經營權、持股或兩者皆有的港口有五十二個，另外八個港口有地方國有企業的參與但沒有中央國有企業。」[29]孔適海進一步說明，中國最大國有企業在全球海洋中擁有的港口，包括三十一個大西洋港口、二十五個印度洋港口、二十一個太平洋港口和十六個地中海港口。按大洲分布來看，歐洲有二十二個，中東和北非有二十個，美洲有十八個，南亞和東南亞有十八個，撒哈拉以南非洲有九個。此外，「這些港口中有五十三個位於關鍵的海上咽喉要道附近，包括十個靠近英吉利海峽，九個靠近馬六甲海峽，九個靠近荷莫茲海峽，六個靠近蘇伊士運河，以及各有四個靠近巴拿馬運河、直布羅陀海峽和土耳其海峽」。他指出：「西印度洋地區，或稱中東和北非地區，應該視為集中度最高的區域，特別是如果我們將地中海東部的七個港口涵蓋在內，這些港口在透過蘇伊士運河進出印度洋的交通中扮演著重要角色。南亞和東南亞也是中國港口的集中地，位於主要海上運輸線（SLOCs）沿岸的關鍵位置，靠近重要咽喉要道。」[30]

「一帶一路」系統的洲際地理布局已經透過經濟和軍事雙重用途的投資策略，逐漸鞏固。雖然許多人認為南海或臺灣將成為與中國衝突的焦點，但我們必須意識到，中國擁有全球最大的水面艦隊、全球最大的航運公司、全球最大的漁船隊和海上民兵——這些力量本身就可以轉變為進攻性和破壞性的海上能力——中國有潛力從歐洲到非洲、再到太平洋，擾亂全球貿易和世界的戰略咽喉要道。臺灣可能成為焦點，但中國龐大的港口和海上基礎設施、太空能力、不斷擴大的核武庫以及網絡能力，意味著任何衝突都有可能演變為全球性，並且必須在多個戰爭領域加以制止。

與維持歐洲和平和牽制蘇聯軍隊的部隊不同，也不同於在九一一事件後針對中東和中亞的反叛亂軍事力量，要防止中共在印太地區的侵略，必須依靠海軍和海軍陸戰隊的力量，美國空軍則為海陸部隊提供掩護，美國陸軍則借鑑其二戰在太平洋戰區的寶貴經驗。

鑒於產業外移和工業衰退的普遍錯誤，美國不再擁有過去在衝突中取得勝利所需的工業優勢。例如，隨著中國成為全球崛起的商業航運和海軍強國，我們的造船工業基礎已經萎縮。正如已退休的美國海軍上尉傑里·亨德里克斯（Jerry Hendrix）所解釋的：「多年來，兩黨一致認為，美國海軍艦艇數量應從二百九十六艘增至三百五十五艘。但是，要擁有一支更大、更強的海軍，需要造船廠來建造和維護艦隊。二戰期間，美國擁有十座海軍船塢，具備乾船塢（drydocks）和維修設施，另外還有超過四十座商用乾船塢。如今，全美只剩下四座海軍造船廠，分別位於夏威夷、緬因州、維吉尼亞州和華盛頓州。」[31]

美國和盟友的造船業需要做好準備，以應對中國可能進行的大規模軍事生產與和平時期的軍事擴張。[32]過去，我們曾有全球盟軍海上合作的願景，例如在二〇〇〇年代中期由海軍上將麥克・穆倫（Mike Mullen）提議的「千艘海軍」（1000 ship navy）概念。今日，我們必須再次設想以盟國合作來應對大國競爭。利用全球盟友的工業基礎，如果必要的話，我們沒有理由不建立一支為民主而戰的千艘艦隊。[33] 藉著我們聯盟體系的全部力量，生產能力不應成為戰略的限制。我們的武裝部隊已意識到需要專注於印太戰區，並已確定現有的差距和挑戰。正如海軍陸戰隊《二〇三〇年部隊設計》（*Force Design 2030*）所解釋的：「我們缺乏遠程精準火力；中長程防空系統；短程（點防禦）防空系統；具有情報、監視、偵察（ISR）、電子戰（EW）和致命打擊能力的高耐用度、長程無人系統不足；而且缺乏適合打擊惡意活動的破壞性和低致命性能力。」[34] 美國海軍陸戰隊對亞洲的軍事地理利用描述如下：「我們將為海軍陸戰隊配備移動式、低訊號的感測器和武器，可以提供海軍在水面作戰、反潛戰、防空暨飛彈防禦，以及空中預警方面的陸上補充。」[35] 我們應該預期，美國陸軍將採取類似的方式，在廣大的印太戰區提供陸地支援。

美國必須充分利用其水下優勢。在美國的潛艇部隊中，我們仍然比中國擁有巨大的優勢。根據前海軍作戰部長喬納森・格林納特（Jonathan Greenert）上將的說法，即使長遠來看，水下作戰也是「我們可以主宰的領域」。[36] 我們的潛艇部隊是美國「核三位一體」（Nuclear Triad）戰力中最具生存能力的一支——遠遠超過陸基部隊和空基部隊——因此也是我們核嚇阻力的基石。美國在水下作戰方面的優勢，也能讓我們在與中國的海軍衝突中占上風。我們不只應專注於彈道飛彈潛艇，還應該關注攻擊型潛艇——獵殺潛艦（subsea hunter-killers）——在任何潛在衝突中，它們都可以提供極大的優勢。我們的盟友，如英國，也為水下領域帶來了優勢，並清楚了解其優勢。據英國國防部的說法，「烏克蘭衝突突顯出，現在的飛彈射程、太空與飛機的監視系統已經非常強大，甚至停泊在港口的水面艦艇也可能成為目標並遭到摧毀。而現代太空設備、長程飛彈以及極音速武器，仍然無法探測到潛艇。即使探測潛艇的能力有所提高，但潛艇所能潛入更深的深度、潛行更遠的距離和欺騙計畫，使它們藏匿於陸地、天空或太空中的任何東西之外。」[37]

如前所述，為了跟上中國不斷擴大的造船計畫，美國必須振興其國家造船工業基礎，重點是造船廠和造船工人。美國海軍目前的目標包括擴大開發和生產無人水下載具（unmanned undersea vehicles, UUV），例如波音的特大型無人水下載具（XLUUV）「虎鯨（Orca）」——「大約和地鐵車廂一樣大」。[38]這些無人水下載具可以在敵人的反介入和區域拒止範圍內，徹底改變布雷、偵察和其他關鍵任務，同時減少美國水手面臨的某些危險。當前的海軍戰略和採購強調「新艦隊架構」，包括「大型艦艇（如大甲板航空母艦、巡洋艦、驅逐艦、大型登陸艦和補給艦）的比例更小；小型艦艇（如巡防艦、巡邏艦、小型登陸艦和補給艦，或許還有較小型的航空母艦）的比例更大；還有一種新的第三級水面艦艇，規模相當於巡防艦或大型巡邏艇，有輕型載人艦艇、可選載人艦艇或無人駕駛艦艇，以及大型無人水下載具」。[39]

根據美國國會研究服務處的報告，這種新艦隊架構既經濟實惠，而且「有行動的必要性，以應對其他國家不斷提高的海上反介入／區域拒止能力，特別是中國」。[40]以海軍無人艦艇為例，可能成為海軍創新和優勢中最令人關注的領域之一：

與導能武器、極音速武器、人工智慧、網絡能力和量子技術一樣，無人艦艇是美國海軍和其他軍事部門為了因應新出現的軍事挑戰，尤其是來自中國，而開發的幾種新能力之一。無人艦艇可以配備感測器、武器或其他有效載荷，並可以遠端操作、半自動或（隨著技術進步）自動操作。與載人艦艇和飛機相比，無人艦艇的設計不需要考慮人員空間和支援設備，因此採購成本較低。無人艦艇特別適合執行長時間的任務，這些任務可能會對船上人員的體力造成極大負擔，或是那些存在高風險的任務，可能導致人員受傷、死亡或被俘的任務，也就是所謂的「3D」任務，意指枯燥乏味（dull）、骯髒（dirty）或危險的（dangerous）任務。[41]

優勢：美國、盟友、以力量實現和平

本書的目標是幫助我們找到一條道路，使我們能夠擺脫一個受限且優勢減少的世界。與其被迫在日益減少的優勢中制定戰略，不如透過力量實現和平。然而，當我們努力以有限的資源解決問題時，可能會出現創新，這些創新一旦釋放出更大的經濟資源，便會成為深遠的優勢。正如在「經濟競技場」那一篇所描述的，我們正在見證美中分道揚鑣的過程，美國應塑造並鼓勵這個過程，推動全球經濟朝著中國與民主國家分流的方向發展。隨著經濟和技術分化的成熟，美國還需要鑑別並抓住在關鍵競賽中的領先地位，以形成足夠的軍事力量來防止歷史上的經典困境：獨裁者的武力賭注。普丁對烏克蘭的領土征服賭注已經標誌著戰爭重返歐洲，更令人不寒而慄的是，這是一個獨裁政權對民主國家的攻擊，不僅是出自於領土擴張的野心，更是因為這個國家在本質上**是**民主體制——它選擇了自己的道路。請記住，中國與俄羅斯共同反對的北約擴張是**自願性質，並非強迫的**，歐洲的民主國家一直在尋求安全保障，以抵禦俄羅斯侵略的真實威脅。雖然有人可能將入侵烏克蘭視為嚇阻失敗，但目前的結果是北約的團結、盟國經濟戰的協調，以及幸虧在烏克蘭的抵抗和盟國支持下，俄羅斯在戰場上遭受巨大損失。與普丁結盟的中國領導人必須謹慎權衡他們在臺灣海峽和其他情勢緊張地區的戰略選擇。美國的防禦戰略主要依賴於嚇阻力量，我們應該透過在經濟領域取得的成果，維持並加強這一戰略，建立二十一世紀的軍事優勢，阻止我們的對手對美國、盟友及其他國家和地區使用武力。

面對俄羅斯和中國獨裁政權真實和預謀的軍事侵略，我們應該謹記美國參謀首長聯席會議主席馬克・密利（Mark Milley）將軍在二〇二一年所說的以下這席話，關於美國軍事力量更長遠的目標：

> 世界秩序，也就是一九四五年建立的所謂自由世界秩序，並不是為了防止韓戰、越戰或第一次波斯灣戰爭，也不是為了打擊恐怖主義。它的目的是防止第三次世界大戰。它是用來防止大國之間的戰爭。這個目標已經成功實現，我們已經度過了第七十六個年頭。看看歷史上的前兩次，《西發利亞和約》（*Treaty of Westphalia*）維持了大約一百年；看看「歐洲協調」（Concert of Europe），也維持了大約一百年。所以我們在此大國和平中已是第七十六個年頭了。[42]

我們必須利用先進的技術、系統、戰略以及盟國的聯合力量，來鞏固這個世界秩序，並延續過去四百年來的第三次大國和平。這段和平被稱為「美國治世」。我們的目標是讓這段和平繼續下去。雖然我們可以成為盟國之間的基石，擁有盟國之間最大的軍事力量和作戰能力，但美國無法獨自承擔和平的重任。正如「外交競技場」這一篇所闡述的，有聯盟體系的巨大影響力，才能重建我們這個時代民主國家對抗獨裁政權的優勢。一般國力如此，軍力也是如此。回顧一下大國和平徹底崩潰的時期——第二次世界大戰。有人稱第一次世界大戰是「終結所有戰爭的戰爭」，但一九三〇年代德國、日本和義大利獨裁政權的野心，意味著第一次世界大戰後的二十年和平時期，只不過是一個戰間期。這就是當獨裁政權因怨恨情緒和機會主義蠱惑下所發生的情況。我們面臨的挑戰如下：從第二次世界大戰結束到柏林圍牆倒塌，再到現在這一段大國和平與繁榮的時期，不會以大國之間的衝突告終。要維持這種和平，不可能透過姑息或遷就俄羅斯和中國這類國家來實現。就像冷戰時期的努力可能沒有阻止韓戰或越戰，**但確實阻止了第三次世界大戰**，問題在於如何抑制我們主要對手的野心和侵略？我們如何延續這段長久的和平，同時也保護自由世界的疆界？

強大的軍事力量可以成為美國與盟友應對中國戰略的第三道「長城」，與經濟圍堵和外交限制並列。如果集結全球，整合世界民主國家的力量，就可以透過我們卓越的經濟和技術實力以及人數優勢，重新確立我們的軍事優勢。這種做法的目的不是要摧毀中國，而是要破除其利用軍事力量的野心，藉以證明北京當局發動的大大小小戰爭都無法得逞。[43]光是在亞洲維持力量平衡，不足以確保嚇阻力。這在歐洲或其他潛在地區也是不夠的。我們需要的是世界各個民主國家**聯合**軍事力量所形成的決定性優勢。正如邱吉爾在一九三四年當他的國家對希特勒崛起猶豫不決時所解釋的：

> 你們都聽過早期的均勢論。我不接受那套理論。歐洲任何的均勢狀態都會導致戰爭。大戰通常只在雙方都認為自己有勝算時才會爆發。和平必須建立在壓倒性優勢上；人多力量大。如果各方都有五、六個國家，可能會發生可怕的實力較量，但如果一方有八或十個國家，另一方只有一、兩個國家，或者一方的集體武裝力量是另一方的三、四倍，那麼就不會發生戰爭。[44]

這就是結盟世界必須得到的壓倒性力量。任何不及此的做法，都會誘使侵略勢力集結起來。如果我們不能夠朝這個方向前進，或者在實力優勢尚未達成前，亞洲爆發衝突，北京當局很可能會從冒險主義和侵略中獲益。這將對自由世界造成像烏克蘭那樣的震撼。我們必須整合從大西洋到太平洋的軍事力量，以抵禦來自莫斯科和北京的進一步侵略。如同韓戰在冷戰初期凝聚各界的注意力一樣，俄羅斯入侵烏克蘭也喚醒了美國和歐洲。我們必須理解，北京當局也在加強其在當地區域使用軍事力量的能力。若美國的嚇阻策略成功，可以防止中國進行這種危險的冒險主義，但我們必須重建軍事優勢。這樣，我們就能像過去「美國和平」時期一樣，繼續在漫長的嚇阻之路前進，同時讓我們大戰略的其他支柱能放慢這些獨裁政權的步伐，並強化美國與盟友。

一九五〇年九月，隨著與蘇聯的冷戰成為美國國家安全和外交政策的指導原則，杜魯門總統簽署了著名的《國家安全會議第六十八號文件》（NSC-68）。這份文件是美國首次嘗試制定全面戰略，以應對蘇聯對美國生活和國際秩序構成的新威脅。[45]《第六十八號文件》引導了對美國軍事力量的投資，奠定二十世紀下半葉美國對蘇聯的長期戰略和全面嚇阻的早期基礎。該文件將美國軍事力量的目的定義如下：「對我們而言，軍事力量的角色是為國家目的效勞，抵擋對我們的攻擊，同時以其他方式創造一個自由社會可以繁榮的環境，並在必要時起身戰鬥，以捍衛我們自由社會的完整和活力，擊敗任何侵略者。」[46]由於中共在國共內戰中戰勝蔣介石的國民黨，加上史達林成功試爆原子彈，《第六十八號文件》開始擬定，後來因韓戰爆發而付諸實施，導致美國軍事預算大幅增加，永久影響了冷戰時期的世界，成為喬治・肯楠制定圍堵戰略的一部分。[47]

如今欲在經濟圍堵和外交限制的情況下阻止中國在太平洋地區使用武力，只有在長期軍事優勢的基礎上才有可能。這表示要讓北京當局意識到，動用武力只會自取滅亡。有些人可能會指出，就像第一次世界大戰，戰爭計畫一旦制定，就容易付諸實行。我們必須認知，**中國已經制定這些戰爭計畫**。我們必須確保中國的軍事計畫永遠不會達到其領導人認定擁有決定性優勢的地步。我們的軍事競爭將在未來幾年乃至幾十年內不斷演變，我們必須努力保持領先。如果不能保持領先，可能會發現與中國的下一階段競爭將從軍事衝突**開始**。

我們沒有一個固定窗口可以成功推行和平時期的圍堵戰略。正如發展數十年的冷戰軌跡在一九五〇年因三年的韓戰而確定下來，如果我們不能圍堵並制止北京當局，中國領導人就會藉著選擇使用武力來確立新的發展軌跡。如果這種情況發生，美中競爭的**速度**很可能改變，但**本質**不變。如果北京當局決定對臺灣或其他地方動武，結果必然是美國和盟國大幅減少與中國的貿易，並終止對中國的投資，正如我們在俄羅斯入侵烏克蘭後所見到的那樣。從必要性和前瞻性的角度出發，實施經濟圍堵要好得多。如果**現在**不能延緩和阻止中國在經濟領域的發展趨勢，等於給予中國一個無限期的窗口，把日益成長的經濟實力轉化為日益成長的軍事能力。

我們可以回顧第一次冷戰，觀察其中推動美國具備壓倒性優勢的兩個重要階段：第一個階段是杜魯門的《第六十八號文件》，這是對共產主義侵略亞洲的回應；第二個階段是雷根政府「以力量實現和平」的重建工作，目的是在與蘇聯的競爭中取得最終勝利。[48]冷戰時期最令人關注的戰略文件，雷根政府關於「美蘇關係」的《第七十五號國家安全決策指令》（NSDD-75），提出了一系列對蘇聯戰略的原則和目標，包括「外部抵抗」、「內部施壓」和「談判」，其目標是：「透過在所有國際領域，特別是在美國優先關注的地理區域，與蘇聯進行持續有效的競爭，圍堵並最終逆轉蘇聯的擴張主義。」[49]讓我們來看看雷根對軍事平衡的重視。以下是美國軍事戰略支持「以力量實現和平」的官方概述：

> 美國必須實現軍事力量的現代化，包括核武和常規武器，以確保蘇聯領導人意識到，美國絕不會接受屈居第二或軍力情勢衰退的局面。蘇聯盤算任何突發情況下可能出現的戰爭結果，必須總是得出對蘇聯極為不利的結論，這樣蘇聯領導人才不會有動機發起攻擊。務必確保美國軍事能力的未來實力。我們必須充分利用美國的軍事科技進步，同時加強對軍事相關或兩用技術、產品和服務轉移的控制。[50]

這項戰略，完成了冷戰早期杜魯門、艾森豪和甘迺迪的偉大戰略，並促使冷戰與蘇聯的和平落幕，讓資源動員的必要性變得明確。這種動員不但要在美國國內進行，還要與我們的盟國合作。這樣的協調將建立一個勇敢而必要的軍事能力範圍，可以應對「全面的潛在衝突」：

美國有限資源與實施美國戰略所需能力之間現有和預計的差距，使得美國必須：（一）確立有限資源使用的優先順序，以有效率的方式限制蘇聯的擴張；（二）動員願意與美國共同圍堵蘇聯勢力擴張的盟國和友邦的資源。美國和西方國家全方位政策的基礎，必須是一支能夠應對全面潛在衝突的強大軍隊，並受到精心設計的政治和軍事戰略的指導。美國軍事戰略的核心是阻止蘇聯及其盟友對美國、其盟國或其他重要國家的攻擊，並在嚇阻失敗時擊敗這樣的攻擊。儘管在重建西方軍事力量以應對蘇聯威脅的過程中，美國單方面的努力必須發揮主導作用，但要保護西方利益，美國必須加強與盟國和其他國家的合作，並更充分利用他們的資源。[51]

雖然雷根政府將蘇聯推入軍備競賽，使其經濟崩潰，冷戰時代就此結束一事眾所周知，但我們與中國的競爭不太可能在短期內使對手陷入財政困境，也不應該以此為目標。不同於由兩個對立經濟體系開始的冷戰世界，我們由一個整合的世界開始，這是史上最大的和平時期全球化所帶來的結果。美國在這場競爭中的獲勝之道，在於重建中國試圖主宰的世界經濟，以至於比起進一步與中國融合，我們更要將中共從全球關鍵供應鏈、資本市場、技術進步和出口市場中剔除——一個個地區、一個個領域——直到實現經濟圍堵。我們的國防戰略必須支持這種世界經濟的重塑，以利於美國，最終結果不一定是中國崩潰，而是世界民主國家與獨裁國家在經濟和軍事實力方面的第二次大分流。

從杜魯門的《第六十八號文件》、韓戰、雷根的《第七十五號國家安全決策指令》，以及蘇聯解體中汲取的教訓，告訴我們如何重建確保好幾代大國和平的美國整體優勢地位。透過軍事優勢來達成安全地位，可以讓我們在經濟和外交領域擁有無可匹敵的行動自由。反之，在經濟和外交領域的成功，將使我們有更大的空間投資在「以力量實現和平」。若無法改正軍事平衡，最好的情況是降低獨裁者的投機成本，最壞的情況則是為俄羅斯和中國的擴張和侵略打開大門。

使用美國現有的經濟工具，從《國際緊急經濟權力法》到美國外國投資委員會，減少在中國和俄羅斯的商業活動，並終止對這些國家的投資，已經是可行且值得推行的。然而，即使北京在香港、新疆和喜馬拉雅山的行為，以及中共支持普丁入侵烏克蘭，美國和盟國的跨國公司仍願意擴大在中國的業務，阻礙了我們的行動。中共侵略臺灣必將是最後底線，一旦越過這條線，可能會引起對中華人民共和國全面的經濟戰，包括摧毀中國在海外的公司、停止所有非必要的貿易，以及雙方資產互相被扣押。中國對臺灣的軍事行動將是真正的「史普尼克」（sputnik）時刻，*不只美國國家安全界，乃至整個美國政府都意識到嚇阻失效，我們確實正與中國發生衝突。這類型的任何行動都不會是美中全球競爭和對抗的結局。如果北京當局在這場衝突失敗，他們一定會再次嘗試，無論是不久之後還是未來。然而，會改變的是美國政府允許我們私人企業與中國的往來，尤其是如果美軍遭到攻擊的話。

中國大戰略最深層的矛盾在於，中共相信可以使用武力達成野心，但同時又希望維持與外界的經濟關係，最後主導全球經濟。正如我們所見，北京當局試圖透過「雙循環」來解決這個矛盾：一方面實現關鍵產業和技術的本土化，另一方面也試圖增加其他國家對中國的依賴。由於這個矛盾，經濟圍堵策略與軍力嚇阻相輔相成。減少與中國的技術、商業和投資交流，從長遠來看會削弱中國，因為中國依賴外界的資源和商品貿易，但在短期間完全經濟孤立也可以作為一種嚇阻，防止中國在亞洲使用武力。中國永遠不會實現真正的自給自足，儘管在其某些經濟產業可能辦得到。與外界的經濟關係是中國在亞洲發動戰爭的最大風險。目前來看，像二戰時期日本那樣全面的地區征服戰略似乎不太可能，但如果我們沒有強有力的嚇阻戰略，中國在亞洲或世界其他地方進行「有限」效果的軍事行動——無論是領土征服還是「教訓」其他國家——仍然可能成為中國的備案。

今日的中國領導層曾經躲在動盪和內聚型（inward-looking）的國家裡，現在他們將野心帶到了全球化的世界。由於預測中國可能會動用武力，而且不只在臺灣、南海和東海、喜馬拉雅山這些情勢一觸即發的地區，也可能在整個「一帶一路」區域，從非洲到中東、從東南亞到太平洋島鏈，甚至如果俄羅斯和伊朗這些夥伴國家介入的話，遠至拉丁美洲和歐洲等地區都有可能，因此我們必須做好準備，在全球各地抵禦這些侵略者。為了應對多個對手的野心，我們有必要制定一個全球性的國家安全戰略，這也是現有《國家安全戰略》設想到的。[52] 同樣，應對中國本身的勝利願景也需要這樣的策略。美國必須努力在二十一世紀的軍事領域中取得優勢，尋求解鎖並掌握未來工業和技術進步帶來的「軍事革命」和突破。這也是為什麼我們的經濟分流戰略極為重要。由於我們與中國的經濟融合，我們在關鍵技術和產業上的進步也容易成為**他們的進步**。如之前提到的，如果對手與我們坐在同一輛車上，即使我們開得再快也毫無意義。

＊源自蘇聯於一九五七年搶先美國發射世界上第一顆人造衛星史普尼克一號，指國家或組織在技術或科學發展上被競爭對手超越，因而引發警覺並加速創新研究的關鍵時刻。——編註

正如安德魯・柯瑞派恩維奇對技術競爭的現狀所解釋的：「美國正在喪失一些關鍵軍事相關技術的長期優勢。某程度來說，這是無法避免的事，因為許多具有提升軍事效能潛力的新興技術，例如人工智慧、大數據、導能技術（directed energy）、基因工程、增材製造和機器人技術，主要由商業部門推動……。有辦法獲得這些技術的人都可以利用它們。」[53]因此，我們可以看出，私人企業參與美國和盟國的大戰略，並在重要的戰略產業和新興技術領域上撤出中國，無論是出於私人企業的選擇，還是因為美國和盟國政府的主導意志，都具有絕對重要的意義。

中國在二〇二一年進行極音速飛彈和部分軌道轟炸系統（fractional orbital bombardment system）的測試，並在西部廣建核彈發射井，這些顯示出中國軍方正在核領域製造兩位頂尖分析師所稱的「僵局」，該局面使得中國可以更積極仰賴常規軍事能力，甚至介入核戰門檻下不斷擴大的衝突。[54]正如我在《中國的勝利願景》中指出，核武能力在北京當局眼中是一種防禦能力，但同時也能支持領土完整和國家主權的訴求，兩種情況都需要奪取外國領土的潛力。[55]換句話說，中國的核武庫不斷擴大，不論是在規模還是技術上，都能在常規戰爭中發揮嚇阻作用，讓北京當局得以利用其常規軍力占領並控制領土，同時將戰爭升級或干預的責任推給美國。美國國防部在二〇二一年向國會提交的中國軍事與安全發展年度報告指出，中國軍方持續專注於「發展跨領域聯合作戰的遠程精準打擊能力，日益先進的太空、反太空和網絡能力，以及加速大規模擴充其核武」。[56] 報告還指出，五角大廈預估中國的核武庫可能擴大到三倍：

以中國加速核擴張的步伐來看，可能到二〇二七年之前已擁有多達七百枚可裝備的核彈頭。中國很可能計劃在二〇三〇年之前至少擁有一千枚核彈頭，超過國防部在二〇二〇年所預測的速度和規模。[57]

鑒於這些發展，以及擴張主義、擁有核武的俄羅斯和中國帶來的總體問題，美國必須繼續把核武器及其不斷維護和推動現代化作為國防策略的重點。我們必須確保，無論俄羅斯和中國的侵略方向如何，都能阻止他們對我們與盟友使用核武器。與此同時，我們也要強化對飛彈防禦的重視，這對當前和未來的戰略環境極為重要。[58] 二〇二二年「核武態勢評估」（Nuclear Posture Review）繼續強調核武器在美國防禦中的角色：

戰略嚇阻仍然是國防部和全國的首要任務。在可預見的未來，核武器將繼續提供其他任何美國軍事力量無法替代的獨特嚇阻效果。為了在當前的安全環境中嚇阻侵略並維護我們的安全，我們將維持能夠應對威脅的核武……在這個動態的安全環境中，安全、可靠且有效的核嚇阻力，是更廣泛的美國國防策略基礎，也是我們對盟友和夥伴延伸嚇阻承諾的基礎。[59]

除了潛在的核武升級危險外，中國和俄羅斯對太空戰的重視，表示太空領域可能在衝突初期遭到利用。雖然我們在本文將探討太空的建設性潛力，但也必須強調太空防禦和太空作為戰場的重要性，我們在北京和莫斯科的對手絕對清楚這些事實。正如最近五角大廈的一份報告所說：

> 中國持續發展太空反制能力——包括直接攔截、共軌（co-orbital）、電子戰和導能武器，這些能力可以在危機或衝突期間，對抗或阻止對手進入太空領域和展開行動。中國的太空事業持續快速成熟，北京當局投入了大量資源來發展其太空計畫的各個方面，從軍事太空應用到能夠產生利潤的發射、科學研究和太空探索這類民用項目。[60]
>
> 儘管中國公開反對太空武器化，但仍在繼續加強其軍事太空能力。中國人民解放軍持續投入資源改進其太空情報、監視和偵察，衛星通信，衛星導航和氣象學，以及載人太空飛

> 行（human spaceflight）和機器人太空探索等方面的能力……。
>
> 解放軍還在不斷獲取和發展一系列太空反制能力及相關技術，包括動能獵殺飛彈（kinetic-kill missiles）、地基雷射（ground-based lasers）和軌道太空機器人，並擴大其太空監視能力，能夠監控其視野內的太空物體並進行太空反制行動……。
>
> 解放軍學者強調，必須「癱瘓或摧毀敵方的資訊系統，使其盲目、失聰或癱瘓，進而大幅降低敵方的作戰能力」，這表示此類系統，以及導航和預警衛星，都可能成為「致盲和致聾敵方」的攻擊目標。[61]

面對這些挑戰，美國太空軍的成立標記著美國國家安全揭開了一個重要新篇章。根據「太空頂石報告」（Space Capstone Publication）《太空權：太空部隊準則》（*Spacepower: Doctrine for Space Forces*）的說法，「美國渴望一個和平、安全、穩定且可進入的太空領域。太空中的力量和安全使我們能夠在其他作戰領域自由行動，同時有助於國際安全和穩定。美國必須調整其國家安全太空組織、準則和能力，以嚇阻和擊敗侵略，保護在太空中的國家利益。」[62] 考慮到太空在未來這個世紀將扮演關鍵角色，為美國和盟國帶來深遠的繁榮機會，我們必須全力以赴，贏得新一輪的太空競賽，這將有助於開啟太空以及整個太陽系的潛力。確保太空安全將是我們進步的關鍵：「保障在太空中的行動自由，是美國軍隊，特別是美國太空軍的基本職責。」[63]

我們也必須正視這樣的事實，根據目前公開的資料，中國在某些軍事系統創新方面的速度比美國更快，這些系統有可能改變軍事平衡，例如極音速武器。美國前戰略司令部司令、時任參謀長聯席會議副主席約翰・海頓（John Hyten）將軍，在二〇二一年談到中國的極音速測試工作時說道：「確實進行了一次測試，這非常令人擔憂。」他還說：「需要擔心的是，在過去五年，甚至更長時間內，美國只進行了九次極音速導彈測試，而同期中國進行了數百次。個位數對比百位數不是一個好的情況。」[64] 海頓將軍還解釋：「他們正在大規模發展太空反制能力，他們正在太空部署武器。他們所做的一切是因為看到美國如何利用太空取得優勢。」[65]

為了在快速變遷的科技競爭、全球軍事地理環境中，重新獲得軍事優勢，並與一個能將經濟實力轉化為軍事優勢的對手相抗衡，許多美國戰略家預估，由於中國經濟持續崛起，我們將從根本劣勢進行競爭。「以力量實現和平」已被另一個相關但有所減弱的概念「拒止式嚇阻」所取代。這個概念是我們可以集中有限的優勢在於中共最有可能侵略的目標，在這裡是指臺灣，然後盡我們所能讓中國無法達成這個目標。短期看來是值得稱讚的策略，充分利用不斷惡化的情勢，但長期來看，若沒有配套的經濟策略是無法持續下去的。如果中國在經濟上持續崛起，最終成為更大的經濟強權，美國幾乎沒有任何戰略能夠在軍事上獲勝或維持平衡。隨著中國的成長，變化速度已經非常迅速，中國軍隊不僅在海上超越我們，在其他關鍵領域也是。美國空軍負責採購的卡梅隆・霍爾特（Cameron Holt）少將表示，中國採購武器系統的速度是美國的「五到六倍」。[66]對中國進行經濟圍堵，並促進美國及其盟國的經濟成長，成為基本策略。如果中國持續經濟崛起，最終成為更大的經濟強權，美國幾乎沒有任何長期策略能夠在軍事上獲勝或維持平衡。川普政府「國家防衛戰略」（National Defense Strategy）的主要制定者柯伯吉（Elbridge Colby）解釋：「如果美國試圖透過支出獲得主導地位，中國很可能會抵消這種努力。此外，考量到像中國這樣的強國，獲得主導地位所需的龐大經濟成本，可能會使美國經濟承受巨大壓力，而經濟是美國軍事實力的最終來源。」[67]如果我們繼續支持中國經濟的成長和改善，卻損害自身經濟，我們怎能期望在長期競爭中取勝？柯伯吉和其他美國國家安全專家被賦予的任務是，在商業和金融產業使對手的經濟和軍事資源擴大的同時，必須捍衛美國和我們的利益。

為了擺脫柯伯吉困境，也就是美國必須集中有限資源應對日益強大的對手，我們必須在經濟競技場取勝。經濟領域的優勢能夠在軍事領域形成嚇阻作用，而成功的外交政策促進我們與盟友的團結和合作，能實現這兩個目標。美國也必須對未來的軍事事務和工業實力有清晰的願景。例如，實施可以創造美國優勢的既有計畫，而且對下一代能力的投資將決定我們與中國的競爭，不單是今天的競爭，還包括未來幾十年的競爭。比方說，海頓將軍談到美國衛星系統遇到中國太空武器時存在的弱點：「我希望能建立一個具有韌性的太空架構。我們討論了十多年，也設計了十多年，設計方案已經出來。」[68]此外，隨著中國軍事領導人闡述他們在太空的野心，包括建立月球基地、小行星採礦，甚至是月軌內空間（cis-lunar space）的軍事主導權，美國必須設計並執行一個全面的太空產業經濟願景，並擁有捍衛此願景的軍事力量。美國的太空主導地位對當前地表的區域衝突引爆點極為重要，還有助於確保未來的軍事和經濟力量，並維持各方面領先對手的優勢。美國太空軍已經開始傳達這樣的願景。結合建立以美國為主導的太空經濟，太空軍的願景必須成為國家的絕對優先事項。

目前，軍事太空領域主要集中在偵察和通訊方面。雖然從全球衛星定位功能（GPS）到能夠探測敵方發射核彈的太空預警系統，都是戰爭不可或缺的，但美國需要的是長期的太空權願景。除了在全球市場上超越對手、確保供應鏈和建立優越的工業基礎外，關鍵在於未來的太空產業經濟應由美國來建立，而不是中國。我們商業界的太空領袖已經開始關注人類成為「多星球物種」（multiplanetary species）的概念。我們的軍隊必須在這個領域尋找決定性的優勢，並在地球上最重要的軍事地理區域內獲取優勢。此外，我們必須迅速將工業進步應用於軍力。

與我們的聯盟體系合作，就可能擁有一個優越的軍事創新基礎，隨著我們解決挑戰，以減少或消除對中國工業基礎集體依賴的挑戰，我們很可能在整個聯盟體系中釋放新的技術潛力。如果這些潛力能應用於橫跨大西洋和太平洋的集體防禦系統中，建立一個整合的聯盟創新基礎，那就有望在軍事創新方面取得領先。例如，蘭德公司（RAND Corporation）向日本防衛省提出的一系列建議，實際上整個聯盟體系都適用，特別是考慮到在北美、歐洲和亞洲之間，美國的盟國掌握未來產業的大部分財富和企業能力：

> 日本可以利用對關鍵技術領域的商業利益和投資，來促進這些技術的發展和應用。新興的太空衛星星座系統在遙感探測（remote sensing）、寬頻通訊和環境監測方面為商業市場提供寶貴的服務。同樣，無人機系統也滿足許多商業需求，如監測海底基礎設施、減少許多任務的人員需求，並為高齡化人口提供服務。奈米技術可以應用於如醫學和建築領域，先進的電信技術可以提高民用網絡的速度和可靠性，而增材製造已被製造商用來簡化生產流程。在資訊技術領域，人工智慧、大數據和自動化可以幫助企業提高效率、能力和利潤……。在所有這些情況下，日本防衛省都可以利用私營部門大量投資的技術領域。[69]

像中國那樣，我們必須了解如何結合民用和軍事技術工業基礎的力量。整個聯盟體系中龐大的商業創新和投資，很可能是未來實現決定性轉折的強大力量，前提是結盟世界必須成功阻止對手獲取這些創新，並在投資、生產和整個聯盟體系的集體使用上找到規模經濟。我們卓越的全球創新基礎不只可能在工業潛力上產生下一場革命，還會在軍事事務上帶來變革。然而，我們也必須對這樣的結果有一個清晰的願景。

由於中國的全球資產和利益以及現有武器系統的性質，北京當局若因領土目標在亞洲發動戰爭，可能會擴大到洲際或全球範圍。例如，如果衝突出現水平升級——即擴大衝突的地理範圍以確保優勢——柯伯吉對此解釋：「中國可能會對防禦方的關鍵基礎設施或其他敏感目標進行非核攻擊，對美國或其他聯盟國家的民眾造成痛苦，希望他們因意志薄弱而屈服。」柯伯吉將這些攻擊比作二戰期間德國轟炸倫敦：「當然，即使中國發動攻擊，也不太可能透過攻擊來征服已經在局部戰鬥中勝利的盟國。所以他們的攻擊會很殘忍，但徒勞無功。二戰中的德國V—1和V—2飛彈引起倫敦市民的恐慌，但並沒有影響戰爭的結果。」[70]此外，中國在其港口和基礎設施網絡周圍部署和使用反艦飛彈，可能使從大西洋到印度洋地區的盟軍艦隊和民用航運都面臨風險。[71]美國已經有反擊和回應北京當局這些潛在行動的選項，但我們應該明白，與中國二十世紀的戰爭和邊境衝突一樣，北京當局的目標往往是向另一個國家表明立場，並非單純奪取領土。

垂直升級——使用威力越來越強大的武器，包括可能使用核武——是另一個重要的問題層面。柯伯吉解釋，在臺灣衝突中，「中國也可能利用核武來試圖扭轉敗局」。[72] 普丁在入侵烏克蘭期間提出核威脅言論，一些人認為中國也可能利用核威脅來恐嚇西方，使他們在俄羅斯或中國發動征服戰時袖手旁觀。[73] 真正的嚇阻不只是能夠擊敗中國的常規部隊或使其付出巨大代價，也必須在水平升級和垂直升級方面與北京當局匹敵。美國的防禦必須不只能夠在區域衝突中造成巨大代價，還要在全球公共領域中保持嚇阻力。隨著中國核武擴張和俄中聯盟改變全球權力平衡，美國也必須保持對戰略嚇阻的重視。[74]

最後，在美國網戰司令部（U.S. Cyber Command）的領導下，網路領域為美國企業科技領袖與國家安全部門建立深度合作提供了重要機會，以執行我們最重要的國防任務之一。我們已經看到了中共特別關注產業間諜活動，以及這種惡意活動在其國家經濟戰略中的核心地位。我們最近也目睹了俄羅斯的網路攻擊行動，其目的不只是煽動國內政治分裂，更直接針對美國的國家基礎設施。想在日益網路化的世界開創進步，保護我們的民用基礎設施和國家工業基礎非常重要。雖然中國和民主國家可能出現經濟分岔點，尤其是在依賴資訊技術的產業，但我們仍必須確保商業、政府和民用基礎設施堅固耐用，可以抵禦敵人的攻擊。網戰司令部的願景提到，「在空中、陸地、海洋和太空領域的軍事優勢，對於我們保護利益和價值極為重要。這些實質領域的優勢很大程度取決於在網路空間的優勢。然而，我們卻面臨失去網路空間優勢的風險」。[75]

二〇一八年《國防部網路戰略》（*Department of Defense Cyber Strategy*）對網路空間戰略競爭的一個目標解釋如下：「首先，我們必須確保美國軍隊在任何包括網路空間的領域，作戰且獲勝的能力。這是美國國家安全的基本要求，也是我們制止針對美國、我們盟友及夥伴之侵略行動的關鍵，包括構成武力使用的網路攻擊。國防部必須保護自己的網路、系統和資訊不受惡意網路活動的侵害，準備好在接到指令時保護由非國防部的國防關鍵基礎設施（Defense Critical Infrastructure, DCI）和國防工業基礎（Defense Industrial Base, DIB）實體經營的網路和系統。我們將在前方進行防禦，以阻止或降低針對國防部的網路攻擊，並且相互合作，加強國防部、國防關鍵基礎設施和國防工業基礎網路和系統的安全和韌性。」[76]二〇一八年，白宮發布了十五年來第一份《國家網路戰略》（*National Cyber Strategy*），說明「保障國家關鍵基礎設施和管理其網路安全風險的責任，由私營部門和聯邦政府共同承擔。我們將與私人企業合作，共同採用風險管理方法減少漏洞，提升關鍵基礎設施的基本網路安全水準」。[77]該戰略確定了七個關鍵領域：國家安全、能源與電力、銀行與金融、健康與安全、通訊、資訊技術和交通運輸。

現今，加強關鍵基礎設施的保護是前景看好的領域，可以讓美國商業界和國家安全領袖在共同利益下攜手合作。任何經營者、董事會或股東群應該明白，他們希望進行商業合作的同一國家——中華人民共和國，正在對我們的公司和國家進行大規模的產業間諜活動和其他形式的網路侵略。在網路領域加強公私協作不只是國家安全的必要之舉，也是把私營部門引向歷史正確方向的機會。

美國主要的科技公司與美國國家安全機構大規模合作，這種關係必須隨著挑戰增加而持續發展。例如，美國中央情報局、國家安全局和國防部近年來授予或公開競標一系列雲端運算合約，顯示出美國政府和國家安全企業的市場吸引力。二〇二〇年，美國中央情報局的雲端運算合約選定多家科技巨頭，如亞馬遜網路服務（Amazon Web Services）、IBM Cloud、Microsoft Azure、Google Cloud 和 Oracle Cloud 並授予合約，不只顯示頂尖企業與重要的國家安全任務密切合作的意願，也公開展示他們對美國的承諾。像甲骨文這樣的公司就與美國國家安全機構有合作的先例。Google 最近在二〇二一年推出了 Google 公共部門（Google Public Sector），並在獲得中央情報局合約後表示：「我們將持續致力於服務各種規模的公共部門組織，而這份合約也進一步強化 Google Cloud 最近在聯邦層級的發展趨勢，包含與美國國家海洋暨大氣總署（NOAA）、能源部、國防創新單位、海軍、專利商標局、小型企業管理局等機構的合作。」[78]儘管這些美國企業繼續參與中國市場，但隨著他們逐漸意識到在中國市場的發展風險，以及在關鍵發展市場將與中國科技巨頭競爭，讓他們在與中俄的整體競爭中與美國堅定地站在同一邊，非常重要。新的國防科技公司也出現，他們的領導者不但支持美國國家安全，更強調他們希望幫助美國贏得與俄羅斯和中國的競爭。美國致力於人工智慧和自動化的國防科技企業安杜里爾工業公司（Anduril），其執行長布萊恩·希姆普夫（Brian Schimpf）表示：

> 儘管中國和俄羅斯公開討論人工智慧，但美國在發展先進自主系統競賽中仍具諸多優勢遠勝其對手。全球七大市值最高的科技公司皆為美國企業，同時美國擁有全球五大最佳電腦科學科系中的三個。我們擁有人才、財富和有能力發展世界級人工智慧軍事技術的規模，幫助我們理解更廣闊且複雜的戰場，並採取行動。[79]

帕蘭泰爾技術公司（Palantir）執行長艾力克斯·卡普（Alex Karp）分享他對矽谷起源及其與美國國防關係的理解：「矽谷的創立動力來自其支持政府的國防目標和技術目標，這使得矽谷的崛起成為可能。技術工程人才、學術界的保護與相對隔絕，以及政府積極尋求真正顛覆性技術來推動其國防和情報目標，這些交集共同孕育了我們今天所知的矽谷。」他補充說：「多年來，我們公司的拓展，得益於我們與美國軍事和情報部門的合作，這些部門的長官對軟體感興趣並理解其重塑國防的潛力。」[80]

美國的科技領袖是我們工業創新基地的重要組成部分。如果我們能夠保持全球領先科技企業的決心，善用其創新潛力，並重建最重要的戰略產業，就可以重拾過去百年間幫助我們度過最大挑戰的美國優勢。

國防工業基礎：從根基到新戰略領域

如同在經濟競技場取得勝利一樣，國防領域的勝利也需要民間企業的全力合作。重建國防工業基礎，已成為了解與中俄對抗風險的軍事專家和公民首要關切的事項。[81]這個基地，我們也可以稱之為國防工業**創新**基礎，不光是在第二次世界大戰這樣的軍事衝突中獲勝的關鍵，也是在上個世紀最重要的和平時期競爭——冷戰中獲勝的關鍵。我們必須採取一系列國家級「登月計畫」般的倡議，重建並確保我們的戰略產業安全，確保我們國家和盟友的創新基礎優於對手。這表示我們要善用美國和盟國的私營部門力量，不只是建立一個二十一世紀的國家工業基礎，還能開啟新的可能性，改變我們的經濟和軍事潛力。過去百年的戰爭與和平競爭促使了重大技術進步。太空競賽是最偉大的例子之一，同樣還有矽谷的誕生。美國的創新史在本質上是公私部門相互支持與合作的歷史。我們的創新集合涵蓋了企業家精神、學術研究及策略性政府資助，已催生出許多成功案例。

資訊科技與創新基金會（Information Technology & Innovation Foundation, ITIF）在二〇一四年彙整了一份報告，列舉「二十二個由聯邦研究支持帶來的重大技術進步」，指出「第二次世界大戰使得聯邦在研發領域的角色制度化，並帶來雷達、電子、噴射飛機和原子能等顯著進步。美國一直依賴這個由聯邦資金贊助的豐富體系，其中許多重大創新來自社群合作，而非獨立創新者的工作」。資訊科技與創新基金會的清單包括資訊技術、能源、健康、數學、教育、交通和農業領域的例子。這些清單的發明和創新，改變了美國的生活：Google 搜尋引擎，得益於國家科學基金會和史丹佛大學在一九九〇年代對謝爾蓋·布林（Sergey Brin）、賴利·佩吉（Larry Page）的支持；全球衛星定位系統；網際網路的前身阿帕網（ARPANET）；智慧型手機技術；人類基因體計畫；磁振造影（MRI）。[82] 回顧現代史，我們優秀的企業一直與美國政府合作應對迫切的戰略挑戰，現在我們必須支持公私合作夥伴關係的再度復興。不管批評者如何評論，美國政府的國家戰略使命已帶來科技和創新方面的巨大進步。我們與中國的競爭將是類似情況，如果能夠維持長期的大國和平，我們就可以在工業技術和經濟成長方面取得實質進展。

兩個重要例子值得深入探討。第一個是新的太空競賽和真正以太空為基礎的經濟興起。自冷戰以來，太空與國家安全息息相關。現今由私營部門主導的太空探索革命，如伊隆·馬斯克的SpaceX、傑夫・貝佐斯（Jeff Bezos）的藍源（Blue Origin）和李察・布蘭森（Richard Branson）的維珍銀河（Virgin Galactic），以及較不知名、使用增材製造技術打造火箭的相對論空間（Relativity Space），皆展示了政府、私營部門、國家安全機構和國家科技創新基礎如何協調創新和產業潛力。美國成功抗衡中國和俄羅斯（世界上除了美國之外最具代表性的太空國家），將可開啟太空防禦技術、利用太空資源以及發展經濟潛力的新篇章。順利發展太空經濟可能為美中經濟競爭提供變革性的優勢，讓我們在新的競技場上超越對手，釋放出超越地球本身的經濟潛力。這可能是二十一世紀歷史上最重要的特徵之一，因此也是美國和盟友必須打贏的競爭。第二個例子是稀土和關鍵礦物的供應鏈。這些必要的原物料多半在中國境內開採並由中國加工，對於維持我們的生活方式和國防工業基地非常重要，不再只是單純的商業需求，而是攸關國家安全的緊急議題。我們必須動員私營部門。我們的國家安全要求這些供應鏈必須由北美或盟友的供應鏈來建立和保護。在這個過程中，我們可能會學到可貴且有用的經驗，即如何讓國家安全與私營部門合作，以保障美國。就像眾多政府機構與嬌生和莫德納等頂尖製藥公司合作，迅速研發出新冠病毒疫苗的「神速行動」（Operation Warp Speed），美國在戰略和關鍵礦物方面的努力將會是不可或缺的，也必定會涉及公私合作的夥伴關係。太空經濟展現了非凡機遇的實例，而關鍵礦物則代表迫切的必要性。每一個例子都顯示出國家安全和經濟實力必須共同發展的道理。

稀土和關鍵礦產

美國國防部已經承擔起保障美國稀土和關鍵礦物供應鏈安全的任務。鄧小平說過一句名言：「中東有石油，中國有稀土。」美國國防部指出，在關鍵礦物部分，「只有中國擁有所有必要的供應鏈層級」。[83]由於在科技上的重要性，從手機到F—35戰機，這些關鍵礦物和稀土元素對我們當今的生活方式來說，就像半導體一樣不可或缺。對於新興技術和戰略產業也相當重要，而這些技術和產業目前處於開拓階段。然而，幾十年的全球化使這些供應鏈和儲備處於風險之中。在新冠肺炎疫情期間，美國深刻體會到對中國製藥和個人防護裝備的依賴，眾議院軍事委員會國防關鍵供應鏈工作小組於二〇二一年的報告指出：

> 在過去十八個月的新冠肺炎疫情中，美國供應鏈顯然已成為經濟安全和國家安全的關鍵問題。深夜打電話找護理人員的口罩、找民眾的消毒液、找汽車製造商的微晶片，這些情況揭露了商業領域的脆弱性。這段慘痛的經歷讓人重新關注國防供應鏈——也就是那些

支持國防部門工業基礎、負責提供原料與服務，最終將成品交付美國國防部的跨國供應網絡——同時也讓我們檢視，這些供應鏈面對供應衝擊時的應變能力是否充足。新冠肺炎疫情同樣教會了美國和盟友，對手願意的話，他們有能力利用供應鏈的脆弱性來威脅我們的國家安全，尤其是中國。新冠肺炎危機考驗了美國，但我們的應對措施也使我們獲得寶貴的見解，並強調採取行動的迫切性。現在，美國政府必須與業界和盟國合作，透過增加供應來源的多樣性，減少關鍵國防供應鏈的風險，提高應急能力並加強韌性。[84]

中國已經因為與日本的領土爭端而將稀土出口當作武器。不要忘記中共在全球疫情初期，官媒對美國說過的話：

> 百分之九十以上的美國進口藥物都與中國有關。這個時候只要中國宣布盡量滿足國內而禁止出口，美國將會陷入新冠病毒疫情的地獄。[85]

解決其他脆弱的領域，看起來明智且合理，尤其是許多技術的基本物質，這些構成了我們現代經濟和國家安全基礎設施。美國必須踏上保障這些資源安全的征途，首先是為了國防工業基礎的利益，同時也是為了整個國家經濟的持續運轉。保障這些供應鏈的需求——已經成為川普和拜登政府極其重視的研究項目——現在必須成為一項大規模的公私合作倡議。拜登政府的供應鏈審查將關鍵礦物列為四個主要類別之一，另外三個是半導體、藥物和大容量電池。無論在哪種情況，「業務回流」（reshoring）或「聯盟外包」（allied-shoring）都是非常重要的策略。保障這些供應鏈的重要性表明，一些政策工具可以為未來十年的各種國家安全和經濟安全需求鋪平道路。例如，一九五〇年的《國防生產法》（Defense Production Act, DPA）在藥品和關鍵礦產方面經常被引用。《國防生產法》的宗旨如下：「美國的安全仰賴國內工業基礎提供國防所需的物資和服務，以及準備和應對美國境內的軍事衝突、自然或人為災害、或者恐怖主義行為的能力。」[86]

《國防生產法》授予總統這樣的權力，即命令生產任何被視為對國防和國家安全極為重要的商品或服務。類似《國際緊急經濟權力法》，允許總統基於國家安全利益而採取任何經濟行動一樣——無論是川普政府期間試圖強制將 TikTok 出售給美國買家，或是川普和拜登政府時期禁止投資與中國軍方有關的企業，都援引過該法——《國防生產法》也授予廣大的權力，使美國能夠生產所需物資，並涉及國家安全之際啟動國內產業生產力。《國防生產法》是「神速行動」的根基，現任白宮也在多次場合中引用該法：「我們需要以新的方式利用《國防生產法》

的權力，例如投資先進製藥技術。」[87]美國正逐漸掌握這些強大的立法和行政工具，其中大部分是在過去經濟競爭中發明的。關鍵礦物將是我們最重要的考驗之一，因為這些對國防極為重要，在和平時期供應鏈全球化的幾十年間卻一直遭到忽視，而且我們的主要對手是這些物資的全球最大生產國和提煉者。根據美國內政部轄下的地質調查局，「二〇二二年最終關鍵礦產清單」（2022 final list of critical minerals）包括以下元素：

鋁、銻、砷、重晶石、鈹、鉍、鈰、銫、鉻、鈷、鏑、鉺、銪、螢石、釓、鎵、鍺、石墨、鉿、鈥、銦、銥、鑭、鋰、鎦、鎂、錳、釹、鎳、鈮、鈀、鉑、鐠、銠、鉫、釕、釤、鈧、鉭、碲、鉽、銩、錫、鈦、鎢、釩、鐿、釔、鋅和鋯。[88]

當務之急是建立並保護一個新的美國與盟友的供應鏈，確保在和平時期和潛在的衝突時期都能獲取這些元素。與其他關鍵戰略產業的倡議一樣，保障我們的礦產供應鏈將受益於強大的公私合作夥伴關係，以及釋放美國私人資本以減輕公共財政的負擔。有兩種方法可以應用於許多其他關鍵需求產業：首先，是採用三軌策略，包括曼哈頓計畫（Manhattan Project）、登月計畫和 XPrize 除碳獎勵計畫，根據需要國家力量來實現供應鏈安全和獲取保障的子項目和子任務。曼哈頓計畫類型的倡議將是秘密的、戰略性的和大規模的，完成不需要向全國宣布的重要工作。登月計畫類型的倡議將是公開的、戰略性的和大規模的，動員大眾的想像力參與我們的重要任務，但仍由政府和產業領導。XPrize除碳類型的倡議將創新委託給合格的競爭團隊和創新者，尋求基層突破，以推動更大的使命進展。公共倡議可以借鑑華為前例加以保護——如果這項技術被敵對公司或國家竊取或抄襲，美國可以動用經濟工具來削弱或摧毀肇事者，無論是在公司還是整個行業層面。在關鍵礦物方面，後者可能不那麼重要，因為目標是保障自身的供應鏈，但對於附帶產生的材料科學創新可能有所幫助。最後，如同「神速行動」促成了以盟國和四方安全對話機制為基礎的疫苗供應鏈和製造倡議，關鍵礦物供應鏈不只讓美國受益，也會惠及整個聯盟體系。

從北約到亞洲盟國，隨著軍事系統和作戰能力不斷調整和整合，我們必須確保整個盟軍的防禦工業基礎基本上不受敵對國家帶來的瓶頸或阻礙所影響。與每個領域的其他戰略設計一樣，由於美國的規模和危機時期領導和集中力量的必要性，美國仍將是盟國軍事與工業實力的基石，但聯盟體系——結合其財富、市場影響力和創新能力——形成了經濟共同體，可以克服有限供應的挑戰。就原物料而言，需要安全且多元化的生產基地，而盟國之間已經存在這樣的機制。國家技術工業基地（National Technology Industrial Base, NTIB）是友邦國家產業合作的手段，其中包括為國防工業基礎儲備關鍵礦物。至於關鍵礦物，北美（加拿大和美國）及澳洲都是極為重要的參與者，因為這些國家都具備豐富的天然資源基礎，並且在必要時可以建立替代供應鏈。其他友邦國家在探勘、儲備和其他必需品方面也可以加入。美國國防部的《戰略與關鍵礦物評論》（*Strategic and Critical Minerals Review*）讓我們了解美加整合的樣貌，以及使用《國防生產法》與盟友合作的能力：

> 根據《美國法典》第十編第二五〇〇條款，加拿大是國家技術工業基地成員（同澳洲和英國一起）。加拿大公司和個人是《國防生產法》（《美國法典》第五十編第四五〇〇條款以降）中唯一被認定為「國內來源」（domestic source）的非美國實體和個人。兩者反映出美國和加拿大經濟深厚的整合程度，以及美加之間非常緊密的安全關係。這樣的經濟整合使得加拿大成為美國對那些戰略和關鍵物資的第二大進口來源，淨進口依賴度達百分之五十以上。[89]

我們最基本的供應鏈之一——構成我們生活方式和軍事優勢的物質元素——必須得到保障。在此過程中，我們可能會獲得關於公私合作、基於聯盟的工業和創新合作，以及可以加速美國新創新機制的寶貴經驗。這只是我們產業需求的其中一個方面——儘管是基本的：這是我們每天都會使用的元素。我們的下一個例子可能不只在與中國的競爭，也可能在人類的未來帶來變革性的差異。

太空經濟

展望未來一世紀的人們深知太空的重要性。我們必須確保太空的未來——這個地緣政治競爭的主要新興領域之一——仍然掌握在美國和盟友的手中。當今產業界人士分享了他們對於如何進入這片「最後的邊疆」（即太空）以改變人類潛力的願景。從SpaceX與伊隆．馬斯克致力於降低上太空的成本和最終在火星上建立居住地的努力，到藍源與傑夫．貝佐斯提出「幾百萬人在太空生活和工作，造福地球」的願景，我們正進入一個具有巨大經濟潛力的公私合作新時代，同時也有軍事創新和保護的需求。美國軍方和政府都意識到，中共已在太空相關的工業、軍事和科學方面取得進展，我們必須努力競爭以應對他們的長期大戰略。

在這片美國已經開拓數十年的邊疆取得勝利，可能將決定我們與中國長期競爭的成敗。一來是太空在軍事力量中扮演的關鍵角色，二來是太空具有改變本世紀人類文明的經濟潛力。我們未來所需要的事物，也應該能夠激發我們作為一個國家的想像力。太空分析師納姆拉塔・格絲瓦米（Namrata Goswami）、彼得・加勒森（Peter Garretson）於其大作《爭奪天空》（*Scramble for the Skies*）中描述了小行星採礦、太空工業化、居住和能源的潛力，並將其與哥倫布的航海作比較：「去開採小行星。去建立月球基地。去火星打造城市。去捕捉太陽無窮的綠色能源。將工業移出地球。在遙遠的冰衛星上尋找生命。」[90]這個十年成形的新太空競賽將為下個世紀奠定基礎，對我們與中國的競爭極為重要。中國已經在地球上成為經濟超級強國。雖然我們可以如同在「經濟競技場」那一篇所描述的與中國抗衡，但美國還需要藉由長期的太空探索和經濟發展競爭來轉變其經濟潛力。[91]我們必須在「爭奪星辰」（scramble for the stars）的競賽中領先，因為太空很可能成為我們與中俄競爭的**新地理**戰場。[92]小行星蘊藏著價值**數兆**美元的礦物，太陽系的巨大能源潛力，以及小行星帶和鄰近行星的居住潛力，這些都是格絲瓦米博士、加勒森博士描述的太空經濟潛力：

> 各國會密切關注那些甚至不到其國內生產總額百分之一的經濟機會。各國會為了只夠未來幾年使用的國內能源供應量而爭得你死我活。但在太空中，不是只有單一國家國內生產總額的百分之一、百分之十、或百分之百，而是全球生產總值的許多、許多倍。太空中蘊

藏的不是少數能源，而是足以供應已開發世界六至七倍所需的穩定太陽能……。開採價值數兆美元的小行星或能源市場，可以加速中國的崛起，延續美國的霸主地位，或讓後起之秀的印度超越中國。[93]

隨著我們專注於月球和火星，並且在實質太空科技方面取得進一步發展，接下來的十年將標記著長達數世紀探索太空經濟的開端，這個經濟最終可能遍及整個太陽系。新一場太空競賽將在激烈的地緣政治競爭時期中成形，這種競爭強度自冷戰時期以來前所未見。這是我們與中國更廣泛的地緣政治競爭中真正具有變革性的一場競賽。如果美國能夠勝出，將會改變整體競爭局勢，使美國和聯盟體系增加數兆美元的國內生產總額，並奠定第二次大分流的基礎。爭取「下一個邊疆」給予了民主國家在與中國的競爭中更大的優勢，也帶來了透過和平競爭獲勝的希望。

伯茲·艾德林（Buzz Aldrin）是冷戰時期阿波羅計畫中第一批登陸月球的美國太空人之一，他解釋了在未來二十年內我們可能達到第一階段探索和產業發展的潛力。運用月軌內空間——指在地球與月球之間的區域，中共戰略家已宣稱他們打算主導這片區域——將使我們朝著在火星上永久居住，並真正開始以太空為基礎的產業邁出一大步。如艾德林先生所說：「透過從月球開採燃料（來自月球水冰），我們可以不必從地球發射火箭到太空，並獲得在太空中加油的優勢，從而降低整體太空航行的成本。月軌內空間對於測試探測艙和最後火星探索任務所需的其他新應用也是無價之寶。從月軌內空間，我們可以利用遙控機器人建造國際月球基地。完善之後，同樣的方法也可以應用於遠程建造，也許是從火星的衛星火衛一（Phobos）建造第一個火星基地。」這位世界知名的太空人接著解釋新技術的重要性和目的，這些技術都是下一次工業革命的特徵，為建造新一代的太空旅行提供可能性：「定居火星是安全、可負擔且自給自足的。實現自給自足需要一整套包括機器人、人工智慧、奈米技術、合成生物學和 3D 列印在內的新興技術⋯⋯。火星很可能成為許多新技術的試驗地點，這些技術不僅推動地球自身的自主，還能使火星成為燃料、氧化劑、生命支持系統、備用零件、替換載具、居住地和其他產品的供應來源，以超越目前在低地球軌道和火星附近的太空探索活動。」[94]

艾德林的登月和前進火星路線圖，將使我們離開地球的「重力井」，這是擴展人類太空航行和太空產業潛力不可或缺的一步。[95] 一旦我們具備在月球製造的能力，很可能透過 3D 列印技術，解決將重型設備帶出地球軌道的高成本問題，我們將打開人類太空探索的新篇章。[96] 但如同其他競爭，美國和友邦國家必須贏得競賽。為此，我們需要政府、國安系統以及新興的太空私營部門全面合作。

正如我們在外交競技場必須不受拘束，努力使聯盟體系的目標團結一致，並贏得各大小國家的支持一樣，我們也必須利用太空領域，探索遠超出關鍵十年的轉型經濟和軍事潛力。美國與盟友要勝出不能只靠關注地球，還要發明和探索新的領域和競技場，這些將塑造我們長期競爭的樣貌。因此，就像我們在地球的角色必須永遠具備全球性一樣——繁榮和力量的基石——我們在太空和星際之間的角色也必須尋求無限潛力。為了在地球和太空中都能做到這一點，我們必須永遠發揮領導作用，絕不孤軍奮戰。

如果無法在「下一個邊疆」勝出，我們不僅會交出今日的世界，還會將未來的世界拱手讓給對手。中國和俄羅斯都了解太空的重要性。與我們在第一次太空競賽中的冷戰對手不同，中共將太空視為經濟新邊疆，是通往未來的道路，這條道路能夠維持中華人民共和國「無窮」的優勢地位，並完成「中華民族的偉大復興」。中國的太空戰略家已經將月球和火星比作中國在東海和南海宣稱擁有或軍事化的島嶼。如果是中國獲得太空探索和經濟發展的成果，而非美國，這表示美國時代將走向不可逆轉的終結。

請將以下類比牢記在心。

在我遇到的危險戰略理念中，有一種認為美國只要退守「堡壘美國」（Fortress America）就能成功，任由中國和俄羅斯與歐亞非的其他勢力競爭，而美國在豐富的農業和能源生產支持下，可以自給自足，不再參與國際事務。這種孤立主義的誘惑在歷史上一直影響著美國人的思維，但在二戰和後來世界重建時期，一個偉大的世代為全球安全和繁榮建立起持久的架構，才打消了這種想法。但我們必須從「堡壘美國」的理念中汲取另一個教訓。許多美國戰略思維具有大英帝國在歐洲扮演「境外平衡者」（offshore balancer）角色的特徵。美國不會允許歐洲或亞洲出現霸權，幾個世代下來，我們一直根據此原則實施戰略。同樣，英國也不能允許單一勢力主宰歐洲大陸，因此在歐洲列強之間發揮制衡的作用。但是，當霸權真的崛起，希特勒率領的德國征服整個歐洲時，英國的天空和城市很快就籠罩在法西斯進攻行動的陰影下。邱吉爾曾這樣說：

> 我們將堅持到底。我們將在法國作戰，我們將在海上作戰，並將以越來越大的信心和實力在空中作戰，我們將保衛我們的島嶼，不惜一切代價；我們將在海灘上戰鬥，我們將在登陸地上戰鬥；我們將在田野和街頭作戰，我們將在山區作戰——我們絕不投降！**即使……（我一點也不相信會發生這樣的事），即使這個島嶼或很大一部分領土被征服並陷入飢餓，那麼我們海外的帝國臣民，在皇家艦隊的武裝護衛下，將繼續戰鬥，直到上帝認為適當的時機，新世界以其所有的力量和威嚴，挺身救援和解放這個舊世界。**[97]

邱吉爾時代的英國是境外平衡者，但歐洲最終被輾壓，對於已經厭倦擔起全球承諾和責任的美國來說，英國可能是吸引人的榜樣。然而，美國在現代歷史上一直是拯救其他國家的地方，這正是我們在與中國的競爭中面臨的整個難題所在。在危難時刻，誰能拯救美國？除非我們的聯盟體系堅如磐石，除非我們能夠保護自己，否則不會有後援。堡壘美國並非致勝策略。我們不但必須與地球各個角落的民主國家合作，還必須開啟新的太空地理格局，而它們本身就會有變革性的影響。我們的探索精神，加上與世界眾多國家的合作關係，是保障安全與繁榮未來的關鍵。就像英國在「最黑暗的時刻」能夠抵禦圍攻並向歐洲以外的世界呼籲一樣，美國與盟友必須開始進行這個困難的工作：不只在地球上建立我們的安全屏障，還要跨越至下一個邊疆。這正是**這十年和這個世紀地緣政治交匯的地方**。英國或許曾是歐洲的平衡者，但走出世界各大洋，最終與英國站一邊的志同道合國家，才是英國在第二次世界大戰中的救贖。在未來的一個世紀中，太空對於我們來說將如同我們的海洋。在太空競賽獲勝，將成為我們這一代人和後代子孫的重要使命。[98]

第四篇

思想競技場

PART FOU

THE ARENA OF IDEAS

「美國是一個理念……。這就是我們在世界各地對你們的看法，作為人類史上最偉大的理念之一。」

——波諾（Bono）

「成為香港人心目中的那個美國。」

——Twitter

光有經濟大戰略並不夠，空有全球外交戰略也不夠，我們也不能單靠以力量實現和平來恢復嚇阻作用。雖然這些基本上可行，但除非我們解決最重要的問題，否則這些都無法實現。如果國家分裂，我們將永遠無法在這些戰略領域中獲得成功。讓國家團結一致，追求共同原則，也許是我們最大的挑戰。有一次在中國，有人告訴我，當內外威脅同時出現，王朝就會滅亡。在中國的日子讓我深刻了解到，美國在國際事務中將面臨巨大的挑戰。美國的經驗告訴我，儘管擁有巨大的潛力，但我們如今是一個受傷的國家。從開國元勛到美國內戰所傳承下來的每一分智慧，都在提醒我們一件事：「分裂則亡，團結則存。」

我們對規劃和執行全球大戰略的能力充滿信心。因為我們過去成功過，從第二次世界大戰的全球戰略，到憑藉圍堵政策的嚴謹、智慧以及簡潔贏得了冷戰。我們必須認識到，集中精力解決世界重要問題的能力，與我們和平且有尊嚴地共處的能力息息相關。今日這場重大的競爭也是如此，它將考驗美國的每一個優勢、每一個創意和才智，以及考驗美國人的每一分意志和決心。我們理解，在外部危險的時刻，例如，二十世紀的兩次世界大戰，我們團結一致，在世界舞臺上採取重大行動，解救了各大洲脫離無情的侵略和恐怖行徑。在冷戰時期，我們達成了充分的全國共識，所以能夠規劃並執行一項長達數十年、涉及幾代人的大戰略，並在黨派之間和全美範圍內傳承和演變下去，歷經杜魯門、艾森豪、甘迺迪三屆總統，最後到和平結束冷戰時代的雷根和布希。沒有人能說二十世紀的美國內部完全團結一致——甚至相差甚遠——但今日我們之間的分裂令我所遇見或認識的每個人都感到困擾，包括那些經歷過先前考驗全球和平時期的人。

我們都意識到這些分裂的存在。

美國任何大戰略都需要我們團結起來，盡可能彌合分歧；如果無法彌合，也要彼此容忍，努力求同存異。我們的敵人明白分裂的力量，知道可以利用分裂破壞我們在地緣政治對抗中任何成功的機會。我們的對手利用二十一世紀美國生活的某個特點，我們很快就會談到這個部分。在這種分裂和衝突的狀態下，我們如何應對一個才剛開始理解的威脅？我們必須認識到，我們的成功和生存不僅取決於彼此共存的能力，也取決於我們在一場關乎所有人命運的競賽之中共同努力的能力。

思想競技場本身就是一種戰爭形式——即所謂的資訊戰——同時也是我們形塑和認知自我概念的心靈與精神領域。它不同於經濟競技場，後者造就力量的潛能；它不同於外交競技場，後者是我們與全球其他國家交涉的方式；它不同於軍事競技場，在所有手段都失敗時，後者能阻止危險行動者執行不受約束的計畫。思想競技場包含我們之所以成為我們的原因，以及為何我們必須履行使命的理由。思想競技場也鼓舞了我們在最艱難的試煉中繼續前行的精神。對美國而言，也許比其他國家更重要的是，思想競技場也是我們擁有巨大力量的領域。美國的獨特之處不在於其財富、軍事實力或全球外交影響力，歷史上還有其他類似的例子。而美國的獨特之處在於，這裡建立在人類史上最強大的理想之上。每一位偉大的美國領袖都理解這一點的重要性：我們的理念，即「美國理念」、「美國實驗」（American Experiment），必須保存並繼續發展下去。這是我們這一代人和每一代美國人的遺產。我們的任務不只是確保這個地方的存續，還要確保美國在這個世界上繼續擁有巨大的力量。

美國的榜樣遍及全球，有時是好的影響，有時則不是。我認為，我們如何對待彼此，以及理解自己可以向世界展示什麼的能力，是關乎我們未來任何競爭的重要基礎。此外，正是我們價值觀的力量和善良，使得美國在世界上的領導地位變得有價值。開國元勛將美國革命稱為「事業」（the Cause）。[1]我們的事業已成為許多國家的事業：自由、人權、法治、民主或自治。我們必須提醒自己，這些價值的意義，以及全國上下值得為這些價值的成功和存續而共同努力的理由。我們的價值觀是普世的，並且廣受認同。不只是美國，自由世界也是我們的一部分，正如我們是自由世界的一部分。不只是自由世界，還有無數嚮往更大自由的國家、人民和個人，他們也認同這個國家的精神和目標。這就是為什麼對美國來說，這是個無邊界的世界——不只是在商業、國防和利益方面，也出於我們對人類的承諾。就這方面而言，我們是「不可或缺的國家」。

如果我們在這場競爭中勝出，前方將是一幅非凡的景象。美國必須成功，而不只是為了阻止中國和俄羅斯的惡行和危險意圖。雖然會有許多重要的合作夥伴，但美國，這個由各個民族組成的地方，必須領導這項努力，並且成為基石。為了自己和其他許多人的光明未來，我們也必須選擇繼續推動美國實驗。如今，美國處於有史以來最多元化、最有吸引力的聯盟群體之首位，同時也是全球連結最緊密的舞臺上。我們準備好引領技術、產業和繁榮的變革，並開始建設一個不只由我們所知的地球構成的世界，還要開啟太空發展的諸多可能性。人類進步的工具和道路將在我們面前展開。美國必須解決的問題是，這些工具是掌握在威權和極權國家的手中？還是掌握在我們的民主國家手中？我們為什麼必須這樣做？為什麼必須努力在這些領域勝出？歷史上最關鍵的競爭中，哪個政權、哪個體系、哪個地方掌握人類下一次進步和變革的鑰匙，才是最重要的問題。引用普丁在俄羅斯對學生的談話：「誰掌握了人工智慧的領導地位，誰就能統治世界。」[2]以中國軍事戰略家的話來說：「外太空和網路空間已成為各方戰略競爭的新制高點。」[3]在塑造本世紀的工具和競技場中，我們希望克里姆林宮或北京當局占上風嗎？這些地方的現狀，全世界都看得見。從烏克蘭的殺戮戰場，到終結香港自由的暴行，再到新疆利用科技實施種族滅絕的行動，我們必須再次理解這些體系之間的差異。

把眼光放長遠一點，因為這樣的視野帶給我們最多教誨。一九五〇年，保羅．尼采（Paul Nitze）撰寫了美國最重要的戰略計畫之一——《國家安全會議第六十八號文件》。回顧美國對冷戰世界採取新策略的前幾十年，他對歷史和權力作出以下評述：

> 過去三十五年間，世界經歷了兩次極其殘酷的全球戰爭，**目睹了兩次範圍廣大且極為激烈的革命——俄羅斯和中國**。還見證五個帝國的崩潰——鄂圖曼帝國、奧匈帝國、德意志帝國、義大利帝國和日本帝國——以及英法兩大帝國體系的劇烈衰退。在一個世代裡，國際權力的分配已經發生了根本性變化。[4]

我們今天面臨的挑戰——或許是主張我們進入第二次冷戰的人最有力的論據——不是全球戰爭所造成的，也不是帝國或帝國體系崩潰或衰退的結果。事實是，中國和俄羅斯這兩個國家的革命和制度背景與我們完全相反，卻在二十一世紀繼續發展，追求更大的力量。這些在第一次冷戰期間扮演過關鍵角色的國家，因其轉變為另一種形式的極權主義而變得更強大。美國必須做好準備，繼續防止這些國家破壞人類自由的前景和二十一世紀的承諾。

有位英國外交官曾與我談到「阿拉伯之春」（Arab Spring），即二〇一〇年代震撼中東的革命，他稱其為柏林圍牆倒塌以來「人類自由的最大拓展」。雖然這位外交官對當時事件的評估並非完全正確，但他的用字遣詞我會永遠記得。他描述冷戰結束時的情況是正確的：以自由和權利為主的社會邊界早已擴大了。許多人預期這種情況會持續下去，直到全世界都迎來民主與自由的進步。如果像英國、日本、韓國、法國、菲律賓和以色列這樣多樣化的國家，既可以是民主國家，又可以是美國的盟友，那為何全世界不能？如果像巴西、印尼和保加利亞這些各種不同的地方都能成為民主國家且繁榮發展，為何各地不能遵循這樣的路線？冷戰後的勝利時刻孕育了無限可能性的感覺。然而，這種樂觀最終證明是錯的。當時許多持不同政治觀點的人都認同這個豐盛的美國願景。但這種信念不明白中國和俄羅斯為什麼回歸和報復，也不懂他們的革命和未來憧憬對他們的意義。這兩個國家各自有其帝國、壓迫和擴張時代的歷史根源，他們最後決心不屈服於他們所認為民主或美國及其盟友的影響力帶來的危機。我們與這兩大國的競爭和對抗，決定了前方的道路。我們必須記住，這兩個國家——由於其威權形式和各自的國家命運觀——不僅擔心美國的實力，也懼怕美國和民主理念。理解他們對我們價值觀和理念的擔憂何在，是我們獲得成功的基礎。

中國和俄羅斯依賴資訊壓制、政治灌輸、殘酷的內部控制手段，以及為了極度扭曲的意識型態而採取對外侵略行為。他們這麼做不單是為了國家利益，也是為了保護他們的獨裁政權和追求他們獨特的國家命運觀。俄羅斯和中國的軍事及帝國野心，與這兩國獨裁政權的核心理念密切相關。他們將這些理念武器化，對全球產生了微妙而深遠的影響。我們來探討其中幾個，以及在他們領導人眼中他們想要對抗的是什麼——這也就是我們所代表的事物，不只是經濟、軍事和外交實力，還有以民主和權利為基礎的體系。

中共臭名昭著的「九號文件」，即《關於當前意識型態領域情況的通報》，當中解釋道：「全民族凝聚力向心力進一步增強，道路自信、理论自信、制度自信進一步堅定，意識型態主流積極健康向上……。團結奮鬥的共同思想基礎不斷鞏固。」該文件指出，在意識型態領域存在著「複雜而激烈的鬥爭」。以下的「錯誤思潮、主張和活動」是需要重點打擊的觀念：

宣揚西方憲政民主：企圖否定黨的領導，否定中國特色社會主義制度。

宣揚「普世價值」：企圖動搖黨執政的思想理論基礎。

宣揚公民社會：企圖瓦解黨執政的社會基礎。

宣揚新自由主義：企圖改變中國基本經濟制度。

宣揚西方新聞觀：挑戰中國黨管媒體原則和新聞出版管理制度。

宣揚歷史虛無主義：企圖否定中國共產黨歷史和新中國歷史。

質疑改革開放，質疑中國特色社會主義的社會主義性質。[5]

對中國共產黨來說，意識型態領域一直是個戰場，不只在國內，甚至逐漸拓展到國外。隨著中國在二十一世紀表現出來的「社會管理」（social management）[6]這種極權主義願景變得更加複雜，加速並加強了北京當局與世界的對抗，同時影響力也延伸到世界上許多爭議地區，我們不能低估中共在這個領域的經驗。美國和盟友必須重新投入意識型態競爭的賽局。

俄羅斯的資訊操作更是聲名狼藉，在美國和國際社會是眾所周知：無論是試圖在我們社會中製造分裂，還是沿襲蘇聯最有力的傳統，在俄羅斯國內外摧毀真相的意義，我們都生活在資訊戰場中，而在此戰場，這個國家是經驗豐富和創新的實踐者。正如移居美國的俄羅斯小說家艾蓮娜·戈洛科娃（Elena Gorokhova）對蘇聯的描述：「規則很簡單：他們對我們撒謊，我們知道他們在撒謊，他們知道我們知道他們在撒謊，但他們繼續對我們撒謊，而我們繼續假裝相信他們。」[7]但在這些獨裁政權中盛行的謊言，對世界帶來了致命的後果。以下是最近一名在烏克蘭的俄羅斯戰俘，講述了普丁統治下的俄羅斯變成另一個世界：

他們不斷地被洗腦。他們單方面接收到烏克蘭被法西斯分子占領的消息。也許，我真的應該記取這個教訓，哦，天啊，這樣我終於可以看清並試圖告訴那些在俄羅斯的人。也許他們真的不知道這裡發生了什麼事。[8]

很明顯，一個威權國家的病態——內部所發生的一切——會成為其對外嚴重侵略行為的基礎。在一個被國家電視和媒體主導的社會中，這名被俘的俄羅斯士兵所提到的「洗腦」，為侵略烏克蘭和反人類罪行奠定了基礎。當中國官方媒體重複克里姆林宮對烏克蘭入侵的辯解時——從俄羅斯屠殺是被「偽造」，到北約擴張是**戰爭藉口**——可以看到我們的敵人在資訊和思想領域緊密合作。中共在資訊戰方面比克里姆林宮同行更狡猾，在很多方面也更有力。儘管犯下了種族滅絕、軍事擴張和反人類罪行，北京當局仍專注於精英俘虜、企業脅迫，並描繪出中國勢不可擋的崛起形象，為經濟和商業的重大成功創造條件。在習近平的領導下，反美言論成為中國外交的主要特點，而普丁在烏克蘭的侵略行動成為俄中資訊戰結盟的催化劑。我們的敵人否認種族滅絕，並為反人類罪行辯護，包括透過像 Twitter 這樣的美國社群媒體平臺向大眾辯解。儘管「美國理念」依然強大，但在二十一世紀，美國已經從過去一百年對抗暴政的勝利者地位走到了劣勢。讓我們提醒自己美國的本質和意義為何，讓我們動員自己價值觀和思想所帶來的力量。

美國理念和美國夢

在思考如何防禦和瓦解中國勝利願景時，經濟圍堵的必要性、團結全球民主國家和新興國家的任務，以及邱吉爾所說的「準備、準備、再準備」以應對對手日益強大的軍事實力，我們自然而然會問：美國為什麼要做這些工作？為什麼**必須**做這些工作？為什麼美國得承擔這些責任？我們的生活方式、國家、世界究竟有什麼值得我們付出如此大的努力？我們怎樣才能有信心進行數十年的努力和行動，來保護一個不只對我們的價值觀和繁榮是安全的，且對許多與我們有共同生活方式、價值觀和理想的國家和人民也是安全的世界呢？

我們必須記得我們來自何處。我們必須記得我們是誰。

本書主張，世界的轉變、未來的關鍵，以及所有人的命運，都將取決於美國是否按照自己在世界上真正的和應有的位置行事。我們必須提醒自己美國理念的力量和重要性，提醒自己捍衛全球人類自由和價值觀的承諾。美國理念很簡單。美國是一個建立在自由和正義**價值觀**基礎上的國家。我們必須深思熟慮的看待這些價值觀。我們必須從這些話語中找到清晰的涵義。以下是《獨立宣言》（*Declaration of Independence*）中對這些價值觀的敘述：

我們認為這些真理是不言而喻的：人人生而平等，造物者賦予他們若干不可剝奪的權利，其中包括生命權、自由權和追求幸福的權利。為了保障這些權利，人類才在他們之間建立政府，而政府之正當權力，是經被治理者的同意而產生的。

美國革命是公民與國家之間前所未有的契約：我們，這個國家的人民，作為個人擁有自然權利，與歷史上的暴政、壓迫、皇帝和國王形成鮮明對比。我們建國的目的是確保並保障這些權利。或許有人會說，這是常識，學校裡都教過，為什麼在這裡還要重複？然而，我們真正的力量在於我們的基本原則，我們很快將看到美國理念的全球影響力。再考慮另一個表達方式，二百年前形成的《權利法案》（*Bill of Rights*），即每個美國人的權利。雖然現實情況可能不盡人意，但理念和信念的基礎很清楚：

第一條修正案：國會不得制定有關下列事項的法律：確立一種宗教或禁止信教自由；剝

奪言論自由或出版自由：或剝奪人民和平集會及向政府要求伸冤的權利。

第二條修正案：紀律良好的民兵隊伍，對於一個自由國家的安全實屬必要；故人民持有和攜帶武器的權利，不得予以侵犯。

第三條修正案：任何兵士，在和平時期，未得屋主的許可，不得居住民房；在戰爭時期，除非照法律規定行事，亦一概不得自行占住。

第四條修正案：人人具有保障人身、住所、文件及財物的安全，不受無理之搜索和拘捕的權利；此項權利，不得侵犯；除非有可成立的理由，加上宣誓或誓願保證，並具體指明必須搜索的地點，必須拘捕的人，或必須扣押的物品，否則一概不得頒發搜捕狀。

第五條修正案：非經大陪審團提起公訴，人民不應受判處死罪或會因重罪而被剝奪部分公權之審判；惟於戰爭或社會動亂時期中，正在服役的陸海軍或民兵中發生的案件，不在此例；人民不得為同一罪行而兩次被置於危及生命或肢體之處境；不得被強迫在任何刑事案件中自證其罪，不得不經過適當法律程序而被剝奪生命、自由或財產；人民私有產業，如無合理賠償，不得被徵為公用。

第六條修正案：在所有刑事案中，被告人應有權要求由罪案發生地之州及區的公正的陪審團予以迅速及公開之審判，並由法律確定其應屬何區；有權要求獲悉被控的罪名和理由；有權要求與原告的證人對質；有權要求以強制手段促使對被告有利的證人出庭作證；並有權要求由律師協助辯護。

第七條修正案：在引用習慣法的訴訟中，其爭執所涉及者價值超過二十元，則當事人有權要求陪審團審判；任何業經陪審團審判之事實，除依照習慣法之規定外，不得在合眾國任何法院中重審。

第八條修正案：不得要求過重的保釋金，不得課以過高的罰款，得施予殘酷的、逾常的刑罰。

第九條修正案：憲法中列舉的某些權利，不得被解釋為否認或輕視人民所擁有的其他權利。

第十條修正案：舉凡憲法未授予合眾國政府行使，而又不禁止各州行使的各種權力，均保留給各州政府或人民行使之。*

* 美國憲法修正案第一至第十條中譯，引自美國在臺協會的版本，網址：https://web-archive-2017.ait.org.tw/zh/the-bill-of-rights.html。——譯註

儘管我們不完美，儘管我們的歷史困難重重，儘管我們的挑戰依舊艱難，但我們的理念、我們的權利、我們的自由都是以人類尊嚴為核心設計的。我們的國家不過是一場實驗，旨在探索人類尊嚴和人類自由所能創造的可能性。我們的美國實驗和設計理念認為，每個人都具有價值和潛力，可以用整個國家的治理信任每位公民。美國不只建立在對人類潛力的偉大信念上，同時也擁有一個能夠運作並持久存在的紀律性治理結構。

每一位偉大的美國領袖都深知自由、平等和公正這些理念的力量，每一位偉大的美國領袖都明白，美國理念和美國實驗必須延續下去。以下是亞伯拉罕・林肯（Abraham Lincoln）對這個國家的宗旨及其存續必要性的描述：

> 八十七年前，我們的祖先在這塊陸地上建立了一個嶄新的國家，這個國家孕育於自由，並奉行人人生而平等的主張。[9]

在南北內戰期間，林肯說道：「我們要下定決心，絕不能讓先烈們的鮮血白流——要使我們這個國家在上帝的庇佑下，獲得自由的新生——我們要使這個民有、民治、民享的政府永世長存。」

這些自由、平等和正義的理念，以及我們民主制度的結構——民有、民治、民享的政府——有時候是如此脆弱，以至於我們的領袖必須為它們的存在和延續而奮鬥。這些理念傳播到全球各地並開枝散葉，也受到其他共和國和民主國家的認同。中國建國領袖曾宣稱，他們的革命是持續不斷的——需要不斷鬥爭和清洗，這是中共威權夢的核心。我們的革命也是持續不斷的，但方式完全不同。美國為實現最初的承諾而奮鬥。我們國家的歷程——從這個國家的建立，到女性選舉權和民權解放發展的過程——一開始就是朝向更長遠的美國理念邁進。這段過程就是**我們**持續不斷的革命，一直為權利和自由的精神和實踐奮鬥。致力於建立美利堅合眾國的人士理解這些理念的意義。為美國生存而奮鬥的人士理解這些理念的意義。帶領我們在這條道路上走得更遠的人士理解這些理念的意義。想想馬丁・路德・金恩博士（Martin Luther King Jr.），他曾多次撰文提到美國夢，歌頌「我們共和國的締造者」、「《憲法》和《獨立宣言》的崇高理念」，以及「對生命、自由和追求幸福這些不可剝奪權利」的「承諾」。金恩博士曾說：

> 雖然此時此刻，我們遭受種種困難和挫折，我仍然有一個夢想。這個夢想深深紮根於美國夢中。我夢想有朝一日，這個國家得以挺身屹立，實踐其信念的真正意涵：我們認為這些真理是不言自明的，人人生而平等。[10]

美國諸位傑出不凡的領導人**努力奮戰，甚至獻出生命，帶領我們達到這個崇高的標準**，而不是讓我們陷入更多的衝突和痛苦。那些為平等而奮鬥的人，便是**以**美國理念為基礎，**朝著**美國夢邁進。想想藍斯頓．休斯（Langston Hughes）說過的話：

> 讓美國成為夢想家的夢想之地——
> 讓它成為充滿愛的大地
> 那裡沒有國王縱容，也沒有暴君陰謀
> 任何人都不會被上位者壓迫。[11]

我們的《憲法》和《權利法案》顯示，我們這個社會與在歷史上所遭遇的對手有著根本上的區別，從納粹德國、蘇聯，到二十一世紀的中國和俄羅斯。《憲法》和《權利法案》也是人類自由之路上數千年來努力的結果。從古希臘、《大憲章》（*Magna Carta*）、歐洲啟蒙運動，尤其是美國革命和我們在國內和世界各地推動和捍衛人類自由的歷史。當然，還有很長一段路要走，但這正是我們必須捍衛和維護美國實驗的原因。我們應該從各方面汲取最重要的教訓，而不只是看自己的理想狀態——正如藍斯頓．休斯所寫的：「坦白說，美國從來不是我心中真正的美國，但我發誓，美國終將會成為那樣的美國！」我們是一個承載著人類未來新願景的國家，一個迫切渴望做正確的事、走正確的路，並讓我們實現自我的國家。來自任何地方的人都可以到這裡，並發掘自己的潛力。這就是美國夢的精髓。這是美國的承諾，不只適用於這裡，也適用於全世界。我們的理念是我們最崇高的標準。

我們另一股偉大的力量在於：任何人，無論來自何方，都可以來美國並成為美國人。我親身在世界各大洲感受過這股力量。我們的普世價值觀、移民歷史以及「美國夢」的強大力量——任何人都可以來到我們的海岸，來到這塊陸地，為自己創造有更多機會的生活，並參與這個偉大國家的建設。這也是我們不可抹滅的特質：我們是避難所，同時也是世界各地和各國人民的繁榮與機會之地。正如艾瑪．拉撒路（Emma Lazarus）描寫曼哈頓自由女神像的詩所寫的：

不像名滿天下的希臘青銅巨人
用征服者之姿的雙腳橫跨兩地；
在我們這裡，被海水沖刷之地，
手舉火炬的巨大女神聳立在落日大門，
她的火焰囚禁著閃電，

她是「流亡者之母」。
她的指路明燈閃爍著，歡迎全世界的光芒，
她溫柔的目光落在對岸連接雙城的海港。
她的雙唇無聲地向對岸吶喊：
「古老的大地，
願你們永保歷史的輝煌！」
「給我你們那些疲倦，那些窮困
而渴望呼吸自由空氣的人們，
連同那些無家可歸四處漂泊的人們送來，
把被拒絕的人們給我，
我在金色大門旁高舉著自由的燈火！」

我們還沒有實現這些目標，還沒有達到傑佛遜、拉撒路和金恩博士所想像的標準。但我們知道這些目標的聲音、模樣和意義。今日美國人獨有的特權在於，我們是可以推動這項事業，捍衛這個國家的精神和存在的一代。這種遺產和可能性是我們每天都在生活中感受到的。每一代美國人都在反思這個國家的獨特使命。雖然有時候我們會迷失自我，但從我們的言語和歷史中可以清楚看出：**我們確實知道自己的理想**，以及我們想要和需要成為的樣子。

美國實驗、美國理念是一個不斷成長的過程，在形成之初既有清晰的構想，不斷發展和捍衛了近二百五十年的時間。美國理念建立在幾百年，甚至幾千年的哲學和政治抱負的遺產之上。美國所做的努力，都是推動人類重要理念歷史的一部分：即人類自由的存在和進步。我們的歷史是民主故事裡的一個重要篇章。我們的歷史是一場革命，因為這場革命在國際社會中確立了權利和自由的基本原則，並將這些原則寫入治理和法律中。這些原則是古希臘、啟蒙運動、《大憲章》以及人類自由之路上的其他代表和里程碑的遺產，美國的開國元勛深諳其中的意義。它們啟發了其他文件，如《人權宣言》（*Declaration of the Rights of Man*）和《世界人權宣言》（*Universal Declaration of Human Rights*）。這場革命將這些原則帶入現代世界，擺脫了帝國時代。這是一場實驗，因為它一次又一次檢驗了這樣建立的國家是否能夠存續下去。

捍衛自由世界

美國理念遍及全球，不只是因為我們的理念是普世、符合人道主義的價值觀，也是因為全球體系，基於民主、權利和自由價值的架構，是由美國與其他民主國家所建立的。這個由關係緊密的民主友邦所組成的體系，橫跨大西洋至太平洋，過去人稱「自由世界」。自由世界之所以存在，是因為我們曾經攜手作戰、共同合作，甚至共同治理，這一切都得益於美國經濟和軍事力量的引領和支持。自由世界必須再次成為我們外交、經濟和軍事力量的基石，並成為國際體系的基本架構，以保障我們的安全和繁榮，支持我們的抱負和價值觀。世界上有數十個憲政民主國家和共和國，各自有其進步和不完美之處。但我們的共同價值是自由、人權、自治、法治、被治者的同意和自由經濟、自由探究以及自由企業。我們必須再次明白，在家園中，團結就是力量，分裂就是滅亡。**這點同樣適用於世界上的民主國家和自由國度**。美國的開國元勛在《一致宣言》（*Unanimous Declaration*）中如此表示：「我們彼此以我們的生命、財富和神聖的榮譽宣誓。」這也應當成為我們聯盟體系的精神所在。正如班傑明・富蘭克林（Benjamin Franklin）在他那張蛇被切成十三段的圖片中所說的：「不聯合，即滅亡」（Join, or Die）。我們已經習慣以為民主就是分裂、難以完成任務之處。而邱吉爾談到盟友時說過，唯一比與盟友一起作戰更糟糕的是沒有盟友。正如我們的價值觀和理想，建立在共同價值和抱負之上的全球民主體系結構，是對我們所有人最好的防禦。傑出不凡的美國領袖們也明白這一點。

身為一個曾經遊歷世界各地的人，我可以證明，我們的全球體系也是美國理念和美國夢的體現——是我們的自由，也是與我們有共同理想和價值觀的眾多國家共同體的自由，歷史上所謂的自由世界。這個自由世界因為中國和俄羅斯的脅迫而再次受到威脅。如果自由世界的堡壘被打破，我們將不得不重新學習可怕的教訓，這個教訓促使我們建立全球防禦，形成盟友和民主國家共同體，美國境外發生的事件總是會波及我們國內的生活。我們現在是全球超級強權。我們必須維持全球超級強權的地位。美國理念和美國夢試圖改變當時的歷史現實，並用《獨立宣言》、《憲法》和《權利法案》中所表達的個人自由和可能性的價值觀來取代。自由世界不只在美國國內，而且在許多國家都體現了這些價值觀和理念的進步。

甘迺迪原本要在達拉斯發表、卻再也沒機會說出口的演講：

我們在這個國家、我們在這個時代，是——戍守世界自由城牆的守護者，是命運，而不是選擇。因此，我們祈求自己無愧於我們的權力和責任，祈求以明智和克制行使我們的權力，祈求在我們的時代和後世實現「地上平安歸與祂所喜悅的人」的古老願景。這必須永遠是我們的目標，我們事業的正當性必須始終為我們的權力提供基礎。因為《聖經》早有記載：「若不是耶和華看守城池，看守的人就枉然儆醒（和合本，詩篇 127:1）。」[12]

就像我們在國內的理念一樣，我們在國際上的理念也很清楚：我們是自由城牆的守護者，當自由陷入危險或受到可怕力量威脅時，我們是全人類進步的守護者。正如某些牆可以阻擋危險進入，當暴政看似在遙遠的地方掌權時，通常也會築起高牆來囚禁人民。雷根當年在柏林布蘭登堡大門（Brandenburg Gate）疾呼：「只要這扇門還關閉著，只要讓這座傷痕累累的牆存在，那就不只是德國的問題，而是攸關全人類的自由問題。」[13]

我們這一代不能辜負眼下的使命，必須努力實現這個理念的目標，捍衛其安全，並確保其在世界上的繁榮。我們正在進行的偉大旅程是值得追求的。我們擁有的國家是值得守衛的。我們對自由和民主世界所肩負的責任——就像開國元勛所說的，不團結就會各自滅亡——是一項無比光榮且意義非凡的使命。我們很幸運能夠擁有這種責任，也反映了我們真正和最好的理想。毫無疑問：我們的對手害怕我們的理念。暴政害怕自由，並選擇與之對抗，就像自由為了在這個世界存續下去，必須抵抗暴政一樣。我們的使命和責任不是強行推廣我們的理念，而是捍衛世界自由國家的城牆和壁壘。我們必須努力防止這些理念倒退，慎防我們從歐洲到亞洲、遍及全球的進展化為泡影。

美國象徵正義和自由的可能性。這些可能性不是我們的對手所追求的，而是他們所摧毀的。正如金恩博士談到美國的承諾：「如果我生活在中國，或俄羅斯，或者任何極權主義國家，也許我能理解某些非法禁令。也許我能理解為什麼某些第一修正案特權被剝奪，因為他們尚未實施這些特權保障。」[14] 美國涵蓋這個承諾。美國就是這個承諾。無論我們的分歧如何，我們知道我們是誰。我們知道我們是什麼。我們知道我們必須建立、捍衛和推動這個國家的承諾和理念。這就是為什麼我們不能在那些對我們和世界造成危險的試煉中失敗。

危險勢力已經開始攀爬，並摧毀自由的城牆。在烏克蘭，俄羅斯軍隊為了帝國主義的野心，轟炸公寓大樓，屠殺平民，並處決囚犯。在臺灣，中國軍隊揚言「準備戰爭」，實施封鎖，並朝這些自由的人民發射飛彈。自由世界不是只有世界上的民主國家，還有那些在境內外受到對手威脅或迫害的人。上萬的俄羅斯移民湧入了自由的歐洲城市，逃離普丁摧毀一切權利和自由的行徑。維吾爾人、西藏人、香港人和中國大陸的人們紛紛逃到世界的自由國度，在那裡建立他們的家園和庇護所。那些生活在暴政之下的人最了解。亞歷山大・索忍尼辛（Alexander Solzhenitsyn）讓全世界看見蘇聯古拉格集中營的恐怖，因為世界上沒有一個自由國家的人可能會做這樣的事。像艾未未這樣的藝術家、像諾貝爾獎得主劉曉波和盲人律師陳光誠這樣的維權人士，以及無數不為外界所知、在莫斯科和北京壓迫下生存的人，都在為我們共享的價值觀而戰。他們也是自由世界的公民和成員。

我們絕不能忘記，一九八九年，在中共時任主席鄧小平派坦克進駐之前，中國學生抬著他們製作的民主女神——自由女神像——到天安門廣場上。我們絕不能忘記今日的香港青年，他們在這座城市被壓制之前，曾在群眾中揮舞著美國國旗。我們絕不能忘記中國集中營裡的維吾爾人，中共官員說過：「你不可能把田間所有的雜草一根根拔除。你需要噴灑農藥，一口氣全消滅。對這些人的再教育就像對作物噴灑農藥一樣。所以這是全面的再教育，而不是局限於少數人。」[15] 我們絕不能忘記，那些因中共幾十年來的殘暴和控制計畫而失去家園的藏人。達賴喇嘛曾這樣評價我們，是美國讓藏傳佛教得以延續下去，而非中國。

在最黑暗的時刻，如果時時提醒自己作為自由民主世界捍衛者的理念和歷史，我們會找到所需的力量。戰火肆虐烏克蘭、籠罩臺灣的危機加劇，我們自己必須備戰，也要協助那些遵循民主制度的人民武裝起來。這是小羅斯福總統在歐亞戰火紛飛時所說的一席話：

讓我們對所有的民主國家說：「我們美國人對你們捍衛自由的行動極為關切。我們正在投入我們的精力、資源和組織能力，提供你們力量以恢復並維持自由的世界。我們將不斷增派艦艇、飛機、坦克和槍枝。這是我們的目標和承諾。」[16]

追求人類的自由事業（The Cause of Freedom）並非新鮮事，它和歷史一樣悠久。今日，我們與盟友就是力量。我們和那些抵抗世界侵略者的人們，全世界都看到了烏克蘭的頑強抵抗，無疑是一件了不起的事。我想起邱吉爾的話，幾十年前，他談到另一個抵抗俄羅斯軍隊的國家：「芬蘭——出色，不，簡直是令人敬佩——在危險的絕境中，芬蘭展示了自由的人可以做什麼。芬蘭為人類做出巨大的貢獻。」

現在，烏克蘭為我們所有人犧牲，讓全世界所有知道威權惡勢力與民主、權利和自由力量之間的差異。烏克蘭並不孤單。在香港，在新疆，在其他對抗莫斯科和北京壓迫者的戰場和被踐踏的地方，我們可以看到哪些力量正在崛起。

烏克蘭人不只為自己的家園而戰，也為自由和主權事業而戰。隨著這場戰鬥展開，我們將看到這場戰鬥的代價。現在正在發生的事情可能預示著未來走向。烏克蘭為我們所有人而戰。

誠如過去有人這樣說：「我是柏林人」（Ich Bin Ein Berliner），「俄羅斯戰艦，去你X的」，以及「烏克蘭——出色，不，簡直是令人敬佩——在危險的絕境中，烏克蘭展示了自由的人可以做什麼。烏克蘭為人類做出巨大的貢獻」。

在臺灣，北京誓言要征服這裡，並以類似新疆集中營方式進行「再教育」，中國領導人打算把戰爭帶到太平洋，我們也必須準備、準備、再準備。我們曾是民主兵工廠。我們一直都是自由城牆的守護者。除非與捍衛自由的人站在一起、與在這些政權下受苦的人們站在一起，否則美國就不是美國。這就是「被海水沖刷之地，手舉火炬的巨大女神聳立在落日大門」和「在金色大門旁高舉著自由的燈火」所代表的意義。這就是美國的意義。自由的道路漫長而艱難。歷史的弧線經過努力，可能會趨向正義。我們必須記住我們是誰。

我們的敵人與他們的手段

捍衛民主意味什麼？毀滅民主又意味著什麼？記得天安門廣場的中國學生，他們抬著自製的自由女神像，稱它為民主女神。以下根據一份最新解密的英國外交電報，指出中國共產黨在天安門廣場所做的事情：

據文件……（二十七軍的士兵）前十天與新聞消息隔絕，被告知只是進行訓練並會錄影，他們對這次演習的拍攝很高興。五月二十日，他們接到實施戒嚴令的通知。抵達北京後的前四天，他們被載著在市區四處繞繞，以熟悉該地區。第二十七軍全員滿編，配有坦克和裝甲兵車，還有完整彈藥裝備，包括催淚瓦斯和火焰噴射器。其他軍隊只有一個師的兵力。領導層讓二十七軍不斷移動，以便能夠從不同方向進攻。

據文件……在開著裝甲兵車輾過群眾（包含平民和士兵）之前，二十七軍的裝甲兵車向他們開火。

據文件……學生和居民獲知他們要在一小時內離開廣場，但五分鐘後，裝甲兵車就發動攻擊。學生們手挽著手，仍遭掃射，包含士兵。裝甲車一次又一次輾過屍體，輾成「派餅」，然後再用推土機收集屍體。然後屍體被焚化，沖入下水道。

據文件……平民死亡人數預估最少一萬人。[17]

這段北京市中心發生的大屠殺記憶，已被中共從中國的全國生活中抹去。在某種程度上，它也從我們的記憶中淡化：即使發生天安門廣場大屠殺，美國仍然允許中國享有貿易最惠國待遇，美中經濟關係正式展開，並在二十一世紀改變了國際權力平衡，不利於美國。雖然許多美國人相信，經濟交流終將讓中國走向自由化，但我們現在正重新學習保羅．尼采和其他冷戰時期人士早已明白的教訓。[18]我們必須記住，中共和中華人民共和國是從一場革命中誕生的，這場革命從一開始就與美國、與我們的價值觀和政府體系處於衝突狀態。

中國革命的目的是什麼？據我所知，最簡潔且真實的解釋來自兩位傑出的冷戰史學家陳兼、翟強，他們說明了毛澤東和其他中共成員的建黨願景。以陳兼的說法：「毛澤東革命的最終目標從來不是共產黨在中國奪取政權；相反，正如主席多次明確指出的那樣，他的革命旨在改造中國的國家、人民和社會，同時重新確立中國在世界上的中心地位。」[19]翟強則表示：「毛澤東畢生致力於革命，他的目標不只是改造舊中國，而且要改變舊的世界秩序……。正如舊的國際秩序曾經導致中國的痛苦和屈辱，建立新的國際秩序也將會促成一個強大繁盛的中國重生。」[20]

習近平和他之前的共產黨領導人一樣，參與了中共的革命，目的是讓中國重返「世界舞臺中央」並在國際事務中獲得主導地位。今日的中共期望在二〇二一年、二〇三五年和二〇四九年實現三個轉折點，並在最後將完成「中華民族的偉大復興」。因此，這場革命繼續進行中，目標是在未來幾十年內實現中華民族復興，恢復中國的「世界中心地位」，並進一步改變美國主導的世界秩序。這場革命延續至今，中共已經累積了巨大的全球力量。它與美國的衝突自其成立以來一直存在。如前所述，韓戰是中共首次在亞洲與美國對抗的嘗試。「九號文件」清楚解釋了對民主和個人自由原則與理想的敵意。當人民試圖追求更大的權利和自由時，中共可能採取強硬手段鎮壓內部挑戰，天安門廣場事件就是這些手段的例證之一。中共還有什麼方法對抗內外部的挑戰呢？讓我們檢視中國的集中營。這不是過去的中國，不是一九四九年的中國，也不是一九八九年的中國，而是現今二〇二二年的中國。以下是兩則以高科技監控新疆再教育營的故事：

如果有人移動，他們的動作會自動被偵測到。她回憶道：「他們做任何手勢，攝影機會捕捉到。例如，如果有人與他人交談，即使在半夜，警衛也會透過對講機大聲斥責他們。」更令人驚訝的是，「公安可以點擊那個人的臉，在螢幕上放大」。他們可以立即調出被拘禁者的姓名和號碼。你也可以使用這個系統搜尋特定的被拘禁者或群體。「例如，如果想查看十號牢房，只要點擊十號。」她說。

凱爾比努爾（Qelbinar）所看到的是一個「智慧營區」的指揮中心——大華科技公司指稱，這樣的營區是靠「電腦視覺系統、大數據分析和雲端運算」這類科技來維持。根據朱海侖批准的文件，這些營區需「健全外圍隔離、內部分隔、防護防衛、安全通道等設施設備，確保安檢儀器、安防器械裝備、視頻監控、一鍵式報警及其他這類裝置配備到位並發揮作用」。這種「智慧」營區設計符合新疆區黨委書記陳全國的期望，營區必須「教育要像學校一樣，管理要像軍隊一樣，保衛要像監獄一樣」。[21]

這就是新疆人在二十一世紀的生活，新疆地區的面積相當於阿拉斯加。根據世界各地研究者和調查人員的說法，包含騰訊、阿里巴巴、曠視科技和科大訊飛在內的中國企業，都參與了這種二十一世紀的壓迫技術。[22]截至目前，全球市場上的任何人都可以投資這些集中營背後的技術。上述提到的公司是浙江大華科技有限公司，目前可以透過貝萊德的 iShares MSCI 中國 A 股 ETF 和 iShares MSCI 新興市場 ETF 基金來投資。美國聯邦通訊委員會和美國商務部都對這家公司提出警告或採取行動，[23] 卻仍被納入公開交易基金中。

要像學校一樣教育，要像軍隊一樣管理，要像監獄一樣防衛，中共的願景究竟代表什麼？以下是另一個來自營區的故事：

> 自動監控系統和看守人員強迫被拘禁者大部分時間坐著一動不動——這種身體上的折磨讓他們無法放鬆，長時間下來，健康大受影響。「他們坐在床鋪之間的塑膠凳上，大聲唸出營區規定。無論看不看得懂中文，也非唸不可。因為坐的時間實在太長，很多被拘禁者的腸子都『掉了下來』。」巴依木拉提（Baimurat）回憶起奇臺營區許多被拘禁者都深受直腸脫垂所苦。「他們出現這種問題的時候，最後才准許去看醫生。」他描述被拘禁者如何被蒙上頭套、戴上鐐銬，並由攜帶自動武器的公安押送到醫院……。[24]
>
> 被拘禁者進入營區的前六個月，除了每週一次的淋浴時間外，從未離開過牢房。「我們只是坐在裡面看習近平到各地視察的畫面，」阿迪別克（Adibek）回憶，「週末要看好幾個小時，內容總是關於中國多麼欣欣向榮。」[25]

從蘇聯到現今渴望主宰全球國際體系的中共，共產黨的手段始終秉持一種觀點，即認為人類應該服從國家和統治者的野心。隨著中共集中營的倖存者在世界各地找到庇護所，關於新疆種族滅絕和暴行的證詞也傳開來。下面是以色列《國土報》（*Haaretz*）關於共產黨其他手法的描述：

據薩吾提拜（Sauytbay）描述，營區的指揮官專門留了一間酷刑室，被拘禁者稱之為「黑房間」，因為禁止公開談論它。「那裡有各式各樣的酷刑。一些被拘禁者被吊在牆上，用電棒毆打。一些被拘禁者被迫坐在釘椅上。我看到有人從那間房間出來時渾身是血。有些人回來時指甲都不見了。」

為什麼要折磨這些人？

「他們會因各種理由懲罰被拘禁者。所有不遵守規則的人都會被處罰，包括那些中文學不好或不唱歌的人。」

像這些日常的小事他們也會因此遭受酷刑懲罰？

「我來舉個例子。有位老婦人在被拘捕前是牧羊人。她之所以被帶到營區，是因為遭指控與外國人士通電話。但這位婦人沒有電話，甚至不知道如何使用電話。在強迫被拘禁者們填寫的罪狀紙上，她寫到自己遭指控的通話從未發生過。結果，她立即受到了懲罰。我看到她回來時，全身是血，指甲沒了，皮開肉綻。」[26]

鑒於上述種種情況，我們的責任性質是什麼？約翰．昆西．亞當斯（John Quincy Adams）說過一句有關美國的名言：「她不會離境尋找要摧毀的怪物。」喬治．華盛頓在一開始也告訴我們：「我們真正的政策，乃是避免與外界任何地區建立永久同盟。」[27]（儘管起初是盟友拯救了**我們**。）美國應該做什麼？如果將國內討論的本質從使我們分化的事物轉向在世界上的責任，我們將取得巨大的進步。我的提議如下：美國絕不能否認世界上的這些邪惡，美國必須努力，使其他國家不能否認它們。美國絕不能忽視世界上的這些邪惡，美國必須努力，使其他國家也不能忽視它們。美國絕不能助長這些邪惡，美國必須努力，使其他國家也不能助長它們。美國與盟友必須一直作為世界人民的避風港。

要贏得一場思想戰爭，我們必須為北京當局試圖破壞我們的影響力、推翻美國的理念，以及顛覆美國在世界上的領導角色的計謀做好準備。要了解中國如何向世界傳達訊息，讓我們看看在阿拉斯加安克拉治（Anchorage）舉行的會議，與會者有中共政委楊潔篪和王毅、美國國務卿安東尼．布林肯（Anthony Blinken）和國家安全顧問傑克．蘇利文（Jake Sullivan）。楊潔篪談到中國的長期戰略，解釋道：「中國正在處於歷史性的一年，我們將從完成第一個百年目標轉變為第二個百年目標，到二〇三五年，中國必會實現基本的現代化。到二〇五〇年，中國將實現全面現代化。」[28]他談到中共與中國人民的關係時提到「中國人民緊密地團結在中國共產黨的周圍」，以及**中共的普世價值觀**。他說：「我們的價值就是人類的價值，那就是：和平、發展、公平、正義、自由和民主。」他指稱中國是國際法的代表，而暗示美國並非如此：

> 我們和國際社會所遵循的是以聯合國為核心的國際體系、是以國際法為基礎的國際秩序，而不是一小部分國家所鼓吹的「以規則為基礎」的國際秩序。美國有美國式的民主，中國有中國式的民主。美國的民主不僅由美國人來評價，而且要由世界人民來評價美國的民主到底做得怎麼樣。而中國這些年通過改革開放，在各方面都取得了巨大的發展。[29]

楊潔篪，如同中共領導人常做的那樣，將中國描繪成國際體系中最負責任和仁慈的國家，同時將美國與盟友描述為「少數國家」，而將中國與擁護者定位為更大的陣營，還順便抨擊了美國的民主體制。這番言論表明，中共開始將自己定位為對抗美國及其建立的世界秩序的主要力量。中國是個對手和敵人，不只投資旨在殺傷美國和盟國士兵的軍事系統，或試圖扭轉世界經濟朝自己有利的地方發展，而且在很多方面更像當年的蘇聯：取代美國，成為世界各國的領導者。楊潔篪補充說：「世界上的戰爭是由其他一些國家引起的，造成了大量人員傷亡。但是中國要求各國走和平發展的道路，應該實行和平的對外政策。」中華人民共和國像蘇聯一樣，對外宣揚和平、對內實施殘酷鎮壓，進行二戰以來工業化國家首例的種族滅絕，多次以軍事騷擾鄰國，進行數十年來和平時期世界最大規模的軍事擴張，卻同時宣稱其外交政策是為了和平。中國的鄰國都心知肚明，但中國影響力不只局限於亞洲，而且歷史上每次重大衝突中都存在「有用的傻瓜」（useful idiots），以及那些還不清楚中國崛起意味著什麼的國家，尤其是那些將從中國貸款和援助中獲益的國家。

楊潔篪對美國領導層的口頭抨擊更加露骨：

> 美國本身並不代表國際輿論，西方世界也不代表。無論從人口規模還是世界趨勢來看，西方世界都不能代表全球輿論。所以我們希望美方在談到普世價值或國際輿論時，美國能反思自己這樣說是不是踏實，因為美國並不代表世界，只代表美國政府。我認為世界上絕大多數國家不承認美國所宣導的普世價值，不承認美國的言論可以代表國際輿論，不承認少數人制定的規則將成為國際秩序的基礎。[30]

中國的領導人和宣傳者多年前就開始發表類似的言論，但從未像現在這樣明確。例如，知名的中共外交官、前駐英大使傅瑩於二〇一六年在《金融時報》上寫道：「美國主導的世界秩序已經不合時宜……由美國主導的、以西方為中心的世界秩序曾經取得長足的進步和經濟成長。但那些貢獻都已成過去。」[31]雖然中共一直在措詞上為中國成為世界領導者做鋪陳，但直到近年來，官員們才如此公開明確地攻擊美國的正當性。重要的是，他們認為中國之外的受眾最後將比美國和盟友更多。這種「以農村包圍城市」的展望，透過團結開發中世界對抗已開發世界，可以追溯到中華人民共和國的建國初期。[32]想想毛澤東於一九五八年對阿爾及利亞代表團所說的話，他描繪了亞洲和非洲（最後還包含拉丁美洲）共同對抗西方世界的願景：

在反帝國主義的情勢下，我們這裡算是一個前線，也就是西太平洋的東線。你們是西線。你們現在處於困難時期……。我們在過去的二十二年裡經歷了許多挫折，最終獲得勝利。印度對抗英國幾十年，最終也勝利了。埃及也才獨立了幾年。當然，他們的方法不同。你們現在對抗法國的鬥爭是一場民族解放鬥爭，鬥爭可能會持續很長時間，希望你們的鬥爭不會像我們的那麼長。[33]

當時中共的外交強調軍事鬥爭和使用暴力。正如毛澤東對阿爾及利亞所說的：「我們應該支持你們，因為你們正在反對帝國主義，跟我們的鬥爭一樣。這是我們的國際義務。阿爾及利亞對整個世界貢獻很大——你們能牽制住八十萬法國軍隊……。你們不會失敗，經過五年、十年鬥爭會勝利的。」一九六二年，他也對越南代表團說過類似的話：「你們是東南亞的前線，我們密切關注你們和寮國的情況。你們已經抓住了美國的一根指頭……。如果（越南戰爭）再持續五到十年，美國就會認為這不值得。」[34]

引述美國歷史學家高龍江（John W. Garver）的話：「最差的情況，（毛澤東）希望向美國施壓，使其停止援助（臺灣），不再阻撓中國加入聯合國和經濟上孤立中國。最好的情況，如果幾場外國革命真的成功，中國可能會成為重新振興世界革命運動的領導者，而美國在亞洲的權力結構不是瓦解，就是倒退。」[35]

中國領導人從未放棄與美國爭奪領導地位的想法，也從未放棄呼籲亞洲、非洲和拉丁美洲等新興國家，透過結合這些國家的影響力來實現這個目標。這樣的策略在冷戰期間使他們與美國和蘇聯都對立，還破壞了中印關係，最終導致一九六二年的戰爭。現今的中國也在走類似的路線，抨擊西方國家以及親美或親民主的亞洲、非洲和拉丁美洲國家。雖然中國成功透過經濟交流，與世界建立更為成熟的關係，與冷戰期間不成功的意識型態交流形成鮮明對比，但中國並未放棄其針對亞洲、非洲和拉丁美洲戰略的意識型態根源。未來我們應該會聽到一些主題，包含中國共產黨獲得中國人民的支持，以及對美國和其他已開發國家的質疑，認為他們只代表「少數群體」，不代表「世界民意」；同時，中國加深其在新興世界的意識型態影響，即使北京的外交官和可能的軍事行動會攻擊區域鄰國。中國在國外的激進言論和行動在國內很受歡迎，至少在許多支持「中華民族偉大復興」的軍國主義公民之間頗受歡迎。楊潔篪在阿拉斯加的言論——「我現在講一句，你們沒有資格在中國的面前說，你們從實力的地位出發同中國談話。」——成為中國網路流行的口號和金句T恤。習近平在中共成立百年大會上的致詞，談到外國人將「在十四億多中國人民用血肉築成的鋼鐵長城面前碰得頭破血流」，這句話贏得熱烈的掌聲。

中共在國內鼓吹軍國主義，早在習近平之前便開始，並自中共掌控中國以來，就一直是其血腥歷史的一部分。美國與盟友必須意識到，我們正在面對一個可能比蘇聯更危險的實體，而且在其意識型態和言論上可能較少國際吸引力。即使美國與蘇聯的意識型態競爭遇到了許多困難，但與中國的思想戰中，我們應該擁有決定性的優勢。我們必須揭露中國在國內的種族滅絕政策、透過債務和金融壓迫對新興國家的傷害，以及對其鄰國持續的軍事騷擾，包括對澳洲和日本揚言使用核武。在分享美國理念和體系的同時，我們可能擁有優勢，只需簡單、有條不紊和毫不留情地揭露北京當局的真相。

如果美國能夠減少或最終取消中國在已開發國家的經濟影響力，並在全球新興大陸的經濟競爭取得勝利，同時約束我們商界領袖避免因陷入中國市場而抵押我們的地緣政治未來，那就實現了這場競賽所依賴的大部分目標。我們還需要展開一場聲勢浩大的運動，捍衛和推廣我們的理想，與中國人民溝通。今天許多生活在中國的人不僅理解中共的血腥歷史，甚至親身經歷過毛澤東時代的戰爭、饑荒和政治迫害。即使器官活摘、勞改營、種族滅絕和政治鎮壓等計畫無法公開討論，也已為人所知。即便中共試圖引導大部分民眾相信「中華民族的偉大復興」，但仍有幾百萬人了解並看見中共的另一面。就像冷戰期間的自由亞洲電臺和美國之音一樣，美國與盟友必須不斷且堅定地揭露中國和其統治區內的這些問題，並提供一個與中共歷史版本不同的替代觀點。無論中共在世界舞臺上說了什麼謊言，其真正的目標是將他們的國家建設成一個統一且完整的意識型態體系。

雖然自蘇聯極權主義時代以來，俄羅斯已經改頭換面，中國共產黨也形成自己獨特的意識型態，但我們有必要提醒自己，二十世紀共產主義的核心觀念是控制。俄羅斯歷史學家奧蘭多・費吉斯（Orlando Figes）寫道，莫斯科的蘇聯建築師「將這座城市想像成一個龐大的實驗室，用來組織群眾的行為和心理，創造完全受控的環境，將個人的自私衝動以理性重塑成一個可以運作的共同體或機器」。他指出：「布爾什維克黨一直以來的目標，就是創造新型人類。作為馬克思主義者，他們相信人性是歷史發展的產物，因此可以透過生活方式改造人性……。托洛茨基（Leon Trotsky）情緒激昂地談論改造人類『真正的科學可能性』……。『人必須檢視自己，把自己視為原料或頂多是半成品，然後說：「親愛的**智人**，我終於要來改造你了。」』」[36]

在北京與世界對抗的過程中，思想扮演了核心角色。[37] 雖然可能不是主要致勝戰場，但思想競技場也是我們必須爭取勝利的領域。中國領導人打算從亞洲的主導地位出發，向全球投射軍事力量，同時也渴望塑造全球思想，使世界接納並促成他們的崛起。

中國的領導人既是宣傳家，也是誘惑者，否則，在已知且證實有種族滅絕情事的背景下，他們怎麼可能繼續與世界做生意？中國領導人已將大大小小的國家、各種地位的個人和機構，拉攏到自己的陣營。中國培養了一批現代形式的「外國貴族」（foreign nobles），這個詞曾由費正清（John K. Fairbank）提出，指那些為了獲取中國帝國資本所賜予的利益，而願意在海外為其代言的人。中國對於其必然崛起的說法已經俘獲了許多人的心。避險基金經理雷·達里歐（Ray Dalio）曾經這樣說：

難道你不想投資帝國時期的荷蘭？難道你不想投資工業革命和大英帝國？難道你不想投

資美國和美國帝國？我認為這是可以相提並論的……。

我認為中國是美國的競爭對手，或者說中國企業是美國企業或全球其他企業的競爭對手……因此，如果你的投資組合多元化，應該會在這場比賽中同時押注兩匹馬。[38]

我們已經看到美國企業和金融家是如何與中國這個市場打交道的。有些人甚至願意接受**中國的理念**是世界的主導力量。幸運的是，在美國的中國擁護者經常遭到譴責。《華爾街日報》的編輯委員會對達里歐先生的其他評論提出質疑：

> 問到關於他在中國的投資和北京當局侵犯人權的議題時，這位億萬富翁把中國與美國相提並論。他說：「看看美國，我會說，美國發生了什麼，我該因為『我們自己的人權侵犯或其他問題而不去投資美國嗎？』」
>
> 被追問到中國「被消失的人」時，他表示：「那是他們的方法，我們有我們的方法。」請把這句話告訴出版商黎智英，他只因為要求中國履行對香港自治的承諾而被關進了監獄。

這種評論讓美國人對華爾街感到厭惡，高階主管成為箭靶，指責他們「商人無祖國」。[39]

《國家評論》（*National Review*）也回應這位投資者的評論，標題是：「我們不能讓種族滅絕妨礙一個好的投資機會，對嗎？」[40]達里歐在自己的文章也有明確的論述，例如二〇二一年刊在《金融時報》的一篇文章，副標題是「反北京的偏見讓太多人太久看不到機會」。他寫道：

> 從長遠來看，永恆和普遍的真理決定了國家為何成功或失敗。簡言之，當一個帝國生產力高、財政健全、收入大於支出、且資產成長速度超過負債時，就會崛起。這往往發生在人民受過良好教育、勤奮工作並且行為文明的時候。根據我正在進行的一項研究，如果客觀地比較中國和美國在這些方面的表現，基本面顯然有利於中國。偏見和成見總是讓人們看不到機會。因此，如果你因為一些與現實情況不符的理由對中國抱持懷疑態度，我建議你清除這些偏見。[41]

全球各地、西方機構甚至個人為了參與中國的崛起，往往願意忽視中共的種族滅絕、軍事擴張、領土主張、血腥言論，甚至現實的流血事件。雖然在世界自由國家中有許多中國的支持者，但北京當局在世界新興國家中玩起了更危險的遊戲，利用債務陷阱貸款和基礎設施項目來影響這些政府的看法。與此同時，中共統戰部也在努力建立影響力，其目的是在中國內部和世界各地「動員黨的朋友打擊黨的敵人」。[42]「統戰工作」過去是毛澤東使用的手段，至今仍是中國共產黨的重要工具。如前中央情報局分析師彼得・馬提斯（Peter Mattis）所解釋的：「江澤民、胡錦濤和習近平都將統戰工作視為『法寶』，促使中國在國際意識型態戰場上崛起。」[43]中國的全球影響力行動包括共產黨支持的「友好團體」、孔子學院以及其他引誘、說服和恐嚇手段，這些手段不僅在美國，而且在全球各地運作。[44]中共對新世界秩序的願景是，北京當局穩固居於人類事務的中心，正如其領導人所言：「有十四億人民無敵的力量作為後盾，我們時代的舞臺無限遼闊。」在無限遼闊舞臺上的無敵力量。十幾億人民生活在史上最先進的科技壓迫和強制系統下，中共試圖主宰世界的海洋、貿易路線和新興大陸，並從海底到太空投射其力量。透過社會信用體系和「社會管理」的願景，中國人民在「中華民族偉大復興」和「人類命運共同體」的架構內受教育、管理和引導，這是中國崛起的願景，並使中國對幾乎所有國家都擁有控制權。如果中國的領導人能夠影響全球大陸，讓它們進入自己的軌道——即使全球輿論對中國的看法惡化，全球經濟交流依然蓬勃發展——那麼，政權一個接著一個，同路人一個接著一個，政府一個接著一個，世界將按照北京的形象改造，正如美國在第二次世界大戰後到二十一世紀期間，引領了大國和平和相對的自由繁榮。

在美國這個現代世界的真正巨人中，我們必須提醒自己，我們的善行和強大的理想勝過了我們的缺點。在最佳狀態下，我們可以防止像納粹德國、蘇聯或中華人民共和國這樣的國家改變歷史和人類的進程。

我們的辦法與前行的道路

為了贏得這場思想戰，我們必須重建自己的精神和國家團結感。我們必須在我們的聯盟體系和其他民主國家中傳播我們的共同理想。我們必須努力讓尚未決定立場的國家站在我們這一邊。我們必須反制對手的言論和策略。最重要的是，我們要對抗中國共產黨在美國和聯盟體系內的威脅、說服和影響能力。我們不只擁有理想所帶來的力量，這些理想是真正的普世價值並能引起全球共鳴，而且擁有向全世界傳播這些理想的方法和手段。像自由歐洲電臺（Radio Free Europe）、自由電臺（Radio Liberty）和美國之音（Voice of America）這樣的機構，以及有國會參與的智庫，如國家民主基金會（National Endowment for Democracies）、國際共和研究所（International Republican Institute）和國際民主協會（National Democratic Institute），都是過去戰略競爭的產物，當時大家清楚理解思想的作用。現在，這些機構必須重新啟動並發揮最大效能。這將成為美國全國生活的一項重大使命。負責監管這些機構的組織，如美國國際媒體署（US Agency for Global Media），可以擴大使命，將公私合作夥伴關係納入，讓思想的作用與美國貿易和企業的力量結合在一起。我們必須建立一個訊息，讓世界上所有國家無論大小都能理解，他們應該選擇美國和自由世界。

此外，有些人說，美國的流行文化其實是我們最大的出口商品，若能精通並熟練這種關鍵的競爭技藝，將大有裨益。雖然已有很多關於好萊塢追求中國市場且做出道德妥協的報導，但我們也觀察到美國流行媒體出現新的面貌，展現了美中競爭的巧妙和說服力。例如，Netflix 影集《太空部隊》（*Space Force*）以喜劇形式描繪中國是我們的主要競爭對手，如在月球上爭奪資源和中國月球探測車偷走美國國旗等情節。Showtime 熱門影集《金錢戰爭》（*Billions*）用心刻畫了一位具有社會意識的億萬富翁主角，他的辦公室裡有一幅不易察覺的達賴喇嘛肖像，將某些當代文化細節隱藏在劇中。這位美國億萬富翁對來自中國的商人代表團說：「我必須拒絕你們的提議。我不能和一個與人權紀錄極差的政府有聯繫的組織做生意。我不能幫助壓迫者變富有。如果你們願意影響你們的政府，開始以尊重和人道的方式對待人民，再打給我，否則就晚安。」《捍衛戰士：獨行俠》（*Top Gun: Maverick*）最初因移除主角湯姆・克魯斯在第一集電影所穿皮夾克背面的臺灣和日本國旗，而引起負面評論。這部電影的第一集曾是美國愛國主義和勇氣的象徵，也大力推動了一九八〇年代美國海軍的招募活動。移除兩個亞洲民主國家的國旗令許多人憤怒不已。電影在二〇二二年上映時，國旗被放了回去，最後為派拉蒙影業（Paramount）帶來了巨大收益——如《華爾街日報》報導：「《捍衛戰士》續集和串流媒體服務讓派拉蒙收入大增。」[45]而中國市場繼續為迪士尼這類電影公司帶來醜聞，電影《花木蘭》（*Mulan*）對參與新疆種族滅絕的中國警察部隊表達感謝，《玩命關頭》（*Fast and Furious*）主角之一約翰·希南（John Cena）在稱臺灣為國家之後，含淚用中文道歉。根據一些報導，中國市場對好萊塢內容的需求正在減低。《餵龍》（*Feeding the Dragon*）一書作者克里斯·芬頓（Chris Fenton）解釋：「中國曾經是好萊塢指望的金雞母，可以賺回先前投入的大筆資金，以及製作大型系列電影所需的巨額資本。」然而，根據芬頓的說法，由於中共的審查增加，許多好萊塢電影在中國市場的預期收入歸零。[46]中共審查者對於控制中國境內思想戰場的要求非常強烈：在二〇二一年，審查者要求從最新的《蜘蛛人》電影中移除自由女神像，索尼影業拒絕了這個要求。從長遠來看，失去中國市場可能對美國電影公司是件好事，特別是考慮到好萊塢在全球思想競技場中的重要角色。芬頓繼續說：「中國現在對好萊塢的重要性不如以往，對這些電影製作人的創作表達來說是極好的事情。」[47]

中國消費者讓世界看到很多例子，他們懲罰那些在中國市場上不遵循民族主義路線的公司。美國消費者可以支持我們的機構和公司在美中全球競爭議題上堅持自由，做正確的事情並做出正確的選擇。Netflix、Showtime和派拉蒙，以及那些在美國職業籃球協會（ＮＢＡ）中面臨中國市場的困境仍做出正確事情的人，都值得美國人的支持。我們應該鼓勵那些能夠以智慧、現代視角看待美中競爭現實的文化產物，支持那些開始在人權價值觀、供應鏈戰略、知識產權保護和市場優先次序等重要商業問題上採取正確、有原則立場的公司。若能創造出描繪人們在現代中國危險中生存或逃脫經歷的文化作品，那將會非常獨特且具有強大的影響力。這樣的故事比起外交政策的論述，更能喚起我們認知此一重要戰略的挑戰。

我們必須記住並預先考慮到，意圖對抗中共可能會被貼上反華和反亞洲的標籤。但事實並非如此。首先，我們必須記住，美國對中共和中華人民共和國的戰略，絕不能被誤解為反亞裔美國人的情緒。其次，我們必須理解，美國的戰略和治國之道在我們有生之年，主要舞臺是**保衛亞洲地區**。亞洲地區的防禦不僅出於戰略的必要性，更是反映了我們最核心的原則和理想。與亞洲民主國家的團結合作，是美國本質的重要組成部分。我們在亞洲的地位是捍衛者，並非侵略者，這點與北京的立場正好相反。我們徵得了日本、南韓、印度、菲律賓等亞洲國家的同意，共同進行這樣的防禦工作。中國曾經是我們的盟友，在第二次世界大戰中一同對抗這個世界的殘酷。但當中共贏得了中國內戰，迫使蔣介石和國民黨跨海逃到臺灣，建立起他們的政府，即今日的中華民國，那個時代就已結束了。在我們這個時代，那些在中共鎮壓香港的前線上舉著美國旗幟的人，以及目前站在臺灣前線、處於中共最強烈軍事野心陰影下的人，他們讓我們看到中國過去、現在、甚至未來的不同面貌，我們與這個極權政權競爭的過程中，必須記住並支持這些站在前線的人。

我們可以理解，透過貿易和商業將中共的威權—極權政權帶入現代世界的實驗，並不能影響這個國家朝向我們的方式、制度或理想發展，即使這些價值觀是世界各地許多國家和人民所認同的。在海峽對岸的臺灣，是一個充滿活力的華人民主國家，我們過去曾大力支持，如今再次引起美國的關注。美國應該對我們關注亞洲的安全與防禦，以及我們對香港、臺灣和擁有共同普世價值的中國人的關注所體現的道德目標抱持信心。我們的價值觀超越地域隔閡和種族來源，我們的包容性寬廣且多元。

我們在國內也必須努力，確保中共鬆綁並撤回對我們境內任何人的控制。那些逃離這個政權來到這裡的人，應該受保護並在這裡安全自由地生活。那些受中共計畫或影響力行動追捕的人，應該獲得美國的保護和司法救濟。這表示我們必須打擊和瓦解中共的影響力行動、非法和法外活動，並確保需要庇護的人得到安全的避風港。中共試圖控制或影響其海外公民的行為，也應受到反擊和摧毀，以確保那些進入美國或其他自由世界的人享有真正的自由。

全世界正目睹一個威權政權對其民主鄰國發動戰爭。在烏克蘭，俄羅斯軍隊殺害婦女和兒童，對平民使用飛鏢彈，摧毀公寓大樓、醫院和城市，這些行為已顯示出俄中「新時代全面戰略協作夥伴關係」的樣貌。自由世界現在必須準備應對太平洋地區可能即將發生的問題。中共的病態行為若不由美國與盟友加以制止，恐將延燒到中國海外。中共在新疆沙漠進行對模擬美國航空母艦和海軍基地的飛彈演習，並在同一地點對維吾爾人實施種族滅絕，同時不斷增加派遣飛機進入臺灣海峽的頻率，在臺灣周邊啟動前所未有的海空軍實彈演習，我們必須為二〇二〇年代可能出現的情況作好準備。越來越多的人認為，中共可能在這個十年內選擇戰爭。[48]俄羅斯在歐洲發動戰爭，以及這兩個獨裁國家的海陸空軍演習持續進行，並同時在歐洲和亞洲試探自由世界的防禦工事時，我們可能不久就看得到這個世界將變成什麼樣子。

「實現中華民族偉大復興」的意識型態核心是攻占臺灣。正如習近平在二〇二一年全國代表大會上所述：「任何人都不要低估中國人民捍衛國家主權和領土完整的堅強決心、堅定意志、強大能力！祖國完全統一的歷史任務一定要實現，也一定能夠實現。」[49]俄羅斯和中國承諾在歐洲和亞洲的戰略目標上相互支持，而中國軍隊的建設已達到可以對臺灣採取軍事行動的程度。在美國海軍戰爭學院（U.S. Naval War College）對中國軍事後勤的評估中表明：

解放軍認為，未來的聯合登陸作戰將包括全面運用嚇阻戰略；奪取作戰區域的空中、海上和訊息優勢；集中封鎖並控制臺灣周邊地區；大規模聯合火力打擊；突襲登陸臺灣本島及可能的外島；以及島內作戰。在整個作戰過程中，訊息作戰、精確打擊和高度機動部隊將發揮關鍵作用。此外，作戰範圍將擴大至臺灣東部地區，以奪取優勢和戰略主動權，控制臺灣周邊空間，並對抗美國的介入。[50]

美國國防大學發表的評估報告指出：「有證據表明，解放軍的城市作戰訓練越來越針對臺灣。」雖然解放軍專注於「斬首打擊」，但「在建立許可的環境後」具有新疆經驗的中國準軍事部隊可能被派到臺灣。[51]與此同時，中國國務院在二〇二二年八月發表關於臺灣問題的白皮書中宣布：「祖國統一的歷史車輪滾滾向前，任何人任何勢力都無法阻擋。」白皮書向美國和盟友釋出警告意味：

> 中國人的事要由中國人來決定。臺灣問題是中國的內政，事關中國核心利益和中國人民民族感情，不容任何外來干涉。任何利用臺灣問題干涉中國內政、阻撓中國統一進程的圖謀和行徑，都將遭到包括臺灣同胞在內的全體中國人民的堅決反對。任何人都不要低估中國人民捍衛國家主權和領土完整的堅強決心、堅定意志、強大能力。[52]

全世界都可以看到，中國正在準備採取軍事行動，可能對這個擁有二千四百萬人口的民主自治島嶼進行封鎖、入侵和占領。如果那一刻到來——如果嚇阻戰略失效——我們必須記住整個自由世界都會面臨風險。正如眾議院議長南西・裴洛西（Nancy Pelosi）在《華盛頓郵報》（*Washington Post*）的專欄文章中所說的：「《臺灣關係法》闡明了美國對民主臺灣的承諾……。它培養了根植於共同利益和價值觀的深厚友誼：自決和自治、民主和自由、人的尊嚴和人權……。然而，令人不安的是，這個充滿活力、強大的民主政體——被自由之家評為世界上數一數二自由的民主政體之一，並自豪地由一位女性總統蔡英文領導——正受到威脅……。透過訪問臺灣，我們兌現了我們對民主的承諾，並重申臺灣——和所有民主國家——的自由必須受到尊重。」[53] 她於二〇二二年八月訪問臺灣，得到包括少數黨領袖米奇・麥康奈（Mitch McConnell）在內二十六名共和黨參議員的支持。

多年前，一位朋友曾對我說過：「臺灣是第二次冷戰的柏林。」在柏林這座城市，甘迺迪有句名言：「我是柏林人。」雷根也有句著名的臺詞：「戈巴契夫先生，拆毀這堵牆吧！」柏林。柏林空運（Berlin Airlift）之城。柏林圍牆之城。一九六一年柏林危機之城，在一九六二年古巴飛彈危機之前，蘇聯的最後通牒使世界陷入災難邊緣。柏林這座城市引起眾人關注。那個時代，無論是在那座城市，還是全球各地，大家都清楚意識到利害關係。而在我們這個時代，利害關係仍然如此。

當中共準備迎接一個永遠不該來臨的世界時，當他們的軍事指揮官將城市戰視為「在瓷器店裡捉老鼠」時，當他們的外交官承諾對世界上一個自由國家人民建立「再教育」營時，當他們的意識型態專家將中共企圖征服或摧毀的所有民族稱為「五毒」*時，我們必須牢記美國的意義、美國在世界上的角色、美國的歷史和對人類的責任。使我們有別於其他大國的，並不是經濟實力、外交潛力或軍事力量，而是我們作為人類自由**捍衛者**的角色，美國是可以保存和保護人類千年理想的地方。

讓權利成為力量，讓我們在這個時代最困難又最重要的競爭中獲勝。

在這個世代，我們也是戍守世界自由城牆的守護者。

* 即所謂「港獨」、「藏獨」、「疆獨」、「蒙獨」與「臺獨」，「五獨」為「五毒」。——編註

結論

本書闡述的戰略構想，目的不是要遷就我們的敵人，也不是權力平衡。相反地，本書旨在創造邱吉爾和保羅・尼采所說的美國力量「優勢」：能夠塑造和影響世界事務的壓倒性能力。這項戰略設想美國再次成為一個由眾多國家組成共同體的領頭羊，這些國家曾為自由與繁榮進行了無數次抗爭，共同抵制將這些成就拱手讓給一個野心勃勃、強大，但終究是妄想的中華人民共和國。

從美國革命、美國內戰、工業革命、民權運動，到第一次和第二次世界大戰、冷戰，這些勝利和成就塑造了這個年輕國家的旅程。這些並非老舊的遺產，而是建立未來的基石。美國的征途才剛剛開始。我們時常被召喚去打敗或抵禦世界各地出現的邪惡勢力。

美國的挑戰激發了我們作為一個國家的能力和想像力。中國試圖以其惡毒的勝利願景來改變世界，這將需要龐大且長遠的反制措施，如果我們成功了，美國將成為世界上有史以來最有能力的美國。美國也許處於困境中，或者從某些客觀指標來看，正在走下坡。然而，美國是獨特且公認有創造力的國家。我們最大的挑戰是克服我們的弱點和失敗，並在二十一世紀重新崛起。

要實現我們的勝利願景，不僅需要專業技術知識，巧妙運用現有工具和資源，還需要我們許久未見的團結和堅韌。勝利將需要美國獨有的特質：想像力。我們必須以對手看不到的方式看待未來。我們必須以對手無法設計和建造的方式來設計和建造未來。我們國家是由創造者和發現者、探索家和發明家組成的，一系列世界事件將我們連結在一起。歷史上最複雜的獨裁政權，再次對各國的自由人民發起挑戰，而我們，適合引領世界度過這段危機期。

想想這段保羅·尼采在一九五〇年對「當前世界危機」的完整敘述，當時正值二十世紀兩場決定性戰略鬥爭之一——冷戰：

> 過去三十五年間，世界經歷了兩次極其殘酷的全球戰爭，目睹了兩次範圍廣大且極為激烈的革命——俄羅斯和中國。還見證五個帝國的崩潰——鄂圖曼帝國、奧匈帝國、德意志帝國、義大利帝國和日本帝國——以及英法兩大帝國體系的劇烈衰退。在一個世代裡，國際權力的分配已經發生了根本性變化。幾個世紀以來，沒有任何國家可以獲得壓倒性力

量，以至於其他國家聯盟都無法在適當時機用更大的力量來對抗。國際舞臺雖然不斷發生暴力和戰爭，但這樣一個各國主權獨立的體系卻得以維持，沒有哪個國家能夠稱霸。

現在，有兩組複雜的因素基本上改變了這種歷史性的權力分布。首先，德國和日本的失敗以及英法帝國的衰落，與美國和蘇聯的發展相互作用，使得權力越來越集中於美蘇這兩個中心。其次，不同於以往的霸權追求者，蘇聯由一種與西方價值觀相反的狂熱信仰所驅策，並試圖在世界其他地區施加絕對權威。[54]

現在，我們面臨另一場可能改變世界的危機。我們正處於一連串事件的交匯點，這些事件的根源可以追溯到很久以前，如果我們不解決，其後果可能和以往的世界變革一樣嚴重。自蘇聯解體以來的三十年和平時期，我們經歷了一個經濟全球化的時代，在此之前的經濟全球化先例是第一次世界大戰前的二十世紀初。然而，保羅．尼采所指出的因素仍然存在。俄羅斯和中國的革命使這兩個國家走向與西方和自由世界國家對立和對抗的道路，而且這兩國將繼續對美國和從歐洲到亞洲的世界民主國家構成安全挑戰。冷戰結束後，中國和俄羅斯在過去三十年的大部分時間都專注於經濟發展和社會穩定。今日，我們正目睹它們重返最危險、領土擴張的威權源頭。上一代在中國創業的人認為，中國經濟開放、與世界經濟交流三十多年已是常態，並期望這種情況會繼續下去。然而，自中華人民共和國成立以來，中共已經明確定義了他們的目標。

「中國挑戰」，甚至是「新冷戰」的現實，已經清晰可見。自從冷戰以來，美國還未曾面臨像保羅．尼采在《第六十八號文件》中描述的「當前世界危機」，許多因素結合在一起，危及自由世界的未來。在那個時代，在喬治．肯楠的〈長電報〉、保羅．尼采的《第六十八號文件》和艾森豪的「日晷專案」（Solarium Project）時代裡，美國得以奠定一個長遠大戰略的基礎，這種戰略確定了我們的目標，並決定了所有基本策略。世界秩序的建構者在那個時期主要關注最重要的挑戰，並創造了一個架構，在此架構下應對所有挑戰。美國除了制定應對敵方和威脅的方向，也制定美國必須做什麼、必須保持什麼，以及必須成為什麼的方向。雖然韓戰立即讓美國面臨共產主義侵略問題，但冷戰架構下採取的長期政策也意味著前所未有的技術創新、「第三次工業革命」、太空競賽、民主政體遍地開花，以及自由世界戰勝極權對手。如今隨著北京和莫斯科再次採取與二十世紀革命和世界秩序觀相符的侵略性行為，我們必須制定自己的對策。眼見北京當局的敵意和軍事信條越來越強烈，我們不只要打造自己優越的經濟和技術進步，還要限制和制止這個對手。我們必須使中國在世界各地的影響力萎縮，讓其全球經濟參與困於新的長城內，停滯不前。要贏得與中國的競爭，捍衛世界秩序，戰勝威權對手，美國必須實現這三個基本目標：保持全球最大經濟體的地位，團結世界上的民主國家，持續對中國和俄羅斯軍事嚇阻。

美國在這場競爭中應該追求以下核心目標：

- 史上第二次大分流：這次不是西方與世界之間，而是民主國家與獨裁國家之間。
- 以聯盟為基礎的貿易體系：盟友與志同道合的國家建立整合與協作的經濟共同體，並逐漸將北京排除在這個經濟共同體之外。
- 經濟實力的新局面：從二二〇〇年、二〇五〇年和二〇三〇年的世界經濟目標倒推回來，迅速設計並執行將構成二十一世紀經濟實力的進展，並阻止對手取得這些進步，擴大他們與我們的經濟實力差距。
- 保障盟國供應鏈和新的民主軍火庫：不該再讓北京影響美國或盟國的重要供應鏈。我們必須創新並建立安全的供應鏈，減少或終止對中國的依賴，同時進一步將經濟實力從北京轉移出去。還有必須振興工業基礎，以確保在關鍵戰略行業的優勢，並達到對抗中俄軍事的需求。
- 北美經濟整合：在二十一世紀，美國、加拿大和墨西哥的經濟整合必須創造出新的競爭優勢。與中國的競爭將包括爭奪世界經濟主導權。我們必須與鄰國合作，將自身打造成工業科技強國，同時利用美國市場的強大吸引力，將世界各國的注意力從中國轉移開來。

- 美國企業經營者和商業領袖的參與：美國商界的高階主管是我們經濟的指揮官。自冷戰結束後的三十年全球和平期間，美國《財富》五百強和《財富》一千強企業經歷了轉型，現在被視為「跨國公司」或「全球整合企業」。他們必須適應美中地緣政治競爭的現實狀況，致力為美國和盟友世界建立經濟實力，而不是替我們的主要對手發展經濟。為了自身利益和國家忠誠，我們的企業必須站在正確的一方。這場競爭很大程度上將取決於美國私營部門的選擇。
- 圍堵中國經濟：美國必須在戰略性產業和新興技術方面集中精力，努力取得進展。如果對手透過經濟交流和間諜活動獲得我們的成果，對我們沒有太大好處。美國必須運用經濟圍堵和經濟戰手段，來制止這個對手，使其無法享有我們所取得的進步。

經濟實力將決定美中之爭的結果，就像在冷戰和第二次世界大戰中一樣，經濟也是決定性因素。因此，我們必須聚焦在此，視其為主要致勝場域，並藉此帶動其他所有領域的發展。其次是軍事實力，因為中國和其他對手在這個領域投下重金。我們的戰略危機來自於這些對手在經濟實力、軍事實力和敵意方面的累積。我們必須堅持奉行「以力量實現和平」的戰略，而不是天真地只專注於經濟力量而忽略軍事潛力。

總之，我們必須在四個領域取得勝利：

- 在經濟競技場：圍堵中國並促進美國和盟國的成長。
- 在外交競技場：在盟國體系和新興世界中限制中國的影響力。
- 在軍事競技場：保障美國和盟友的優勢地位。
- 在思想競技場：贏得美國和自由世界理念的勝利。

《關鍵十年》一書建立在對中華人民共和國的基本理解之上，包括其歷史、戰略、經濟和軍事實力，以及其對世界的野心。研究美國大戰略的人當中，很少人是中國問題專家。同樣地，中國問題專家也很少人研究美國大戰略。喬治·肯楠在他的〈長電報〉中清楚說明蘇聯的威脅，同時也提出對抗蘇聯的戰略：圍堵政策。如果肯楠不太熟悉蘇聯，不是一位真正的蘇聯學者，他怎麼可能制定出圍堵蘇聯的戰略呢？四十五年後，在雷根帶領下，一條從杜魯門開始的政策路線終於實現了肯楠的目標：蘇聯垮臺。我們必須保持警惕，深入了解對手，因為稍有差池可能導致完全不同的結果。想想另一位美國政治家暨戰略家，由於誤解對手，他的戰略對這個國家產生了深遠的影響。季辛吉是研究歐洲歷史的學者，他對大國和平與世界秩序的理解源自於對歐洲外交史的研究，但擔任美中交流政策的最初設計者時，他誤解了北京當局的目標和世界秩序觀，結果對美國造成長期影響。我們現在才開始承擔季辛吉向毛澤東時代的中國開放和讓中共進入世界經濟市場的危險後果。我們這一代人必須謙虛地努力理解與我們對立的國家或地區。與中國關係緩和的一項好處是，我們現在對這個國家擁有豐富的經驗，許多人曾在那裡生活、工作、學習和旅行。在冷戰期間，我們並沒有類似的優勢。現在這些經驗可以應用於使美國獲勝的任務當中。

現在，我們也必須跳脫「華府能做什麼」的思考框架。華府知道，也理解我們所面臨的挑戰。但整個美國知道該怎麼做嗎？這正是我寫這本書最關切的問題。這本書不只是寫給華府看的，而是寫給全美國人民看的。我所擔憂的是，若這場對決只是「華府當局對上中華人民共和國」，恐怕難以取勝。我所期盼的，是整個美利堅合眾國，憑藉其豐沛的經濟實力、軍事紀律、思想力量，以及那種建立在其價值觀基礎上，對世界各國人民所具備的獨特吸引力，能夠在這場即將到來的競爭中勝出。

我們的商業領袖、金融家和經營者的角色極為重要。沒有他們，我們無法在與中國的全球競爭中獲勝。隨著中國變得更強大、更富裕、更複雜，我們保住世界地位的希望會減弱，最終驟失。如果我們助長對手的成長和效率，就無法贏得戰略競爭，也無法維持在亞洲的嚇阻力。我們的商業領袖必須撤離中國，重建和振興美國，在全球各個關鍵地區贏得與中國的經濟競爭。我們必須在這個十年內做到這一點。我們必須展開這項征途：重建美國，控制中國的經濟和軍事擴張，保持在印太地區及其他地區的嚇阻力。未來十年事關重大，不只因為這可能是重要經濟和軍事競爭決定成敗的時刻，而且也因為我們開始脫離，中國本身的經濟困境將會顯現出來。

美國必須牢記我們在戰略危機時刻展現的強大能力：巧妙運用國家資源、我們的意志與決心，以及創新人才帶領我們走過冷戰和第二次世界大戰。我們必須重新發掘這些優勢。從湯瑪斯・愛迪生的工作室，賈伯斯、比爾・惠烈（Bill Hewlett）和大衛・普克（David Packard）的車庫，到二十一世紀伊隆・馬斯克的工廠，以及無數將形成我們未來新技術和產業的根與芽。從過去到未來，我們所有的創造潛力元素，這些美國創意的試金石，都能指引我們何去何從，並指引我們如何取得勝利。但是，我們必須以團結的國家共同努力，發揮我們所有人在這個重大挑戰中的最佳表現。

正如保羅・尼采在一九五〇年所寫的：「從這種自由與責任的觀念中，衍生出自由社會令人驚嘆的多樣性、高度寬容以及法治。這是自由人的力量所在。這些要素構成了自由體系的完整性和活力。自由社會試圖創造並維持一個讓每個人都有機會實現創造力的環境。」與我們在俄羅斯的敵人、在北京的對手形成對比，這些自由與多樣性的原則不單形塑出我們社會的理想和實際特徵，也打造出我們在世界上立足的基礎。美國和盟友所建立的世界，是我們必須再次捍衛的世界。正如保羅・尼采寫道：「我們必須與盟友和（去殖民化國家中的）前殖民地人民一起，尋求建立基於共識原則的世界社會。」這種自由社會體系以不可剝奪的權利為基礎，且權力相互牽制，構成了以美國為首的世界架構。這種設計架構體現具有美國特質的原則。世界上許多自由國家成為我們的共識盟友，也重視並遵守這種結構。這個世界是由那些贏得兩次世界大戰、最後在冷戰中擊退蘇聯意圖的國家所建立的。這個世界必須加強和更新，好去抵抗且戰勝中華人民共和國的挑戰。

致謝

許多人參與了本書的撰寫之旅。本書不只是要回答《中國的勝利願景》所提出的核心問題：能不能阻止中國共產黨的願景？美國能不能贏得與中華人民共和國這場改變世界的競爭？本書也是我多年來努力、各種學習及經驗的結晶。因此，本書的成果來自於我生命中那些我有幸從他們身上學到許多知識和智慧的人。

我二十多歲時旅居各大洲和地區，學習各種語言，奠定了理解全球挑戰的基礎，許多人的記憶伴隨著我。在就讀哥倫比亞大學和牛津大學的時候，我學習了語言、人文學科，以及世界史和主要國家的歷史，這些知識都是來自那些為追求知識和理解而奉獻一生的人。回到美國後，能夠與眾多才華橫溢的人共事，並且受到政府和國安體系領導階層的認可，我深感榮幸。這些人生階段的各個篇章，都是我能在《關鍵十年》中有進一步貢獻的基石。

由衷感謝無數參與這些努力和旅程的人。特別是在國家安全領域多年來給予指導的吉原俊井、傑克·戴文、許卡特（Tom Shugart）、傑里·亨德里克斯、米歇爾·佛洛諾伊（Michèle Flournoy）、退役上將史考特·史威福、羅柏·卡普蘭、艾胥利·狄利斯和提姆·奧立佛（Tim Oliver）。感謝安德魯·柯瑞派恩維奇、約翰·范·歐德納倫（John Van Oudenaren）、安德魯·坎貝爾（Andrew Gabel）和彼得·馬提斯對書中關鍵部分的評論。感謝納察·妮卡塔（Nazak Nikakhtar）、克萊德·普雷斯托維茲（Clyde Prestowitz）、羅伯·艾特金森、羅伯特·萊特梅澤（Robert Lighthizer）、史劍道（Derek Scissors）和麥克·塞科拉（Mike Sekora）在過去和現在的經濟競爭、競爭策略和經濟戰術方面給予的指導。感謝芮納·米德，我在牛津大學攻讀中國近代史碩士和博士學位期間的導師和指導教授，感謝羅伯特·強生（Robert Johnson）、約翰·達爾文（John Darwin）、修·史壯恩（Hew Strachan）和羅伯特·塞維斯（Robert Service），指導我軍事史和全球史。感謝喬舒亞·卡爾森（Joshua Carlson）、納姆拉塔·格絲瓦米和馬帝·巴迪拉（Matt Padilla）讓我知道如何思考太空議題。

感謝格羅頓中學（Groton School）的約翰·萊昂斯（John Lyons）、湯米·拉蒙特（Tommie Lamont）、西奧多·古德里奇（Theodore Goodrich）、威廉·波爾克（William Polk）、約翰·泰勒（John Tyler）和艾爾森·哈蒙（Elson Harmon）。謝謝唐納·史托克（Donald Stoker），

沒有你，我無法完成這一切。安德魯・梅（Andrew May），感謝你告訴我如何思考未來。謝謝羅力・史圖爾特（Rory Stewart），在生活和工作中提供了最鼓舞人心的榜樣。感謝在「亞特拉斯組織」的布利・海托維茲（Brie Hytovitz）、伊什梅爾・麥士威（Ishmael Maxwell）、羅伯・麥尼斯（Rob MacInnis），特別是索哈姆・巴蘇（Soham Basu），我的「危機情報官」和出色的分析師，他的智慧超乎其年齡——我們在過去幾年的冒險中，完成了一些不凡的成就。

此外，感謝斯卡伯勒夫婦查克和艾倫、查德・斯卡伯勒、約翰・普萊福斯、普萊福斯夫婦赫曼和伊莉莎白、彼得・特梅斯、亞瑟・克萊巴諾夫、馬歇爾・索南希恩、麥可・崔西、萊爾・雷斯納、大衛・羅維、鮑伯・維塔洛、克里夫・佩吉、肖恩・基岡、麥克・馬歇爾、麥克・羅許、傑克・貝瑞、布莉姬塔・舒赫特、托許・巴倫、約翰・莫爾丁、大衛・科塔克以及科塔克營隊所有出色的成員，芭芭拉・史密斯、威廉・德・沃格爾、南西・霍瓦爾、賈森・格雷澤、南西・拉扎爾、蜜雪兒・華生、TS 艾倫、張琳達、湯姆・羅梅羅（我希望你能看到這本書）。

感謝出版社 Diversion Books 的凱斯・沃爾曼，讓困難且複雜的計畫變得輕鬆愉快，並且不斷給予鼓勵和抱持樂觀心態。珍・葛拉斯和諾亞・帕金斯，讓我們能夠按照雄心勃勃的出版計畫進行。感謝史考特・韋克斯曼，從早期就看出我作品的潛力。還要感謝過去五年來「亞特拉斯組織」的所有客戶，你們教會了我許多，並直接展現出創造美國經濟實力的戰略產業有多重要。透過這段旅程，接觸到與我共事或認識的優秀人才，我才深刻理解美國企業在全球與中國競爭過程裡可以扮演的角色。

最後，感謝我的家人，我的雙親安妮和大衛，我的兄弟尼可拉斯和姐妹貝姬和莎莉，以及他們的伴侶卡勒姆和威爾，還有巴布爾和帕尼。最重要的是，感謝我最好的朋友和伴侶——芮妮，謝謝你不斷的支持、堅強和毅力，以及你無盡的愛和善良，讓我能夠完成這個最具挑戰性的工作。

1700-47c0-9dbf-3395b4e905fd。

49 "Xi Jinping: Speech at the General Assembly Commemorating the 100th Anniversary of the Revolution of 1911," China Aerospace Studies Institute translation.

50 Kevin McCauley, "Logistics Support for a Cross-Strait Invasion: The View from Beijing," US Naval War College China Maritime Studies Institute, China Maritime Report No. 22, July 2022, 3.

51 Sale Lilly, "'Killing Rats in a Porcelain Shop: PLA Urban Warfare in a Taiwan Campaign," in Joel Wuthnow, Derek Grossman, Phillip C. Saunders, Andrew Scobell, and Andrew N.D. Yang, *Crossing the Strait: China's Military Prepares for War with Taiwan* (Washington, DC: National Defense University, 2022), 140.

52 The Taiwan Affairs Office of the State Council and The State Council Information Office (PRC), "The Taiwan Question and China's Reunification in the New Era," August 2022.

53 Nancy Pelosi, "Why I'm Leading a Congressional Delegation to Taiwan," *Washington Post*, August 2, 2022, https://www.washingtonpost.com/opinions/2022/08/02/nancy-pelosi-taiwan-visit-op-ed/.

https://www.nationalreview.com/corner/we-cant-let-genocide-get-in-the-way-of-a-good-investment-opportunity-right/.

41 Ray Dalio, "Don't Be Blind to China's Rise in a Changing World," *Financial Times*, October 23, 2020, https://www.ft.com/content/8749b742-d3c9-41b4-910e-80e8693c36e6.

42 Peter Mattis, Prepared Statement, "China's Digital Authoritarianism: Surveillance, Influence, and Political Control," Hearing Before the House Permanent Select Committee on Intelligence, May 16, 2019.

43 Mattis, Prepared Statement, 2019.

44 請參閱：Mattis, Prepared Statement, 2019。另請參閱：Alexander Bowe, "China's Overseas United Front Work: Background and Implications for the United States," US-China Economic and Security Review Commission, August 24, 2018, and Toshi Yoshihara and Jack Bianchi, "Uncovering China's Influence in Europe: How Friendship Groups Coopt European Elites," Center for Strategic and Budgetary Assessments, 2020。

45 Lillian Rizzo and Connor Hart, "Paramount Revenue Gets Lift from 'Top Gun' Sequel, Streaming Service," *Wall Street Journal*, August 4, 2022, https://www.wsj.com/articles/paramount-revenue-rose-19-on-top-gun-streaming-service-11659614982.

46 Alexandra Canal, "China No Longer the 'Golden Goose' for Movies Studios: Hollywood Producer," Yahoo! Finance, September 5, 2022, https://finance.yahoo.com/news/china-no-longer-the-golden-goose-for-movie-studios-hollywood-film-producer-182035259.html.

47 Canal, "China No Longer the 'Golden Goose.'"

48 請參閱：Rep. Mike Gallagher, "Battle Force 2025: A Plan to Defend Taiwan Within the Decade," *Foundation for Defense of Democracies*, February 17, 2022 該文提供了一個清楚的概要說明。另可參閱："the Davidson Window," for example in Kathrin Hille and Demetri Sevastopulo, "Taiwan: Preparing for a Potential Chinese Invasion," *Financial Times*, June 7, 2022, https://www.ft.com/content/0850eb67-

secretary-antony-j-blinken-national-security-advisor-jake- sullivan-chinese-director-of-the-office-of-the-central-commission-for-foreign-affairs-yang-jiechi-and-chinese-state-councilor-wang-yi-at-th/.

29 Department of State, "Blinken, Sullivan, Yang and Wang Meeting," 2021.

30 Department of State, "Blinken, Sullivan, Yang and Wang Meeting," 2021.

31 Fu Ying, "The US World Order Is a Suit That No Longer Fits," *Financial Times*, January 6, 2016, https://www.ft.com/content/c09cbcb6-b3cb-11e5-b147-e5e5bba42e51.

32 請參閱：Rolland, "Situating Africa," Ward, "China-India Rivalry," and Garver, *Protracted Contest*。

33 《毛澤東年譜 1949 - 1976》, Vol. 3, 555, in Ward, *China's Vision of Victory.*

34 《毛澤東年譜 1949 - 1976》, Vol. 5, 163, in Ward, *China's Vision of Victory.*

35 John W. Garver, *Foreign Relations of the People's Republic of China* (Pearson, 1993), 137.

36 Orlando Figes, *Natasha's Dance: A Cultural History of Russia* (New York: Metropolitan Books, 2002), 446-47.

37 請參閱：Ward, *China's Vision of Victory*, Part One: "The Great Rejuvenation of the Chinese Nation," 1-44, and Part Five: "A Community of Common Destiny for Mankind," 177-223。

38 Elliot Smith, "Bridgewater's Ray Dalio Backs China despite Trade War Escalation," CNBC, August 7, 2019, https://www.cnbc.com/2019/08/07/bridgewaters-ray-dalio-backs-china-despite-trade-war-escalation.html.

39 The Editorial Board, "Ray Dalio's China Equivalence," *Wall Street Journal*, December 2, 2021, https://www.wsj.com/articles/ray-dalios-china-equivalence-bridgewater-xi-jinping-wall-street-america-11638486891.

40 Jim Geraghty, "We Can't Let Genocide Get in the Way of a Good Investment Opportunity, Right?" *National Review*, December 2, 2021,

18 請參閱：Joseph Riley, "Hedging Engagement: America's Neoliberal Strategy for Managing China's Rise in the Post-Cold War Era," DPhil Thesis, University of Oxford, 2016。

19 Chen Jian, *Mao's China and the Cold War* (Chapel Hill, NC: North Carolina, 2001), 7.

20 Qiang Zhai, *China and the Vietnam Wars, 1950-1975* (Chapel Hill, NC: North Carolina, 2000), 4.

21 Darren Byler, *In the Camps: China's High-Tech Penal Colony* (New York: Columbia, 2021).

22 例如，請參閱：Byler, *In the Camps* and Raymond Zhong, "As China Tracked Muslims, Alibaba Showed Customers How They Could, Too," *New York Times*, December 16, 2020, https://www.nytimes.com/2020/12/16/technology/alibaba-china-facial-recognition-uighurs.html。另可參閱：US Department of State, "Huawei and Its Siblings"。

23 請參閱：BlackRock iShares China A ETF and BlackRock MSCI Emerging Markets ETF, accessed September 2, 2022, https://www.blackrock.com/us/individual/products/273318/ishares-msci-china-a-etf；https://www.blackrock.com/us/individual/products/239637/ishares-msci-emerging-markets-etf。

24 Byler, *In the Camps*, 88.

25 Byler, *In the Camps*, 89.

26 David Stavrou, "A Million People Are Jailed at China's Gulags. I Managed to Escape. Here's What Really Goes on Inside," *Haaretz*, October 17, 2019, https://www.haaretz.com/world-news/2019-10-17/ty-article-magazine/.premium/a-million-people-are-jailed-at-chinas-gulags-i-escaped-heres-what-goes-on-inside/0000017f-e216-d804-ad7f-f3fe73670000.

27 George Washington, "Farewell Address," September 17, 1796.

28 US Department of State, "Secretary Anthony J. Blinken, National Security Advisor Jake Sullivan, Director Yang and State Councilor Wang at the Top of Their Meeting," March 18, 2021, https://www.state.gov/

& Schuster, 2011), 172.

8 UNIAN News Agency (Ukraine)；關於這次採訪的英文報導，請參閱：Sam Clench, "'I Feel Shame': Captured Russian Soldier's Powerful Denunciation of Ukraine Invasion," news.com.au, https://www.news.com.au/world/europe/i-feel-shame-captured-russian-soldiers-powerful-denunciation-of-ukraine-invasion/news-story/4fea7b000dc4f44a0f7456c1fc4adf6a。

9 Abraham Lincoln, "The Gettysburg Address," November 19, 1863.

10 Martin Luther King Jr., "I Have a Dream," August 28, 1963.

11 Langston Hughes, "Let America Be America Again," *The Collected Poems of Langston Hughes* (Knopf, 1994).

12 John F. Kennedy, "Remarks Prepared for Delivery at the Trade Mart in Dallas, TX, November 22, 1963 [Undelivered]," John F. Kennedy Presidential Library and Museum.

13 Ronald Reagan, "Remarks on East-West Relations at the Brandenburg Gate in West Berlin," June 12, 1987, Ronald Reagan Presidential Foundation & Institute.

14 Martin Luther King Jr., "I've Been to the Mountaintop," April 3, 1968.

15 Simon Denyer, "Former Inmates of China's Muslim 'Reeducation' Camps Tell of Brainwashing, Torture," *Washington Post*, May 17, 2018, https://www.washingtonpost.com/world/asia_pacific/former-inmates-of-chinas-muslim-re-education-camps-tell-of-brainwashing-torture/2018/05/16/32b330e8-5850-11e8-8b92-45fdd7aaef3c_story.html.

16 Franklin Delano Roosevelt, "The Four Freedoms," January 6, 1941.

17 原始電報存放於英國國家檔案館。摘要請參閱：Adam Lusher, "At Least 10,000 People Died in Tiananmen Square Massacre, Secret British Cable from the Time Alleged," *The Independent*, December 23, 2017, https://www.independent.co.uk/news/world/asia/tiananmen-square-massacre-death-toll-secret-cable-british-ambassador-1989-alan-donald-a8126461.html。

96 感謝納姆拉塔・格絲瓦米、喬舒亞・卡爾森、馬帝・巴迪拉，以及所有在太空研究方面指導我的人。

97 Winston S. Churchill, "We Shall Fight on the Beaches," June 4, 1940. Kirstin Hunt, writing in *Smithsonian* in 2017, points out Churchill's appeal to America in this speech. 引文的粗體標示為本書所加。

98 深入探討太空和海洋議題，請參閱：Michelle Shevin-Coetzee and Jerry Hendrix, "From Blue to Black: Applying the Concepts of Sea Power to the Ocean of Space," Center for a New American Security, November 2016。

第四篇　思想競技場

1 請參閱：Joseph Ellis, *Revolutionary Summer: The Birth of American Independence* (New York: Vintage, 2014),（中譯本：《革命之夏——美國獨立的起源》〔廣場出版，2019 年〕）and Joseph Ellies, *The Cause: The American Revolution and Its Discontents, 1773-1783* (Liveright, 2021)。

2 Julien Nocetti, "The Outsider: Russia in the Race for Artificial Intelligence," French Institute for International Relations, December 2020, 9.

3 Todd Harrison, Kaitlyn Johnson, Thomas G. Roberts, Tyler Way, and Makena Young, "Space Threat Assessment 2020," CSIS, March 2020.

4 "NSC-68," 4. 引文的粗體標示為本書作者所加。

5 "Communiqué on the Current State of the Ideological Sphere (Document No. 9)," Rogier Creemers translation, 2013.

6 關於「社會管理」，請參閱：Samantha Hoffman, "Managing the State: Social Credit, Surveillance and the CCP's Plan for China," The Jamestown Foundation, August 17, 2017, https://jamestown.org/program/managing-the-state-social-credit-surveillance-and-the-ccps-plan-for-china/

7 Elena Gorokhova, *A Mountain of Crumbs: A Memoir* (New York: Simon

American Manufacturing, and Fostering Broad-Based, Growth," June 2021, 157.

84 House Armed Services Committee, "Report of the Defense Critical Supply Chain Task Force," July 22, 2021, 2.

85 引自 Bonji Ohara, "The Effect of the Spread of COVID-19 on the US-China Political Warfare and the International Order," Sasakawa Peace Foundation China Observer, April 7, 2020, https://www.spf.org/spf-china-observer/en/document-detail025.html.

86 "The Defense Production Act of 1950, as Amended," August 2018, https://www.fema.gov/sites/default/files/2020-03/Defense_Production_Act_2018.pdf.

87 "The Biden White House plan," Brian Deese at Atlantic Council, 2021.

88 Department of the Interior, "2022 Final List of Critical Minerals," *Federal Register*, Vol. 87, No. 37, February 24, 2022, https://www.govinfo.gov/content/pkg/FR-2022-02-24/pdf/2022-04027.pdf.

89 Department of Defense, "Review of Critical Minerals and Materials," 162.

90 Namrata Goswami and Peter A. Garretson, *Scramble for the Skies: The Great Power Competition to Control the Resources of Outer Space* (Lanham, MD: Rowman & Littlefield, 2020), 19.

91 請參閱：Goswami and Garretson, *Scramble for the Skies*, and Joshua Carlson, *Spacepower Ascendant: Space Development Theory and a New Space Strategy*。

92 請參閱：Goswami and Garretson, *Scramble for the Skies*, and Carlson, *Spacepower Ascendant*。

93 Goswami and Garretson, *Scramble for the Skies*, 8.

94 Buzz Aldrin (foreword) in James Trefil, *Space Atlas, Second Edition: Mapping the Universe and Beyond* (Washington, DC: National Geographic, 2018), 23-26.

95 Carlson, *Spacepower Ascendant.*

Deterrence and Weaken the Attempts of Rival Nuclear Coercion," Hudson Institute, September 2022; Patty-Jane Geller, "Russia, China and the Power of Nuclear Coercion," The Heritage Foundation, September 13, 2022。

74 關於美中衝突的水平升級和垂直升級，請參閱：Colby, *Strategy of Denial*, 173-179。

75 US Cyber Command, "Achieve and Maintain Cyberspace Superiority: Command Vision for US Cyber Command," April 2018, https://www.cybercom.mil/Portals/56/Documents/USCYBERCOM%20Vision%20April%202018.pdf, 2.

76 US Department of Defense, "Summary: Department of Defense Cyber Strategy," 2018.

77 US Cyber Command, "Cyberspace Superiority."

78 Frank Konkel, "CIA Awards Secret Multibillion-Dollar Cloud Contract," Nextgov, November 20, 2020, https://www.nextgov.com/it-modernization/2020/11/exclusive-cia-awards-secret-multibillion-dollar-cloud-contract/170227/.

79 Brian Schimpf, "Anduril Boss: In an Era of Strategic Competition, We Need Artificially Intelligent Systems," *Defense News,* December 6, 2021, https://www.defensenews.com/outlook/2021/12/06/anduril-boss-in-an-era-of-strategic-competition-we-need-artificially-intelligent-systems/.

80 Alexander C. Karp, "In Defense of Europe: A Letter from the Chief Executive Officer," Palantir, March 10, 2022, https://www.palantir.com/newsroom/letters/in-defense-of-europe/en/.

81 例如，參閱：Joseph Votel and James Geurts, "Forging the Industrial Network the Nation Needs," *National Interest*, June 24, 2022.

82 Peter L. Singer, "Federally Supported Innovations: 22 Examples of Major Technology Advances That Stem from Federal Research Support," ITIF, February 2014.

83 US Department of Defense, "Review of Critical Minerals and Materials," in The White House "Building Resilient Supply Chains, Revitalizing

58 欲了解飛彈防禦，包含對抗極音速飛彈，請參閱：Tom Karako and Masao Dahlgren, "Complex Air Defense: Countering the Hypersonic Missile Threat," CSIS, February 2022；Ian Williams, Masao Dahlgren, Thomas G. Roberts, and Tom Karako, "Boost-Phase Missile Defense: Interrogating the Assumptions," CSIS, June 2022。

59 US Department of Defense, "2022 Nuclear Posture Review," 1.

60 Department of Defense, "China 2021," 64.

61 Department of Defense, "China 2021," 66-68.

62 US Space Force, "Space Capstone Publication, Spacepower: Doctrine for Space Forces," June 2020, vi.

63 Space Force, "Spacepower," 28.

64 Sandra Erwin, "Hyten Blasts 'Unbelievably' Slow DoD Bureaucracy as China Advances Space Weapons," *Space News*, October 28, 2021, https://spacenews.com/hyten-blasts-unbelievably-slow-dod-bureaucracy-as-china-advances-space-weapons/.

65 Erwin, "Hyten Blasts 'Unbelievably' Slow DoD Bureaucracy."

66 Thomas Newdick, "China Acquiring New Weapons Five Times Faster Than US Warns Top Official," *The Drive*, July 6, 2022, https://www.thedrive.com/the-war-zone/china-acquiring-new-weapons-five-times-faster-than-u-s-warns-top-official.

67 Colby, *Strategy of Denial*, 148.

68 Erwin, "Hyten Blasts 'Unbelievably' Slow DoD Bureaucracy."

69 Jeffrey W. Hornung, Scott Savitz, Jonathan Balk, Samantha McBirney, Liam Mclane, and Victoria M. Smith, "Preparing Japan's Multi-Domain Defense Force for the Future Battlespace Using Emerging Technologies," RAND Corporation, July 2021.

70 Colby, *Strategy of Denial*, 175.

71 作者與美國海軍退役官員湯瑪斯・許卡特的對話。

72 Colby, *Strategy of Denial*, 176.

73 例如，參閱： Rebeccah L. Heinrichs, "How to Strengthen US

ugd/93f0e1_aac7c2c1af36429ebeac447f6d0f866a.pdf.

43 參閱：Colby, *Strategy of Denial*。

44 "Full transcript of notes of a speech by Winston Churchill broadcast on BBC radio, 10pm, 15 November 1934," UK Parliament, https://www.parliament.uk/globalassets/documents/parliamentary-archives/Churchill-for-web-Mar-2014.pdf.

45 請參閱：Donald Stoker, *Purpose and Power: A History of U.S. Grand Strategy from the Revolutionary Era to the Present* (Cambridge: Cambridge, 2023), Chapter 10。

46 "A Report to the National Security Council – NSC 68," April 12, 1950, President's Secretary's File, Truman Papers, 12.

47 請參閱：Stoker, *US Grand Strategy*。

48 Norman A. Bailey, "The Strategic Plan That Won the Cold War: National Security Decision Directive 75" (Potomac Foundation, 1998).

49 "National Security Decision Directive on US Relations with the USSR" (NSDD-75), January 17, 1983, 1.

50 NSDD-75, 2.

51 NSDD-75, 7.

52 請參閱：The White House, "National Security Strategy of the United States of America," December 2017，內容提及中國、俄羅斯、北韓及伊朗。另參閱：The White House, "Interim National Security Strategic Guidance," March 2021，內容繼續提及這些國家。

53 Krepinevich, "Preserving the Balance," x.

54 Abraham Denmark and Caitlin Talmadge, "Why China Wants More and Better Nukes," *Foreign Affairs*, November 19, 2021.

55 Ward, *China's Vision of Victory*, 67-68.

56 US Department of Defense, "Military and Security Developments Involving the People's Republic of China 2021: Annual Report to Congress," i.

57 Department of Defense, "China 2021," viii.

29 Kardon, "Pier Competitor," 3.

30 Kardon, "Pier Competitor," 3.

31 Jerry Hendrix, "Want Infrastructure? Build Shipyards," *Wall Street Journal,* April 21, 2021, https://www.wsj.com/articles/want-infrastructure-build-shipyards-11619044766.

32 關於美國造船業的需求與挑戰，請參閱：CRS, "Navy Force Structure and Shipbuilding Plans: Background and Issues for Congress," September 19, 2022.

33 Commander Bryan G. McGrath, "1,000 Ship Navy and Maritime Strategy," USNI Proceedings, January 2007, https://www.usni.org/magazines/proceedings/2007/january/1000-ship-navy-and-maritime-strategy.

34 US Marine Corps, "Force Design 2030," March 2020, https://www.hqmc.marines.mil/Portals/142/Docs/CMC38%20Force%20Design%202030%20Report%20Phase%20I%20and%20II.pdf?ver=2020-03-26-121328-460, 2.

35 USMC, "Force Design 2030," 4.

36 作者與美國海軍退役上將喬納森・格林納特的對話。

37 Dominic Nicholls and Danielle Sheridan, "Ben Wallace: Submarines Rather Than Ships Could Be the Royal Navy's Future," *The Telegraph*, September 2, 2022, https://www.telegraph.co.uk/politics/2022/09/02/ben-wallace-submarines-rather-ships-could-royal-navys-future/.

38 CRS, "Navy Large Unmanned Surface and Undersea Vehicles: Background and Issues for Congress," https://crsreports.congress.gov/product/pdf/R/R45757/56, 17.

39 CRS, "Navy Force Structure," 4.

40 CRS, "Navy Force Structure," 4.

41 CRS, "Navy Large Unmanned," 1-2.

42 "A Conversation with the Chairman of the Joint Chiefs of Staff on the Military Challenges of the 21st Century," 2021 Aspen Security Forum, November 3, 2021, https://www.aspensecurityforum.org/_files/

18 Isaac Kardon, "Research & Debate-Pier Competitor: Testimony on China's Global Ports," *Naval War College Review*, Vol. 74.

19 Toshi Yoshihara and Jack Bianchi, "Seizing on Weakness: Allied Strategy for Competing with China's Globalizing Military," *Center for Strategic and Budgetary Assessments*, 2021.

20 "Statement of General Stephen J. Townsend, United States Army, Commander, United States Africa Command, Before the Senate Armed Forces Committee [sic]," March 15, 2022, https://www.armed-services.senate.gov/imo/media/doc/AFRICOM%20FY23%20Posture%20Statement%20%20ISO%20SASC%2015%20MAR%20Cleared.pdf.

21 Jim Gomez and Aaron Favila, "AP Exclusive: US Admiral Says China Fully Militarized Isles," Associated Press, March 21, 2022, https://apnews.com/article/business-china-beijing-xi-jinping-south-china-sea-d229070bc2373be1ca515390960a6e6c.

22 作者與美國海軍退役官員湯瑪斯・許卡特的對話。

23 Congressional Research Service, "China Naval Modernization: Implications for US Navy Capabilities-Background Issues for Congress," March 8, 2022, https://crsreports.congress.gov/product/pdf/RL/RL33153/261, 2.

24 CRS, "China Naval Modernization," March 2022, 3.

25 請參閱：Odd Arne Westad, *The Global Cold War: Third World Interventions and the Making of Our Times* (Cambridge: Cambridge, 2011)；Gaddis, *We Now Know*。

26 Andrew F. Krepinevich Jr., "How to Deter China: The Case for Archipelagic Defense," *Foreign Affairs*, March/April 2015.

27 Andrew F. Krepinevich Jr., "Preserving the Balance: A US Eurasia Defense Strategy," Center for Strategic and Budgetary Assessments, 2017, 81-83.

28 Jonathan D. T. Ward, "The Influence of Seapower on China," US Naval Institute Proceedings, Vol. 145, August 2019.

Tech Warfare (New York: Hachette, 2020), xiii-xv

8 Brose, *Kill Chain*, xvi-xvii.

9 *Selected Works of Mao Tsetung*, Vol. 5 (Peking, 1977), 18.

10 「同時，中國人民也絕不允許任何外來勢力欺負、壓迫、奴役我們，誰妄想這樣幹，必將在 14 億多中國人民用血肉築成的鋼鐵長城面前碰得頭破血流！」這是習近平在慶祝中國共產黨建黨百年大會上的演講內容。官方英譯版本軟化了這段話的語氣。可參閱："Full Text of Xi Jinping's Speech on the CCP's 100th Anniversary," *Nikkei Asia*, July 1, 2021, https://asia.nikkei.com/Politics/Full-text-of-Xi-Jinping-s-speech-on-the-CCP-s-100th-anniversary.

11 《中華人民共和國對外關係文件集（1962）》第九集（北京，世界知識出版社），頁 44。

12 關於「浴血奮戰」，請參閱：Ward, *China's Vision of Victory*, 37-44；另可參閱：Thomas Gibbons-Neff and Steven Lee Myers, "China Won't Yield 'Even One Inch' of South China Sea, Xi Tells Mattis," *New York Times*, June 27, 2018, https://www.nytimes.com/2018/06/27/world/asia/mattis-xi-china-sea.html.

13 Franklin Delano Roosevelt, Fireside Chat, February 23, 1942, https://www.presidency.ucsb.edu/documents/fireside-chat-6.

14 Chiang Kai-shek [蔣介石], *China's Destiny and Chinese Economic Theory* (Roy Publishers, 1947), 36. Modern spellings of Taiwan, Xinjiang and Manchuria inserted to replace antiquated English spellings.

15 關於準噶爾蒙古人的種族滅絕，請參閱：Peter Perdue, *China Marches West*.

16 Andrew S. Erickson and Joel Wuthnow, "Barriers, Springboards and Benchmarks: China Conceptualizes the Pacific 'Island Chains,'" *China Quarterly*, January 2016.

17 Louis Morton, *Strategy and Command: The First Two Years [United States Army in World War II: The War in the Pacific* (Center of Military History, United States Army, 1962).

Predicts End of US," *Wall Street Journal*, December 29, 2008, https://www.wsj.com/articles/SB123051100709638419.

64 Osborn, "Russian Professor."

65 Karen Gilchrist, "A Second Wave of Russians Is Fleeing Putin's Regime," CNBC, July 14, 2022, https://www.cnbc.com/2022/07/14/russians-flee-putins-regime-after-ukraine-war-in-second-wave-of-migration.html.

66 請參閱：Jeffrey Sonnenfeld and Yale Research Team, "1,000 Companies"。

67 感謝印度的觀察家研究基金會（Observer Research Foundation）的 Kanchan Gupta 博士，在 2020 年中印邊境衝突後與我進行訪談時，他創造了這個說法。

第三篇　軍事競技場

1 George Washington, "First Annual Address to Congress," January 8, 1790.

2 "Remarks of Senator John F. Kennedy in the United States Senate, National Defense, Monday, February 29, 1960," John F. Kennedy Presidential Library and Museum.

3 請參閱：Ward, *China's Vision of Victory*, 37-44, on "preparing to fight and win wars." 另可參閱：Xi Jinping [習近平], "Secure a Decisive Victory," 19th Party Congress, 2017.

4 John Feng, "Chinese Movie About US Military Defeat Set to Break Box Office Records," *Newsweek*, October 19, 2021, https://www.newsweek.com/chinese-movie-about-us-military-defeat-set-break-box-office-records-1640342.

5 John Lewis Gaddis, *We Now Know: Rethinking Cold War History* (New York: Oxford, 1997), 78.

6 Gaddis, *We Now Know*, 81-82. 引文中的粗體文字在原書中以斜體呈現。

7 Christian Brose, *The Kill Chain: Defending America in the Future of High-*

ii-162982。

53 "Joint Statement of the Russian Federation and the People's Republic of China," 2022.

54 "Joint Statement of the Russian Federation and the People's Republic of China," 2022.

55 Peter Perdue, *China Marches West: The Qing Conquest of Central Eurasia* (Cambridge, MA: Belknap, 2010), 173. 中譯本：葉品岑、蔡偉傑、林文凱譯，《中國西征——大清征服中央歐亞與蒙古帝國的最後輓歌》（衛城出版，2021 年）。

56 Jonathan Ward, M.St. Global and Imperial History, Advanced Option papers, University of Oxford, 2012.

57 請參閱：Huiyao Wang, "It's Time to Offer Russia an Offramp. China Can Help with That: Guest Essay," *New York Times*, March 13, 2022。

58 Demetri Sevastopulo, Kathrin Hille, and Kana Inagaki, "Chinese and Russian Nuclear Bombers Fly over Sea of Japan as Biden Visits Tokyo," *Financial Times*, May 24, 2022, https://www.ft.com/content/2b77473c-44d8-4b27-98f8-07c096f5302c.

59 "China to send troops to Russia for 'Vostok' exercise," Reuters, August 17, 2022, https://www.reuters.com/world/china/chinese-military-will-send-troops-russia-joint-exercise-2022-08-17/.

60 研究中蘇分裂最好的兩部作品：Sergey Radchenko, *Two Suns in the Heavens: The Sino-Soviet Struggle for Supremacy, 1962-1967* (Stanford: Stanford, 2009) 和 Lorenz Luthi, *The Sino-Soviet Split: Cold War in the Communist World* (Princeton: Princeton, 2008)。

61 Rayhan Demytrie, "Russia Faces Brain Drain as Thousands Flee Abroad," BBC, March 13, 2022, https://www.bbc.com/news/world-europe-60697763.

62 Jack Devine, *Spymaster's Prism: The Fight Against Russian Aggression* (Lincoln, Nebraska: Potomac Books, 2021), 59.

63 Andrew Osborn, "As if Things Weren't Bad Enough, Russian Professor

40 "A New Era for Brazil's Digital Economy," Huawei Technologies.

41 "Mapping China's Tech Giants," Australian Strategic Policy Institute, database and archive, accessed June 6, 2022.

42 參閱：Executive Order 13959 of November 12, 2020。

43 Mark Kane, "BYD Han EV Reaches Latin America: The First Batch Has Arrived," October 31, 2021, https://insideevs.com/news/544329/byd-han-ev-latin-america/.

44 *Jawaharlal Nehru's Speeches*, Vol. 1 (Delhi, 1949), 235-36.

45 Arthur M. Schlesinger, *A Thousand Days: John F. Kennedy in the White House* (Houghton Mifflin, 1965), 454.

46 Jonathan D. T. Ward and Jagannath Panda, "Why a US-India Partnership Must Succeed," *National Interest*, February 25, 2020, https://nationalinterest.org/feature/why-us-india-partnership-must-succeed-126857.

47 "India-China Clash: 20 Indian Troops Killed in Ladakh Fighting," BBC, June 16, 2020, https://www.bbc.com/news/world-asia-53061476.

48 "US Security Cooperation with India: Fact Sheet," US Department of State, January 20, 2021, https://www.state.gov/u-s-security-cooperation-with-india/.

49 "Charter of the Shanghai Cooperation Organization," *United Nations Treaty Series*, Volume 2896. 近年來，由於對立國家印度和巴基斯坦的加入，該組織功能可以說已被掏空。

50 "Joint Statement of the Russian Federation and the People's Republic of China," 2022.

51 關於截至二〇二一年的軍事演習情況，請參閱：Richard Weitz, "Assessing Chinese-Russian Military Exercises: Past Progress and Future Trends," Center for Strategic and International Studies, July 2021。

52 可參閱：Vladimir Putin, "The Real Lessons of the 75th Anniversary of World War II," *National Interest*, June 18, 2020, https://nationalinterest.org/feature/vladimir-putin-real-lessons-75th-anniversary-world-war-

washington-dc-19590504.

29 Author's calculations, Credit Suisse statistics.

30 "PM Lee Hsien Loong's Q&A Session at the 27th International Conference on the Future of Asia," Prime Minister's Office Singapore, May 26, 2022, https://www.pmo.gov.sg/Newsroom/PM-Lee-Hsien-Loong-Q-and-A-session-at-the-27th-International-Conference-on-the-Future-of-Asia.

31 Jonathan Ward, "The Emerging Geopolitics of the Indian Ocean Region," East West Center, June 28, 2017, https://www.eastwestcenter.org/publications/the-emerging-geopolitics-the-indian-ocean-region.

32 關於「西岸到澳洲的生命線」，請參閱：Walter R. Borneman, *MacArthur at War: World War II in the Pacific* (New York: Little, Brown, 2016), 184-204。

33 例如，請參閱：Euan Graham, "Assessing the Solomon Islands' New Security Agreement with China," International Institute for Strategic Studies, May 5, 2022, https://www.iiss.org/blogs/analysis/2022/05/china-solomon-islands。

34 Rolland, "Situating Africa," 23.

35 Rolland, "Situating Africa," 2.

36 Rolland, "Situating Africa," 13.

37 Jagannath Panda, "The Asia-Africa Growth Corridor: An India-Japan Arch in the Making?" *Focus Asia*, No. 21, August 2017, https://isdp.eu/content/uploads/2017/08/2017-focus-asia-jagannath-panda.pdf.

38 "5G Smart Farming Lands in Brazil," Huawei Blog, January 5, 2021, https://blog.huawei.com/2021/01/05/5g-smart-farming-brazil/, accessed October 1, 2022.

39 "A New Era for Brazil's Digital Economy Powered by ICT," Huawei Technologies Co. Ltd., https://www.huawei.com/us/executives/articles/Brazil-Digital-Economy-ICT-Innovation. 引文的粗體標示為本書所加。

https://www.indiatoday.in/technology/news/story/garena-free-fire-to-tiktok-all-the-273-chinese-apps-that-indian-govt-banned-so-far-1913141-2022-02-15.

19 "Indian Navy and RAN Begin Fourth Edition of AUSINDEX Exercise," *Naval Technology*, September 6, 2021, https://www.naval-technology.com/news/indian-navy-ran-begin-ausindex-exercise/.

20 例如，二〇一六年香格里拉對話中法國支持南海巡航行動的情況，請參閱：Ankit Panda, "French Defense Minister to Urge EU South China Sea Patrols," *The Diplomat*, June 6, 2016, https://thediplomat.com/2016/06/french-defense-minister-to-urge-eu-south-china-sea-patrols/。

21 例如，請參閱：Yiwei Wang [王義桅], *The Belt and Road Initiative: What Will China Offer the World in Its Rise?* (Beijing: New World, 2016)。

22 參閱：Ward, "China-India Rivalry" and Garver, *Protracted Contest*。另參閱：Nadège Rolland, "Situating Africa"。

23 Wang, *Belt and Road*, 18.

24 Debin Du and Yahua Ma, "'The Belt and Road': The Grand Geostrategy of the Great Rejuvenation of the Chinese Nation," *Geographical Research*, June 2015.

25 另參閱：Rolland, "Situating Africa"，其中提到了二十一世紀中國戰略家的這種觀點。

26 另參閱：Nadège Rolland, "China's Southern Strategy," *Foreign Affairs*, June 9, 2022, https://www.foreignaffairs.com/articles/china/2022-06-09/chinas-southern-strategy。

27 例如，可從「經濟複雜性觀察組織」（Observatory of Economic Complexity）查看與拉丁美洲、亞洲和非洲的雙邊貿易資料。

28 John F. Kennedy, "Remarks of Senator John F. Kennedy, Conference on India and the United States, Washington, DC, May 4, 1959," John F. Kennedy Presidential Library and Museum, jfklibrary.org/archives/other-resources/john-f-kennedy-speeches/india-and-the-us-conference-

6 Derek Scissors, "China's Overseas Investment Remains Stuck in COVID Mud," American Enterprise Institute, January 2022.

7 Scissors, "China's Overseas Investment."

8 "Overview," US International Development Finance Corporation, accessed September 30, 2022, https://www.dfc.gov/who-we-are/overview.

9 Catherine Putz, "2020 Edition: Which Countries Are for or Against China's Xinjiang Policies?" *The Diplomat*, October 9, 2020, https://thediplomat.com/2020/10/2020-edition-which-countries-are-for-or-against-chinas-xinjiang-policies/.

10 John J. Mearshimer introduction to George F. Kennan, *American Diplomacy: Sixtieth- Anniversary Expanded Edition* (Chicago, 2012), xi.

11 Edward J. Drea, Ronald H. Cole, Walter S. Poole, James F. Schnabel, Robert J. Watson, and Willard J. Webb, *History of the Unified Command Plan: 1946-2012*, Joint History Office, Office of the Chairman of the Joint Chiefs of Staff (Washington, DC, 2012).

12 Gaddis, *We Now Know*, 66-67.

13 Victor D. Cha, "Powerplay: Origins of the US Alliance System in Asia," *International Security*, Vol. 34, No. 3 (Winter 2009/2010).

14 請參閱：*China's Vision of Victory*, Part Five: "A Community of Common Destiny for Mankind," 177-223。

15 請參閱：Elbridge A. Colby, *The Strategy of Denial: American Defense in an Age of Great Power Conflict* (Yale, 2021)。

16 "OECD 60 Years," accessed September 30, 2022, https://www.oecd.org/60-years/.

17 Dzirhan Mahadzir, "US, UK Aircraft Carriers Drill with Japanese Big Deck Warship in the Western Pacific," *USNI News*, October 4, 2021, https://news.usni.org/2021/10/04/u-s-u-k-aircraft-carriers-drill-with-japanese-big-deck-warship-in-the-western-pacific.

18 Ankita Garg, "Garena Free Fire to TikTok: All the 273 Chinese Apps That Indian Govt Banned so Far," *India Today*, February 15, 2022,

21644.pdf.

164 Ibid.

165 Global GDP in 2021, World Bank, latest data as of October 1, 2022, data.worldbank.org.

166 作者根據世界銀行統計資料計算得出。

167 Kent H. Hughes, "Small Business Is Big Business in America," Woodrow Wilson International Center for Scholars, 2.

168 關於美國經濟成長的動力，請參閱：Timothy Taylor, *History of the US Economy in the 20th Century*.

第二篇　外交競技場

1 欲了解外交事務涵蓋的內容，參閱：Deibel, *Foreign Affairs Strategy*, 209。

2 欲了解毛澤東主義在新興市場的戰略，參閱：Ward, *China's Vision of Victory*, 102-104；也可參閱：John W. Garver, *Protracted Contest: Sino-Indian Rivalry in the Twentieth Century* (Seattle: Washington, 2002) 和 Jonathan D. T. Ward, "China-India Rivalry and the Border War of 1962: PRC Perspectives on the Collapse of China-India Relations, 1958-62," DPhil Thesis, University of Oxford, 2017。亦可參閱：Nadège Rolland, "A New Great Game? Situating Africa in China's Strategic Thinking," National Bureau of Asian Research, June 2021。

3 了解毛澤東主義的三個世界理論，參閱：Jeremy Friedman, *Shadow Cold War: The Sino-Soviet Competition for the Third World* (North Carolina, 2015). John Lewis Gaddis, *We Now Know: Rethinking Cold War* History (Oxford, 1997), 152-188. Rolland, "Situating Africa"。

4 歷史資料參閱：Ward, "China-India Rivalry," 和 Garver, *Protracted Contest*。

5 "Meeting Asia's Infrastructure Needs," The Asian Development Bank, February 2017, https://www.adb.org/publications/asia-infrastructure-needs.

151 Congressional Research Service, COVID-19 and Domestic PPE, 3.

152 Emily de La Bruyere and Nathan Picarsic, "Viral Moment: China's Post-COVID Planning," March 2020, 9.

153 The President's Council of Advisors on Science and Technology, "Recommendations for Strengthening American Leadership in Industries of the Future," June 2020, https://science.osti.gov/-/media/_/pdf/about/pcast/202006/PCAST_June_2020_Report.pdf.

154 The White House, "Building Resilient Supply Chains, Revitalizing American Manufacturing, and Fostering Broad-Based Growth: 100-Day Reviews under Executive Order 14017," June 2021, 7.

155 Nicholas A. Lambert, *Planning Armageddon: British Economic Warfare and the First World War* (Cambridge, MA: Harvard, 2012), 20.

156 Lambert, *Planning Armageddon*, 23.

157 Gordon H. Hanson, "Who Will Fill China's Shoes? The Global Evolution of Labor- Intensive Manufacturing," National Bureau of Economic Research, December 2020, 18-19.

158 Hanson, "Who Will Fill China's Shoes?" 2020, 19.

159 Hanson, "Who Will Fill China's Shoes?" 2020, 16. 另參閱：Robert D. Atkinson, "Innovation Drag: China's Economic Impact on Developed Nations," Information Technology and Innovation Foundation, January 6, 2020。

160 Advanced Manufacturing National Program Office, "Manufacturing USA Strategic Plan," November 2019, https://www.manufacturingusa.com/sites/manufacturingusa.com/files/2021-01/2019%20MfgUSA%20Strategic%20Plan%2011-10-2020.pdf

161 "Manufacturing USA Strategic Plan," 2019.

162 Ro Khanna, *Entrepreneurial Nation: Why Manufacturing Is Still Key to America's Future* (New York: McGraw Hill, 2012), 17.

163 Federal Registrar, Vol. 86, No. 190, October 5, 2021 Notices, 55022-55023, https://www.govinfo.gov/content/pkg/FR-2021-10-05/pdf/2021-

140 Schwab, *Fourth Industrial Revolution*, 7.

141 Winston S. Churchill, "Their Finest Hour," June 18, 1940.

142 Xi Jinping [習近平], "Secure a Decisive Victory in Building a Moderately Prosperous Society in All Respects and Strive for the Great Success of Socialism with Chinese Characteristics for a New Era," 19th Party Congress of the Communist Party of China, 2017.

143 Robert D. Atkinson, "Why Federal R&D Policy Needs to Prioritize Productivity to Drive Growth and Reduce the Debt-to-GDP Ratio," Information Technology and Innovation Foundation, September 2019.

144 Robert Atkinson and Jonathan Ward, "Ward and Atkinson: Amid US-China Trade Battle, Here Is How America Can Remain the World's Strongest Economy," Fox Business, November 15, 2019.

145 President's Council of Advisors on Science and Technology, "Report to the President: Revitalizing the US Semiconductor Ecosystem," September 2022, https://www.whitehouse.gov/wp-content/uploads/2022/09/PCAST_Semiconductors-Report_Sep2022.pdf.

146 James Pethokoukis, "Silicon Valley: An Unrepeatable Miracle? A Long-Read Q&A with Margaret O'Mara," October 4, 2019, https://www.aei.org/economics/silicon-valley-an-unrepeatable-miracle-a-long-read-qa-with-margaret-omara/.

147 Atkinson, "Federal R&D," 2019.

148 特別參閱 Nancy Lazar 關於美國製造業復興的文章。例如：Leslie P. Norton, "Economist Nancy Lazar Is Betting on Middle America," *Barron's*, May 15, 2020, https://www.barrons.com/articles/economist-nancy-lazar-is-betting-on-middle-america-51589568493。

149 The White House, "Executive Order on America's Supply Chains," February 24, 2021, https://www.whitehouse.gov/briefing-room/presidential-actions/2021/02/24/executive-order-on-americas-supply-chains/.

150 "COVID-19 and Domestic PPE Production and Distribution: Issues and Policy Options," Congressional Research Service, 3.

com/2019/04/01/china-bonds-debut-on-bloomberg-barclays-global-aggregate-index.html.

128 US Security and Exchange Commission, Division of Economic and Risk Analysis, "US Investors' Exposure to Domestic Chinese Issuers," July 6, 2020, https://www.sec.gov/files/us-investors-exposure-domestic-chinese-issuers_20200706.pdf. 引文的粗體標示為本書所加。

129 另可參閱：Gabriel Collins and Andrew S. Erickson, "Hold the Line Through 2035: A Strategy to Offset China's Revisionist Actions and Sustain a Rules-Based Order in the Asia-Pacific," Baker Institute for Public Policy, November 2020，雖然這是避免使用封鎖策略的戰略，但目標相似。

130 參閱：Ward, *China's Vision of Victory*, 107-110。

131 Klaus Schwab, *The Fourth Industrial Revolution* (New York: Crown Business, 2016), 1.

132 Schwab, *Fourth Industrial Revolution*, 7-8.

133 Marr, *Tech Trends*, 1-2.

134 Marr, *Tech Trends*, vii-viii.

135 "The Biden White House Plan for a New US Industrial Strategy," Atlantic Council, June 23, 2021, Brian Deese, National Economic Council Director, speech as pre-pared for delivery, atlanticcouncil.org/commentary/transcript/the-biden-white-house-plan-for-a-new-us-industrial-policy/.

136 "Biden White House Plan," speech as prepared for delivery.

137 CHIPS Act of 2022, https://www.govinfo.gov/content/pkg/BILLS-117hr4346enr/pdf/BILLS-117hr4346enr.pdf.

138 Dario Gil, Interview with Maria Bartiromo, Fox Business Network, September 28, 2020. 引文的粗體標示為本書所加。

139 Timothy Taylor, "The Curtain Opens on 20th Century," in *The Great Courses: History of the US Economy in the 20th Century* (The Teaching Company, 1996). Author's transcription of audio.

117 Michael Pettis, *The Great Rebalancing: Trade Conflict, and the Perilous Road Ahead for the World Economy* (Princeton, 2013), 69 and 87.

118 Dr. Carl E. Walter, "Testimony Before the US-China Economic and Security Review Commission, China's Quest for Capital: Motivations, Methods and Implications," January 23, 2020.

119 美國商務部（Department of Commerce）和跨部門的美國外來投資審查委員會（Committee on Foreign Investment in the United States, CFIUS）是另外兩個重要機構，尤其是在美國政府開始限制對美投資和對中國海外投資的時候。

120 Mastanduno, *Strategies of Economic Containment*, 1985, 507.

121 欲了解相關行動紀錄，參閱：US Department of the Treasury, "US Treasury Announces Unprecedented & Expansive Sanctions Against Russia, Imposing Swift and Severe Economic Costs," February 24, 2022, https://home.treasury.gov/news/press-releases/jy0608 和 "US Treasury Escalates Sanctions on Russia for Its Atrocities in Ukraine," April 6, 2022, https://home.treasury.gov/news/press-releases/jy0705。

122 Juan C. Zarate, *Treasury's War: The Unleashing of a New Era of Financial Warfare* (Public Affairs, 2013).

123 Zarate, *Treasury's War*, 23-24.

124 Zarate, *Treasury's War*, 24-25.

125 請參閱：Executive Order 13959 of November 12, 2020, "Addressing the Threat from Securities Investments That Finance Communist Chinese Military Companies," https://www.govinfo.gov/content/pkg/FR-2020-11-17/pdf/2020-25459.pdf。

126 Edward Phillip Kinsey II, CPA, Chief Financial Strategy Officer, Senior Advisor to the Undersecretary of State for Economic Growth, Energy and the Environment, "Comments to the July 9, 2020: SEC Staff Roundtable on Emerging Markets," https://www.sec.gov/comments/emerging-markets/cll9-7400180-219051.pdf.

127 Yen Nee Lee, "China's $13 Trillion Bond Market Marks a Milestone. Here's What It Means," CNBC, April 1, 2019, https://www.cnbc.

congress.gov/product/pdf/RL/RL33388/93。

106 "Lawyers: Industry Should Gird for Strict Enforcement of Xinjiang Import Ban," World Trade Online, January 14, 2022, https://insidetrade.com/share/173102.

107 Sydney H. Mintzer, Tamer A. Soliman, Yoshihide Ito, and Jing Zhang, "China Passes Broad New Anti-Sanctions Law to Counter Foreign Government Sanctions," Mayer Brown LLP, https://www.mayerbrown.com/en/perspectives-events/publications/2021/06/china-passes-broad-new-anti-sanctions-law-to-counter-foreign-government-sanctions.

108 Michael Mastanduno, "Trade as a Strategic Weapon: American and Alliance Export Control Policy in the Early Postwar Period," *International Organization*, Vol. 42, No. 1, 1988, 141.

109 Mastanduno, "Strategic Weapon," 142

110 此為羅援少將在二〇一八年軍工榜頒獎典禮與創新峰會上的演講。

111 Michael Mastanduno, *Economic Containment: CoCom and the Politics of East-West Trade* (Ithaca: Cornell, 1992), 5.

112 *Bloomberg News,* "China Orders Government, State Firms to Dump Foreign PCs," May 5, 2022, https://www.bloomberg.com/news/articles/2022-05-06/china-orders-government-state-firms-to-dump-foreign-pcs.

113 *Bloomberg*, "China Orders."

114 Bob Davis and Lingling Wei, "The Soured Romance Between China and Corporate America," *Wall Street Journal*, June 5, 2020, https://www.wsj.com/articles/the-soured-romance-between-china-and-corporate-america-11591365699.

115 "President Xi's Speech to Davos in Full," World Economic Forum, January 17, 2017, https://www.weforum.org/agenda/2017/01/full-text-of-xi-jinping-keynote-at-the-world-economic-forum.

116 "Xi's speech in Davos," World Economic Forum. 引文的粗體標示為本書所加。

98 Geoffrey Barker, “Appeasement Is Not the Solution to the China Problem,” Australian Strategic Policy Institute, December 1, 2021, https://www.aspistrategist.org.au/appeasement-is-not-the-solution-to-the-china-problem/.

99 Steven Nelson, “Chinese Paper Tags Australia as ‘Target for a Nuclear Strike,’” *New York Post*, September 17, 2021, https://nypost.com/2021/09/17/chinese-paper-tags-australia-as-target-for-a-nuclear-strike/.

100 Congressional Record, Senate, Vol. 166., No. 186.

101 Mike Blanchfield, “Canada Urged to Join Allies in Tougher China Stance after Kovrig, Spavor Release,” Canadian Broadcasting Company, October 11, 2021, https://www.cbc.ca/news/politics/canada-china-tougher-stance-1.6207251.

102 關於以聯盟為基礎的貿易體系，可以參考：Jonathan Ward, various, including *Forbes* and Fox Business Network, 2019-2021。關於北約促進貿易，請另參閱：Robert D. Atkinson, “A Remarkable Resistance: Germany from 1900 to 1945 and China Today. Time for a NATO for Trade?,” Information Technology and Industry Foundation, January 20, 2021, https://itif.org/publications/2021/01/20/remarkable-resemblance-germany-1900-1945-and-china-today-time-nato-trade/。

103 Rana Foroohar, “Weaponized Supply Chains,” *Financial Times*, October 11, 2021, https://www.ft.com/content/eddaea67-b381-4eb7-88aa-3a879a744d6b.

104 Klint Finley, “The US Hits Huawei with New Charges of Trade Secret Theft,” *Wired*, February 13, 2020, https://www.wired.com/story/us-hits-huawei-new-charges-trade-secret-theft/.

105 請參閱：“The International Emergency Economic Powers Act: Origins, Evolution, and Use,” Congressional Research Service, March 25, 2022, https://crsreports.congress.gov/product/pdf/R/R45618/9，以及 “The Committee on Foreign Investment in the United States (CFIUS),” Congressional Research Service, February 26, 2020, https://crsreports.

88 Hannas and Tatlow (eds.), *China's Quest*, xv-xvi.

89 Federal Bureau of Investigation, remarks as prepared for delivery, Robert S. Mueller, III, Director, March 1, 2012, https://archives.fbi.gov/archives/news/speeches/combating-threats-in-the-cyber-world-outsmarting-terrorists-hackers-and-spies.

90 State Council, 中國製造 2025, "Made in China 2025" (2015), IoT ONE translation.

91 Karen M. Sutter, "Foreign Technology Transfer Through Commerce," in *China's Quest for Foreign Technology: Beyond Espionage*, 57.

92 Xi Jinping [習近平], "Certain Major Issues for Our National Medium- to Long-Term Economic and Social Development Strategy," *Qiushi*, November 1, 2020, Georgetown CSET translation.

93 Jason Douglas and Stella Yifan Xie, "Pandemic Bolsters China's Role as World's Manufacturer," *Wall Street Journal*, August 21, 2022, https://www.wsj.com/articles/pandemic-bolsters-chinas-position-as-the-worlds-manufacturer-11661090580.

94 例如，參考阿里巴巴雲社區 "What's New in Alibaba Cloud Database?" January 22, 2021, https://www.alibabacloud.com/blog/whats-new-in-alibaba-cloud-database_597203, Accessed October 1, 2022: "In 2009, Alibaba proposed a "de-IOE strategy" (IBM server, Oracle database, EMC storage) . . . "

95 關於中國從美國進口的紀錄，參閱：Chad P. Bown, "China Bought None of the Extra $200 Billion of US Exports in Trump's Trade Deal," Peterson Institute for International Economics, July 19, 2022, https://www.piie.com/blogs/realtime-economic-issues-watch/china-bought-none-extra-200-billion-us-exports-trumps-trade.

96 Katherine Tai, Center for Strategic and International Studies, 2021.

97 Clyde Russel, "Column: China's Mooted End to Australian Coal Ban Will Have Zero Market Impact," Reuters, July 25, 2022, https://www.reuters.com/markets/commodities/chinas-mooted-end-australian-coal-ban-will-have-zero-market-impact-2022-07-25/.

Private Economy."

78 General Office CCP Central Committee, "United Front Work of the Private Economy."

79 請參閱：Ward, *China's Vision of Victory*, Part One: "The Great Rejuvenation of the Chinese Nation," 1-44.

80 Michael Mastanduno, "Strategies of Economic Containment: US Trade Relations with the Soviet Union," *World Politics*, Vol. 37, Issue 4, July 1985, 506.

81 Mastanduno, "Strategies of Economic Containment," 506.

82 此句由英文直譯，另有 Lionel Giles (1910) and Samuel B. Griffith (Oxford, 1963) 的英文翻譯可供參考。

83 係指那些「在低工資貧窮國家競爭者（在成熟產業中占主導地位）和富裕國家創新者（在快速技術變遷產業中占主導地位）之間受擠壓的」經濟體。參閱：Indermit S. Gill and Homi Kharas, "The Middle-Income Trap Turns Ten," Policy Research Working Paper 7403, The World Bank Group.

84 Michael Pettis, "The Only Five Paths China's Economy Can Follow," *Carnegie Endowment for International Peace Michael Pettis China Financial Markets blog,* April 27, 2022, https://carnegieendowment.org/chinafinancialmarkets/87007. 引文的粗體標示為本書所加。

85 例如，請參閱：Stefan Link, *Forging Global Fordism: Nazi Germany, Soviet Russia, and the Contest over the Industrial Order* (Princeton: Princeton, 2020)。

86 Russell Flannery, "China Theft of US Information, IP One of Largest Wealth Transfers in History: FBI Chief," *Forbes*, July 7, 2020, https://www.forbes.com/sites/russellflannery/2020/07/07/china-theft-of-us-information-ip-one-of-largest-wealth-transfers-in-history-fbi-chief/?sh=2f1195d14440.

87 William C. Hannas and Didi Kirsten Tatlow (eds.), *China's Quest for Foreign Technology: Beyond Espionage* (New York: Routledge, 2020), 23.

September 30, 2022.

70 US Department of State, "Huawei and Its Siblings, the Chinese Tech Giants: National Security and Foreign Policy Implications," Remarks by Dr. Christopher Ashley Ford, Assistant Secretary, Bureau of International Security and Nonproliferation, September 11, 2019, https://2017-2021.state.gov/huawei-and-its-siblings-the-chinese-tech-giants-national-security-and-foreign-policy-implications/index.html.

71 請參閱：Stone and Wood, "Military-Civil Fusion"，可了解產業戰略和軍事創新的案例；參閱：Anna Puglisi and Daniel Chou, "China's Industrial Clusters: Building AI-Driven Bio-Discovery Capacity," Georgetown Center for Security and Emerging Technology (CSET), June 2022，深入研究了一個戰略產業的產業集群。

72 State Council of the People's Republic of China, "China's Central SOEs Report Rising Profits in 2020 Amid Reforms," January 19, 2021.

73 *China Daily*, "State Capital Optimization Gets Impetus," February 24, 2021.

74 Trefor Moss, "China to Weld Its Biggest Shipbuilders into Single State-Run Giant," *Wall Street Journal*, July 2, 2019, https://www.wsj.com/articles/china-to-weld-its-biggest-shipbuilders-into-single-state-run-giant-11562067663.

75 Keith Zhai, "China Set to Create New State-Owned Rare-Earths Giant," *Wall Street Journal*, December 3, 2021, https://www.wsj.com/articles/china-set-to-create-new-state-owned-rare-earths-giant-11638545586.

76 General Office of the Chinese Communist Party Central Committee, "Opinion on Strengthening the United Front Work of the Private Economy in the New Era," September 15, 2020, translation by Center for Strategic and International Studies, https://interpret.csis.org/translations/the-general-office-of-the-ccp-central-committee-issued-the-opinion-on-strengthening-the-united-front-work-of-the-private-economy-in-the-new-era/.

77 General Office CCP Central Committee, "United Front Work of the

57 *US-China Commission*, "Belt and Road," 291.

58 Caterpillar Inc., "China Facilities," accessed October 1, 2022, https://www.caterpillar.com/en/company/global-footprint/apd/china/china-facilities.html.

59 Caterpillar Inc., "China Facilities," accessed October 1, 2022.

60 Alex Stone and Peter Wood, "China's Military-Civil Fusion Strategy: A View From Chinese Strategists," China Aerospace Studies Institute, 2020, 35.

61 Stone and Wood, "Military-Civil Fusion," 89.

62 Tsinghua University, official site, accessed October 16, 2021.

63 Kaveh Waddell, "The Devil's Bargain for AI Companies Working in China," *Axios*, July 15, 2018, https://www.axios.com/china-artificial-intelligence-ai-military-e274d4f6-71b6-4d76-b54a-c0510e7cc277.html.

64 You Zheng [尤 政], "The Road of Military-Civil Fusion for Artificial Intelligence Development," June 8, 2018, translation by Elsa Kania available in full at The Elsa Kania Bookshelf: Sino- American Competition, Technological Futures & Approaching Battlefield Singularity, https://www.andrewerickson.com/2021/06/the-elsa-kania-bookshelf-sino-american-competition-technological-futures-approaching-battlefield-singularity/.

65 You, "Military-Civil Fusion."

66 You, "Military-Civil Fusion."

67 Julia Limitone, "China Is Ripping off Microsoft to the Tune of $10B," Fox Business, November 1, 2018, https://www.foxbusiness.com/business-leaders/china-is-ripping-off-microsoft-to-the-tune-of-10b.

68 Microsoft Corporation, "Microsoft Asia-Pacific R&D Group: Introduction," https://www.microsoft.com/en-us/ard/overview. Accessed September 30, 2022.

69 Microsoft Corporation, "About Microsoft's Presence in China," https://news.microsoft.com/about-microsofts-presence-in-china/. Accessed

48 請參閱：US Customers Border Protection, "Xinjiang Supply Chain Business Advisory," July 2, 2020, https://www.cbp.gov/document/guidance/xinjiang-supply-chain-business-advisory.

49 William Mauldin, "US Warns Businesses Over Supply Chains Tied to Rights Violations in China," *Wall Street Journal*, July 1, 2020, https://www.wsj.com/articles/u-s-warns-businesses-over-supply-chains-tied-to-rights-violations-in-china-11593625904.

50 US Department of State, "Xinjiang Supply Chain Business Advisory," Updated July 13, 2021, https://www.state.gov/wp-content/uploads/2021/07/Xinjiang-Business-Advisory-13July2021-1.pdf

51 Department of State, "Xinjiang Supply Chain."

52 Ana Swanson, "Nike and Coca-Cola Lobby Against Xinjiang Forced Labor Bill," *New York Times*, November 29, 2020, https://www.nytimes.com/2020/11/29/business/economy/nike-coca-cola-xinjiang-forced-labor-bill.html.

53 Neil L. Bradley, Chamber of Commerce of the United States of America, September 20, 2020, https://www.uschamber.com/sites/default/files/200922_h.r._6270_h.r._6210_uyghurforcedlabordisclosureandpreventionacts_house.pdf.

54 "China's Belt and Road Initiative: Hearing before the Subcommittee on International Trade, Customs, and Global Competitiveness of the Committee on Finance, United States Senate," June 12, 2019, https://www.govinfo.gov/content/pkg/CHRG-116shrg43886/html/CHRG-116shrg43886.htm.

55 *US-China Economic and Security Review Commission*, Chapter 3, Section 1, "The Belt and Road Initiative," in Annual Report to Congress, November 2018, 291.

56 Caterpillar Inc., "Capturing Opportunity with the Belt & Road Initiative," May 16, 2018, https://www.caterpillar.com/en/news/caterpillarNews/customer-dealer-product/capturingopportunitywiththebeltroadinitiative.html. Accessed September 30, 2022.

38 "A Conversation with Ambassador Katherine Tai, US Trade Representative," Center for Strategic and International Studies, October 4, 2021, https://www.csis.org/analysis/conversation-ambassador-katherine-tai-us-trade-representative.

39 "US-China Investment Ties: Overview," Congressional Research Service, January 15, 2021.

40 所有統計資料來自美國商務部經濟分析局。參閱："Activities of US Multinational Enterprises, 2019," US Department of Commerce BEA, November 12, 2021, https://www.bea.gov/news/2021/activities-us-multinational -enterprises-2019，以了解概況。作者根據國內生產總額百分比和全球總量進行計算。

41 Yahoo / Valuewalk, "10 Us Companies with Highest Revenue Exposure to China," August 2, 2020, https://www.yahoo.com/now/10-us-companies-highest-revenue-225350456.html.

42 Data from US Trade Representative (US-China trade) and World Bank (GDP).

43 例如，請參閱：Henry Ashby Turner Jr., *General Motors and the Nazis: The Struggle for Control of Opel, Europe's Biggest Carmaker* (New Haven: Yale, 2005).

44 Geoffrey Jones, Grace Ballor, and Adrian Brown, "Thomas J. Watson, IBM and Nazi Germany," Harvard Business School, September 30, 2021.

45 Edwin Black, *IBM and the Holocaust: The Strategic Alliance Between Nazi Germany and America's Most Powerful Corporation* (New York: Crown, 2001).

46 Vicky Xiuzhong Xu, with Danielle Cave, Dr. James Leibold, Kelsey Munro, Nathan Ruser, "Uyghurs for Sale: 'Re-Education', Forced Labour and Surveillance beyond Xinjiang," Australian Strategic Policy Institute, 2020.

47 "Global Supply Chains, Forced Labor, and the Xinjiang Uyghur Autonomous Region," Congressional Executive Commission on China, March 2020.

share-of-global-economy-over-time/.

24 作者根據世界銀行統計資料計算得出，除了美國國內生產總額的歷史比例，參考 Visual Capitalist 的世界銀行統計資料，見上文。

25 作者根據世界銀行統計資料計算得出。

26 作者根據瑞士信貸統計資料計算得出，Credit Suisse Research Institute, Global wealth databook 2021. 亦可參閱：Derek Scissors, "137. Trillion Reasons We Can Lead," American Enterprise Institute, March 31, 2022.

27 作者根據世界銀行統計資料計算得出。

28 欲了解工業 4.0，請參閱：Bernard Marr, *Tech Trends in Practice: The 25 Technologies That Are Driving the 4th Industrial Revolution* (West Sussex [UK]: Wiley, 2020)。

29 Kaplan, *Rockies*, 11.

30 Arthur Herman, *Freedom's Forge: How American Business Produced Victory in World War II* (New York: Random House, 2021), ix.

31 Herman, *Freedom's Forge*, ix.

32 關於戰爭期間提供支持的美國企業，請參閱：Herman, *Freedom's Forge*, as well as A.J. Baime, *The Arsenal of Democracy: FDR, Detroit, and an Epic Quest to Arm an America at War* (New York: First Mariner, 2014). "Out-Producing the Enemy, American Production During WWII," The National WWII Museum, 2017, https://www.nationalww2museum.org/sites/default/files/2017-07/mv-education-package.pdf.

33 Herman, *Freedom's Forge*, 112.

34 Herman, *Freedom's Forge*, 115. 關於商界領袖的背景簡介，請參閱：National WWII Museum, "Out-Producing the Enemy".

35 Kennedy, *Rise and Fall of the Great Powers*, 330 - 33.

36 David Lague and Benjamin Kang Lim, "China's Vast Fleet Is Tipping the Balance in the Pacific," Reuters, April 30, 2019, https://www.reuters.com/investigates/special-report/china-army-navy/.

37 World Economic Forum, "Top 10 Manufacturing Countries," 2020.

16 Callum Paton, "World's Largest Economy in 2030 Will Be China, Followed by India, with US Dropping to Third, Forecasts Say, *Newsweek*, January 10, 2019, https://www.newsweek.com/worlds-largest-economy-2030-will-be-china-followed-india-us-pushed-third-1286525.

17 Amanda Macias and Jessica Bursztynsky, "Elon Musk Says Chinese Economy Will Surpass US by 2 or 3 Times: 'the Foundation of War Is Economics,'" CNBC, February 28, 2020, https://www.cnbc.com/2020/02/28/musk-says-chinese-economy-will-surpass-the-us-by-two-or-three-times.html.

18 A. Wess Mitchell, "A Strategy for Avoiding a Two Front War," *National Interest*, August 22, 2021, https://nationalinterest.org/feature/strategy-avoiding-two-front-war-192137.

19 在《中國的勝利願景》一書中，我根據中共的全球大戰略為美國總結出三個目標：一、我們必須意識到這場競爭事關經濟實力；二、我們必須集合並加強全球友邦和盟國的力量；三、我們必須對中國和俄羅斯維持有利的軍事平衡。

20 Lijian Zhao [趙立堅], Twitter, November 29, 2019.

21 《毛澤東年譜（1949-1976）》（北京，2013年）, *A Chronological Record of Mao Zedong 1949-1976*, (Beijing, 2013), Vol. 2, 460, in Ward, *China's Vision of Victory*.

22 例如，參閱：Roland Rajah and Alyssa Leng, "Revising Down the Rise of China," Lowy Institute Analysis, March 2022，考慮到人口結構衰退，其在未來幾十年將「基本上不可逆轉」。作者們主張「中國仍將成為全球最大的經濟體」。關於更長期的展望，請參閱：Nicholas Eberstadt, "China's Demographic Outlook to 2040 and Its Implications: An Overview," American Enterprise Institute, January 2019，預計中國人口在二〇二八年或二〇二九年達到「峰值」。中共計劃在未來十年透過技術、投資和自動化提升生產力，以抵消人口結構的困難。大多數觀察人士預期，即使經濟成長放緩，中國經濟成長仍將持續。

23 Govind Bhutada, "The US Share of the Global Economy Over Time," Visual Capitalist, January 14, 2021, https://www.visualcapitalist.com/u-s-

7 *Bloomberg News*, "Beijing Tells Chinese in Russia to Help Fill Economic Void," March 22, 2022, https://www.bloomberg.com/news/articles/2022-03-22/beijing-tells-chinese-firms-in-russia-to-help-fill-economic-void?leadSource=uverify%20wall.

8 Yvonne Lau, "Samsung and Apple Exited Russia over Its Invasion of Ukraine. Chinese Smartphone Brands Have Already Seized Their Market Share," *Fortune,* July 7, 2022, https://fortune.com/2022/07/07/russia-ukraine-apple-samsung-china-smartphones-sales-realme-honor-xiaomi/.

9 請參閱：Jeffrey Sonnenfeld and Yale Research Team, "1,000 Companies."

10 Kevin Stankiewicz, "Howard Schultz Tells Cramer: China Will Overtake US as Starbucks' Biggest Market by 2025," CNBC, September 13, 2022, https://www.cnbc.com/2022/09/13/howard-schultz-tells-cramer-china-will-overtake-us-as-starbucks-biggest-market-by-2025.html.

11 Sara Germano, "Nike Chief Executive Says Brand Is 'of China and for China,'" *Financial Times*, June 24, 2021, https://www.ft.com/content/704a065d-f07d-4577-8133-7db3eb529299.

12 "A Guide to China: Outlook for the World's Second Largest Economy," JP Morgan Asset Management, September 9, 2022, accessed October 1, 2022, https://am.jpmorgan.com/br/en/asset-management/adv/insights/market-insights/guide-to-china/.

13 *Fox Business Network,* "JPMorgan CEO on Doing Business in China: 'America Will Still Be the Most Prosperous Nation on the Planet,'" August 8, 2021, https://www.foxnews.com/video/6267057940001.

14 Henry M. Paulson Jr., "China Wants to Be the World's Banker," *Wall Street Journal*, December 9, 2020, https://www.wsj.com/articles/china-wants-to-be-the-worlds-banker-11607534410.

15 Nicolas Rapp and Brian O'Keefe, "This Chart Shows China Will Soar past the US to Become the World's Largest Economy by 2030," *Fortune*, January 30, 2022, https://fortune.com/longform/global-gdp-growth-100-trillion-2022-inflation-china-worlds-largest-economy-2030/.

事（Military）和經濟（Economics）。本書將這些部分稱為「競技場」（arena），依照與中國競爭的目的重新排列順序。欲了解有關美國治國方略的結構性思維和大戰略定義，參閱 Terry L. Deibel, *Foreign Affairs Strategy: Logic for American Statecraft* (New York: Cambridge, 2007)。

第一篇　經濟競技場

1 "Joint Statement of the Russian Federation and the People's Republic of China on the International Relations Entering a New Era and the Global Sustainable Development," February 4, 2022.

2 David Lubin, "Huge Impact of 'Fortress Economics' in Russia and China," Chatham House, February 2, 2022, https://www.chathamhouse.org/2022/02/huge-impact-fortress-economics-russia-and-china.

3 請參閱：Jeffrey A. Sonnenfeld, Steven Tian, Franek Sokolowski, Michal Wyrebkowski, and Mateusz Kasprowicz, "Business Retreats and Sanctions Are Crippling the Russian Economy," Yale School of Management, July 2022, https://www.ssrn.com/abstract=4167193，可以全面了解對俄羅斯經濟的影響。這份報告也指出了對俄羅斯的主要影響：西方制裁和企業撤離。

4 Jim Pickard, "UK Prepares to Impose Sanctions on Russian Oligarchs in Event of Ukraine Invasion," *Financial Times*, January 30, 2022, https://www.ft.com/content/54614679-1e6b-43f6-9b7f-e209a12ec4b2.

5 *Bloomberg News*, "China Energy Giants in Talks for Shell's Russian Gas Stake," April 21, 2022, https://www.bloomberg.com/news/articles/2022-04-21/china-state-energy-giants-in-talks-for-shell-s-russian-gas-stake?sref=JEAwJ9G5.

6 請參閱：Jeffrey Sonnenfeld and Yale Research Team, "1,000 Companies Have Curtailed Operations in Russia——But Some Remain," Chief Executive Leadership Institute, August 21, 2022, https://som.yale.edu/story/2022/over-1000-companies-have-curtailed-operations-russia-some-remain, 在俄羅斯的完整企業活動清單。

4 Paul Kennedy, *The Rise and Fall of the Great Powers: Economic Change and Military Conflict 1500-2000* (New York: Vintage, 1989), 330-33.

5 Robert D. Kaplan, *Earning the Rockies: How Geography Shapes America's Role in the World* (New York, 2017), 11.

6 Kennedy, *Rise and Fall of the Great Powers*, 330-33.

7 US Department of Defense, "Military and Security Developments Involving the People's Republic of China 2020: Annual Report to Congress."

8 "These Are the Top 10 Manufacturing Countries in the World," World Economic Forum, February 25, 2020, https://www.weforum.org/agenda/2020/02/countries-manufacturing-trade-exports-economics/.

9 值得注意的例外是范亞倫（Aaron Friedberg）和查爾斯·布斯塔尼（Charles Boustany），他們曾撰文提到限制與中國的經濟往來，但明確表示不贊成全面封鎖，並在二〇一九年初稱圍堵中國「當前既不可行也不可取」。參閱：Aaron Friedberg and Charles Boustany, "Answering China's Economic Challenge: Preserving Power, Enhancing Prosperity," National Bureau of Asian Research, February 20, 2019；亦可參閱：Aaron Friedberg, "Rethinking the Economic Dimension of US China Strategy," American Academy of Strategic Education, August 2017。整體而言，美國在與中國的競爭中，仍需要一個致勝的經濟理論。目前這樣的理論尚未出現，本書嘗試指出一條道路。

10 Robert Gates, *Exercise of Power: American Failures, Successes, and a New Path Forward in the Post-Cold War World* (New York: Knopf, 2020), 10.

11 Henry A. Kissinger, "Reflections on Containment," *Foreign Affairs*, May/June, 1994.

12 HR McMaster, "Biden Would Do the World a Favor by Keeping Trump's China Policy," *Washington Post*, January 18, 2021, https://www.washingtonpost.com/opinions/2021/01/18/mcmaster-biden-trump-china/.

13 大戰略通常包含四個部分，尤其是在美國傳統中。這些部分通常統稱為「DIME」，即外交（Diplomacy）、資訊（Information）、軍

註釋

導言

1 “VIDEO: Victor Gao on Australia’s nuclear submarine deal,” Australian Broadcasting Corporation, September 20, 2021, https://www.abc.net.au/news/2021-09-20/victor-gao-on-australia’s-nuclear-submarines-deal/13550288.

2 The Congressional Record, Senate, Vol. 166., No. 186, May 7, 2020, S2300.

3 我從二〇二〇年二月在國內電視臺開始使用「關鍵十年」一詞，來描述美中全球競爭，同年七月也在美國國防部聯合參謀部戰略多層次評估計畫中使用過。我在《中國的勝利願景》（2019 年）中解釋過，研究美中競爭時，贏得二〇二〇年代的重要性具有廣泛而多方面的意義。美國海軍退役上校吉姆・法奈爾（Jim Fanell）在二〇一〇年代首次使用「擔憂的十年」（the decade of concern）一詞，描述中國軍力擴張對太平洋地區美軍的威脅；最近在二〇二二年印太司令部（INDOPACOM）司令約翰・阿基里諾（John Aquilino）的公開演講中，也提到了「擔憂的十年」。包含安德魯・艾利克森（Andrew Erickson）和布蘭登・泰勒（Brendan Taylor）在內的分析師亦出於各種分析目的探討過「危險十年」（dangerous decade）。國務卿安東尼・布林肯（Anthony Blinken）現在談論中國時會使用「關鍵十年」一詞，最早在他二〇二二年的演講「美國政府對中華人民共和國的處理方法」中出現過。公眾日益關注二〇二〇年代，表示我們的意識明顯增強，不只注意到來自中國的挑戰，也注意到決定這場競爭成敗的**時間範圍**（timeframe）。

THE WAR
大戰略
07

關鍵十年：美國對抗中國的致勝戰略

The Decisive Decade: American Grand Strategy for Triumph Over China

作者　喬納森・沃德（Jonathan D. T. Ward）
譯者　陳珮榆

責任編輯　官子程
特約編輯　蘇逸婷
書籍設計　吳郁嫻
內頁排版　謝青秀

總編輯　簡欣彥
出版　廣場出版／遠足文化事業股份有限公司
發行　遠足文化事業股份有限公司（讀書共和國出版集團）
地址　231 新北市新店區民權路 108-3 號 9 樓
電話　02-22181417
傳真　02-22181009
客服專線　0800-221029
法律顧問　華洋法律事務所　蘇文生律師
印刷　前進彩藝有限公司

初版　2025 年 5 月
定價　600 元
ISBN　978-626-7647-04-2　（紙本）
978-626-7647-05-9　(EPUB)
978-626-7647-06-6　(PDF)

廣場 FB　讀者回函

國家圖書館出版品預行編目 (CIP) 資料

關鍵十年：美國對抗中國的致勝戰略 / 喬納森 . 沃德 (Jonathan D. T Ward) 著 ; 陳珮榆譯 . -- 初版 . -- 新北市：遠足文化事業股份有限公司廣場出版，遠足文化事業股份有限公司，2025.05
面；　公分 . --（大戰略；7）
譯自：The decisive decade: American grand strategy for triumph over China
ISBN 978-626-7647-04-2（平裝）

1.CST: 中美關係 2.CST: 國際關係 3.CST: 地緣政治 4.CST: 圍堵戰略

578.522　　114003873